天下文化
BELIEVE IN READING

國際關係大師 奈伊回憶錄

活在美國世紀

A Life in the American Century

約瑟夫·奈伊 Joseph S. Nye Jr.——著　吳煒聲——譯

本書獻給與我分享生命的家人和朋友；
最重要的是，我要將它獻給莫莉（Molly）。

活在美國世紀
A Life in the American Century

目錄

前言

中國有句古話：「願你身逢亂世（May you live in interesting times）[1]。」此話既是咒詛，也是祝福。我見過這種世道。在我一生之中，世界發生了巨大變化，恰逢人們常說的「美國世紀」（American century）。一九八三年，眾多美國天主教的主教以頗具詩意的誇張之詞，說我們這個時代是「創世記以來首度能夠摧毀上帝所造之物的世代」。無論好壞，這八十年來，我一直身處兵荒馬亂，不時面臨核武的威脅。本書描述的是我個人的故事，但我希望它能幫助歷史學家回顧過去，也能讓我們的子孫展望未來。

我對政治最早的記憶是第二次世界大戰、原子彈和富蘭克林・羅斯福（Franklin Roosevelt）[2]的逝世。我那時還是個孩子，對我來說，所謂戰爭，就是我的雙親擔心是否領到配給券、要隨時節省汽油，以及心想能否擊敗邪惡的敵人。在日本投下原子彈就表示我們會勝利，當兵的孩子們很快就能回家。我壓根沒想到自己有朝一日會被日本政府邀請去訪問廣島，或者我將負責卡特（Jimmy Carter）總統阻止核武擴散的政策，並且我會因此獲得國務院傑出服務獎章（Distinguished Service Medal）。我後來從華盛頓回到哈佛，試著思考自己所做之事，寫了一本名為《核子倫理》（*Nuclear Ethics*）的書。雷根（Reagan）政府執政期間，我在全國性的報紙、雜誌和電視上發表有關核武控制以及美國對蘇聯政策的文章和評論。

我也沒有想到自己會在柯林頓（Bill Clinton）[3]的五角大廈（Pentagon）[4]工作，負責一項被日本人稱為「奈伊倡議」（Nye Initiative）的東亞安全政策，並且有一天我會因此站在東京的皇居，接受日本天皇授予旭日勳章（Order of the Rising Sun）。

十幾歲時，我幻想政治是因為被地圖所吸引，圖上以彩色標示代表美軍在朝鮮半島往上挺進的區域，中國軍隊橫渡鴨綠江後，美軍又被推回下方地區。我沒想到有一天我會坐在北京的人民大會堂，會晤年輕時曾參加過韓戰的中國國防部長遲浩田將軍；我更沒想過會參加一九九五年中美總統高峰會，聽到柯林頓告訴江澤民，說美國更擔心中國混亂，而非中國崛起。這點與我一九九三年擔任國家情報委員會（National Intelligence Council）主席時的預判相互呼應。後來，我在一九九九年為倫敦的《經濟學人》（*The Economist*）撰寫了一篇特邀社論，推測我們是否注定將重蹈古希臘歷史學家修昔底德（Thucydides）的預測[5]，即老牌強國和崛起的強國鐵定會發生衝突。我們如何處理中美關係是我關注的重大問題之一，後頭我將不時回到這個問題上。話雖如此，先讓我回到開頭的時候。

我生於一九三七年[6]，當時每四個美國人就有一個人失業。西班牙戰事如火如荼，希特勒（Hitler）不斷增強實力，世界大戰即將爆發。墨索里尼（Mussolini）入侵衣索比亞，日本在「南京大屠殺」中屠戮中國百性。同年，畢卡索（Pablo Picasso）描繪了格爾尼卡（Guernica）遭到毀滅的恐怖景象[7]。然而，儘管小羅斯福總統努力說服美國人要向外看並拓展視野，大多數的美國人，包括我的家人，都是死硬派的孤立主義者（isolationist）。

我國在美國世紀佔據主導地位，如今大家都在爭論這個美國盛世是否已經結束。有人認為我們即將被中國取代，但我認為將來如何，仍在未定之天。我活過八十年的美國世紀，經歷了二戰、廣島原子彈爆炸、韓戰、越戰、阿富汗戰爭和伊拉克戰爭，而且始終擔心會發生核浩劫（Nuclear holocaust）。小學生被告知，萬一發生核爆，他們要躲在桌子底下並遮住頭部。核子末日一直籠罩在我們頭上，但冷戰（Cold

War）結束前並沒有發生這種災難。隨著美國成為全球唯一的超級強權，我們變得傲慢自大、不可一世。這個單極（unipolar）[8]時期很快就結束，接著我們擔心跨國恐怖主義和網路戰爭（cyber war）。分析家如今會談到美國與崛起的中國之間的新冷戰，以及俄羅斯入侵烏克蘭後，讓人擔憂俄方會動用核武。在我的一生中，我們的思維世界地圖發生了巨大的變化。

我們的科技也突飛猛進。我出生時還沒有真正的電腦，如今人人的口袋裡都裝著一台電腦，而在幾十年前，需要一棟大樓才能容納一部電腦。我的體內植入了一個更小的機械裝置，它可以調節我的心律。在一九三七年時，要搭飛機橫跨大陸和海洋幾乎是不可能的事。我多年來四處奔波，不只在一家航空公司累積了超過一百萬英里的飛行里程數。然後，新冠疫情在二〇二〇年爆發，我突然停止了旅行。儘管如此，由於新技術興起，我無須花費一滴航空燃油，便能在一週之內分頭於四大洲發表演講。在美國世紀之初，沒人想過人類會影響地球氣候：我們如今面臨更猛烈的野火、風暴、冰川融化和海平面上升，不少民族被迫遷徙，地球暖化已經是大家嚴重關切的問題。

我家是典型的美國家族，成員都是移民。先祖班傑明．奈伊（Benjamin Nye）

是清教徒，於一六三九年來到麻薩諸塞州，他在科德角灣（Cape Cod）桑威赤（Sandwich）建造的房子至今仍在，被當作博物館來保存。我有一位先祖搬到緬因州之前曾參加過美國革命。然而，我的祖母們是來自愛爾蘭和德國的新移民。我的曾祖父約翰．沃德．奈伊（John Ward Nye）是來自緬因州的農民，他參加過加州的淘金熱（gold rush），可惜沒有找到黃金。我的祖父和許多新英格蘭人不同，他出生在加州，但決定返回東部，替在紐約昌盛繁榮的緬因家族的另一個支派工作。他當時住在一間愛爾蘭天主教家庭於布魯克林經營的旅舍，結果愛上了那家散發藝術氣息的女兒莉蓮．絲波爾丁（Lillian Spaulding）。兩人墜入愛河後締結連理，但我們家族是虔誠的新教徒，對此事深感憤慨。我祖父不得不請辭，離開家族公司。我父親九歲時，母親因癌症去世，他由兩位浸信會的「老姑娘」（old maid，當時別人對她們的稱呼）阿姨撫養長大。她們告訴我父親，說他的母親已經下地獄了，因為她是天主教徒。我爸爸當時年紀小，既愛這兩位阿姨，也愛他的母親，因此不信任制度性宗教（organized religion）[9]。我父親成年後不願去上教堂，但大致還是相信上帝。他會送我和我的姊妹去上主日學（Sunday School），而我在人生的不同階段也曾在內心與宗教抗爭過，甚至一度考慮去當牧師，但我沒有這樣做。

二十世紀的美國宗教不寬容現象十分嚴重，但到了一九六〇年，我第一次投票給愛爾蘭籍天主教徒約翰．甘迺迪（Jack Kennedy）[10]。我從來不認識我的愛爾蘭籍祖母，但我認為她看到我這個孫子投票給天主教徒，應該會會心一笑。美國問題重重，不少難題如今壓得我們喘不過氣來，但我們也有能力重建自己。在我成長的過程中，這個社會要求我去憎恨同性戀。如今，我和妻子接受並喜愛我們大家庭中的一位變性成員（transsexual）。當時種族偏見十分嚴重，我沒有非裔美國人的朋友，但我的孫女們現在能夠跨越種族，與不同種族的人約會。我們的國家要克服奴隸制的原罪還有一段很長的路要走，但我們在跨越種族方面有了進展，包括我們選出了一位黑人總統。我深信日後還會有更多的黑人問鼎大位。我們若是沒有抱持這個希望，那我們到底是誰？我的朋友康朵麗莎．萊斯（Condoleezza Rice）[11]是亞斯本策略小組（Aspen Strategy Group）[12]的聯合主席。她在二〇二一年慶祝六月節（Juneteenth）[13]時指出，美國的可取之處在於「我們始終致力於建立一個更完美的合眾國，雖然可能永遠不會臻於『完美』，但我們一直為此努力不懈」。[14]

我們美國人從一開始就擔心自己會衰敗。我們原本屬於歐洲社會，脫離之後，以更為純粹貞潔的方式敬拜上帝，因而我們長期以來一直擔心自己是否符合這些標準。

美國例外論（American exceptionalism）[15]可能會蒙蔽我們的雙眼，但它有著深厚的根源。我們的價值觀和實力如今都在改變。每一代的現代人都見證了自認為前所未有的技術和社會變革，但並非每一代人都曾經歷一個國家崛起後成為全球強權，並且不時擔憂國家即將衰落。

過去八十年來，我們一直生活在《時代》雜誌（*TIME*）出版商亨利．魯斯（Henry Luce）於一九四一年三月稱呼的「美國世紀」。在十九世紀時，全球勢力以歐洲為中心取得平衡，歐洲將帝國觸角伸向世界各地。美國當時只是一個小角色，軍隊規模並不比智利大多少。時至二十世紀初，美國成為全球最大的工業強國，經濟總量佔世界經濟的將近四分之一（至今仍是如此）。一九一七年，威爾遜（Woodrow Wilson）[16]決定向歐洲派遣二百萬軍隊，當時美國便打破了第一次世界大戰的平衡。此後，美國「恢復正常」，並在一九三〇年代積極擁抱孤立主義。以富蘭克林．羅斯福於一九四一年參與二戰的時間來確立美國世紀更為準確。正是在這種背景下，魯斯為了抵制孤立主義和敦促美國參戰，創造了這個著名術語。有些人會說這是美利堅帝國，但我們的力量總是受到限制的。更準確的說法是，「美國世紀」是二戰之後的時期，在此期間，無論好與壞，美國一直是主導全球事務的強權。

我曾在國務院、五角大廈和情報部門擔任五年的政治任命人員，長期待在華盛頓，有足夠的時間近距離見證美國的實力，偶爾更會參與其中。《時代》雜誌和《美國新聞》（*US News*）說我是「外交政策機構」（foreign policy establishment）的一員，而我曾在外交關係委員會（Council on Foreign Relations）、三邊委員會（Trilateral Commission）、大西洋理事會（Atlantic Council）等組織的委員會任職。

與此同時，我因為擔任哈佛大學教授和院長，對美國在世界歷史中扮演的角色和發揮的力量甚感好奇，於是窮盡一生去理解和解釋它。我在一九九〇年撰寫了一本書，質疑美國正在衰落的說法，當時我發明了「軟實力」（soft power）的概念。所謂軟實力，就是能夠發揮吸引力，不用強迫威逼或支付金錢來獲得自己想要的東西。這個術語隨後被許多人引用，只要快速在Google上搜尋，就會看到有數百萬次的引用。然而，最令人驚訝的是，中國國家主席竟然在二〇〇七年宣布軟實力為國家目標。我隨後接到無數次的採訪要求，包括在一次北京的私人晚宴上，中國外交部長問我他們該如何增強其軟實力。一九八九年，我在廚房餐桌上工作時勾勒出的概念，現在已經成為大國競爭和交流對話時的重要部份。

我之所以想發展這個概念，是為了解釋美國的力量不僅取決於我們的經濟和軍事實力，還取決於我們的價值觀。歷史學家有時將美國世紀分為四個重疊的階段：一是戰後一直延續到一九七〇年代的自由秩序（liberal order）[17]；二是一九八〇年代雷根展開的新自由主義市場秩序（neoliberal market order）；三是一九九一年蘇聯解體後到伊拉克戰爭，以及二〇〇八年到二〇〇九年金融危機期間唯一的超級強權時代；四是眼下的第四階段，這是現在進行式，特徵是民粹主義對全球化（globalization）和中國崛起的反應。

一九四五年，美國的經濟總量佔世界經濟的將近一半，美國還擁有當時唯一的核武。蘇聯在一九四九年打破了我們的核武壟斷，但直到一九七〇年，我們在世界經濟的份額才恢復到二戰前的水平，亦即佔四分之一。尼克森（Nixon）總統和其他人將這種回歸正常視為下跌，並在一九七一年宣布美元與黃金脫鉤[18]。美國當時是全球最大的經濟體，仍然擁有最強大的軍事力量，但自從二〇一〇年代以來，中國幾乎已經和美國並駕齊驅，成為我們的經濟競爭對手，而我國多數地區卻以負面的角度去看待全球化造成的破壞。迄今為止，目前這個時代還沒有固定的標籤。正如某位作者指出：「由於美元（在國際貨幣體系中）處於中心地位，美國仍可掌握國際秩序，但這個秩序所體現的社會目標將越來越多樣化。」[19]

未來問題重重，其中之一是美國（和中國）的軟實力會發生什麼樣的變化？我在二〇一五年出版了名為《美國世紀結束了嗎？》（*Is the American Century Over?*）的書籍。我當時提出疑問，到了二〇四五年，美國仍將是最強大的國家嗎？我研究了潛在的挑戰者，包括俄羅斯、中國、歐盟、印度和巴西，我有點猶豫不決，但仍然回答「是的」。然而，我們不該期望未來會和過去相似，所以我看到最近我們的社會和政壇出現兩極化的情況，我就不那麼樂觀了。那本書記載了許多事實和列出諸多數據，本書則是我個人的故事，講述了我生活在這個美國世紀的感受。

說故事是人類在個人和集體生活中創造意義的重要方式，但觀眾或讀者只能任憑說故事的人擺布。幸好我寫日記已經有五十年了，我在政府工作時同樣筆耕不輟。有了日記，就不會「沉湎於過去榮光」。雖然我已經根據日記和當代紀錄來檢視自己的回憶，但講故事的人總是會戴著眼罩去描述大象。我們觸摸到大象不同的部位，感覺是不同的。描述整體是很困難的一件事。講故事必須挑重點來說，我已盡力去講述一則真實的故事。

1 譯註：傳聞這句話譯自中文，但出自何處，無人知曉，只能推測與馮夢龍《醒世恆言》第三卷的「寧為太平犬，不做亂世人」有關。此處的interesting並非「有趣的」，而是一種反諷。英文interesting times通常表示times of trouble（亂世），故此話是「詛咒別人生不如死」。

2 譯註：民主黨籍政治人物，曾任第32任美國總統，在一九三〇年代經濟大蕭條期間推行新政以救濟失業與復甦經濟，華人世界經常稱呼他為「小羅斯福」總統。

3 譯註：民主黨籍政治人物，曾長期擔任阿肯色州州長和第42任美國總統。他的妻子為前國務卿希拉蕊。

4 譯註：美國國防部所在地，經常用來代稱美國國防部、甚至美國軍事當局。

5 譯註：修昔底德陷阱（Thucydides's Trap）。

6 譯註：當時是經濟大蕭條（Great Depression）過後幾年。

7 譯註：這是畢卡索受西班牙第二共和國政府軍委託為巴黎世界博覽會的西班牙區繪製的一幅裝飾性畫作。

8 譯註：唯有一個國家或地區擁有權力。

9 譯註：指具有獨特神學觀、有形式的崇拜體系和崇拜對象，並且有獨立的人事組織去闡釋神學觀和舉辦祭祀活動的宗教。

10 譯註：作者指John F. Kennedy，Jack是John常見的暱稱，此處從眾翻譯。

11 譯註：美國非裔政治家，曾任美國國務卿和美國國家安全顧問。

12 譯註：總部位於華盛頓特區的智庫。

13 譯註：Juneteenth是「六月」（June）和「第十九」（Nineteenth）的混成詞，這個節日紀念一八六五年六月十九日聯邦將軍戈登．格蘭傑（Gordon Granger）率軍進抵德州，終結該州的奴隸制。它在二〇二一年被訂為美國第十二個聯邦假日。

14 原註：Condoleezza Rice, "Keeping Freedom Strong," Hoover Institution, Stanford, June 19, 2021。

15 譯註：這種理論認為美國是獨特的國家，與外國截然不同。

16 譯註：美國第28任總統，其主張被後世稱為威爾遜主義。

17 譯註：又稱自由國際秩序（liberal international order），是基於政治自由、經濟自由和自由國際主義的全球管理體系。

18 譯註：號稱「尼克森震撼」（Nixon shock），結束金本位制，暫停以每盎司35美元的固定匯率兌換成黃金的布列敦森林制度（各國貨幣則與美元掛鉤）。

19 原註：Mark Blyth, "The End of Social Purpose?" in Peter Katzenstein and Jonathan Kirshner, eds., *The Downfall of the American Order?* (Ithaca, NY: Cornell University Press, 2022), p. 51。

專有名詞縮寫

ACDA Arms Control and Disarmament Agency
軍備控制和裁軍局

AID Agency for International Development
國際開發署

AIPAC American Israel Public Affairs Committee
美國以色列公共事務委員會

ANW Avoiding Nuclear War 避免核戰

APEC Asia-Pacific Economic Cooperation
亞太經濟合作會議

APSA American Political Science Association
美國政治學會

ASG Aspen Strategy Group 亞斯本策略小組

CFIA Center for International Affairs（Harvard）
哈佛國際事務中心

CSIS Center for Strategic and International Studies
戰略與國際研究中心

CTB Comprehensive Test Ban 全面禁核試爆

DMA Defense Ministerial of the Americas
美洲國防部長會議

DOD Department of Defense 國防部

DOE Department of Energy 能源部

DPB Defense Policy Board 國防政策委員會

EASR East Asia Strategic Report 東亞戰略報告

FCO Foreign and Commonwealth Office
外交及國協事務部

GATT General Agreement on Tariffs and Trade
關稅暨貿易總協定

GCC Gulf Cooperation Council 海灣合作委員會

GCSC Global Commission on Stability in Cyberspace
全球網路空間穩定委員會

IAEA International Atomic Energy Agency
國際原子能總署

IISS International Institute for Strategic Studies
國際戰略研究所

IMF International Monetary Fund 國際貨幣基金組織

INF Intermediate-Range Nuclear Forces《中程飛彈條約》

INFCE International Fuel Cycle Evaluation
國際燃料循環評估

ISA International Studies Association 國際研究協會

ISKRAN Institute for US and Canadian Studies
美國和加拿大研究所

MFN most favored nation 最惠國

NAFTA North American Free Trade Area 北美自由貿易區

NIC National Intelligence Council 國家情報委員會

NIEs National Intelligence Estimates 國家情報評估

NIO National Intelligence Officer 國家情報官員

NPT Non-Proliferation Treaty《核不擴散條約》

NRC Nuclear Regulatory Commission 核能管理委員會

NSC National Security Council 國家安全會議

OES Oceans, Environment, and Science
海洋與國際環境暨科學事務

PDB President's Daily Brief 總統每日簡報

PFP Partnership for Peace 和平夥伴關係

PLA People's Liberation Army 人民解放軍

PRM Presidential Review Memorandum 總統審查備忘錄

R2P Responsibility to Protect 保護責任

ROTC Reserve Officer Training Corps 預備軍官訓練團

SALT Strategic Arms Limitations Talks 戰略武器限制談判

SDS Students for a Democratic Society 民主社會學生會

STR Special Trade Representative 特別貿易代表

UNCTAD UN Conference on Trade and Development 聯合國貿易暨發展會議

UNPROFOR UN Protection Force 聯合國保護部隊

WEF World Economic Forum 世界經濟論壇

WTO World Trade Organization 世界貿易組織

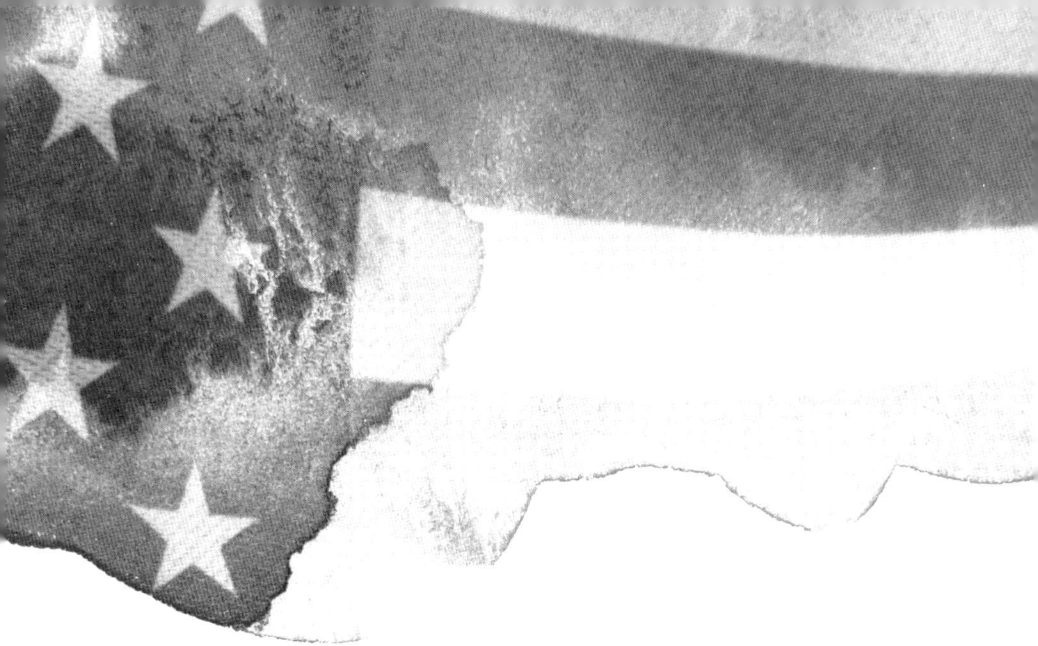

第一章

早年時期

The Early Years

我出生時的家位於紐澤西州的南奧蘭治（South Orange），該處位於紐約州郊區，四處綠樹成蔭。那時恰好流感盛行，當地醫院不堪重負，所以我誕生在家中。我父親每天要搭火車前往荷波肯（Hoboken），再乘渡輪穿過哈德遜河前往華爾街。他是「佛里曼和夥伴」（Freeman and Company）的初級合夥人，這是一家債券交易公司，由來自緬因州肯內貝克山谷（Kennebec valley）的遠房表兄弟和鄰居們一起創辦。一戰結束後，我父親的家人金錢散盡，當時他十五歲，只好當信差幫人跑腿賺錢。他從未讀完高中或大學，但多年來一直在紐約大學（NYU）上夜校。我在一九六四年從哈佛大學獲得博士學位時，父親相當自豪，但他喜歡取笑我，說我讀書竟然要讀這麼久。我後來成為哈佛大學甘迺迪政府學院（Kennedy School of Government）院長時捐贈了一棵樹，種在學校的庭院裡來紀念他。我和父親關係親密，我對他引以為傲。他影響我甚深，但我倆會競爭，也會獨立自處，因此兩人的關係總有一點緊張。

我父親天生外向，但我母親卻個性內向、堅忍安靜且意志堅強。她在南奧蘭治長大，另有一個妹妹。我外祖母是德國移民的女兒，離了婚，撫養她們長大。我的外祖母後來和我們住在一起，當她和我的母親不想讓我們這些孩子得知某些秘密時

童年照片，我當時四歲

（特別是在聖誕節期間）就會說德語。我母親畢業於哥倫比亞高中（Columbia High School），然後就讀史密斯學院（Smith College），但礙於家境貧窮，不得不在讀完一年級後輟學。她在紐約擔任秘書，在那裡認識了我的父親。我父母對彼此忠誠，但性格幾乎截然不同。有時我覺得自己更像母親，而我跟所有人一樣，是個混血兒。

一九四〇年代：小羅斯福和杜魯門

第二次世界大戰爆發期間，我正在讀幼稚園，我的父母搬到了往西三十英里的新弗農（New Vernon），那座村莊只有幾百人。為了讓我和我的三個姊妹能夠在農場長大，父親每天的通勤時間增加了一倍。我們住在一間有白色護牆板的殖民時期老房子，對面是一間古老的長老教會。雖然我們住在村子的中心，但屋後卻有一處一百英畝的農場，裡面有穀倉、雞舍和豬圈，還有一處連綿田野和茂密樹林，可讓孩童去探險。老爸雇了一位農場經理，還堅持要我們這些孩子在農場裡幫忙：採摘和存放蘋果、挖馬鈴薯並將其分級、剝玉米殼，以及幫忙照顧牛豬和雞隻。一到週六，我通常要負責殺雞、拔毛及後續處理，這樣我們週日中午才有雞肉可吃。

我小時候在新弗農做的另一項工作是用老式手推割草機割草，割一次可賺二十五美分，但我要是忘了幹這件事，就會受到懲罰。父母沒有給我們這群孩子零用錢，而是要我們去勞動賺錢，從中鼓勵我們獨立。他們出身貧窮，熬過了經濟大蕭條，即便手頭有了積蓄，卻仍然刻苦節儉。我父親對消費炫富沒興趣，也不喜歡孩子誇耀財富。

新弗農是一個小社區，只有一座紅綠燈、一間教堂、一所小學、一間加油站、一家兼作郵局的小雜貨店，以及一支志工消防隊。每週六晚上，消防隊都會舉辦方塊舞舞會（square dance）[1]。我們的農場經理是下口令的指揮（caller），我小時候很喜歡跳這種舞。大家都互相認識，每個人都是白人，而且幾乎都屬於共和黨。有一天晚上，我父親告訴我們，說有一位民主黨人要來吃晚飯，但不用擔心，因為他是個承包商，必須是民主黨人。

我們今天看到政壇兩極化而哀嘆，但在我兒時長大的地方，黨派之爭非常激烈。小羅斯福在魯斯口中的美國世紀之初擔任總統。他雖然面對大蕭條的挑戰，依然拯救了美國的民主。此外，小羅斯福打倒了孤立主義，讓美國加入二戰。然而，新弗農是共和黨主導的村子，身為民主黨的羅斯福在此地並非英雄。小羅斯福在一九四五年四月去世，我當天正從學校走路回家，有位一年級的朋友呼應了他父母對羅斯福的看法。他高喊著：「暴君終於死了！」

同樣地，民主黨籍的杜魯門（Harry Truman）是很重要的總統，他在一九四八年於歐洲發起馬歇爾計畫（Marshall Plan）[2]，並於一九四九年成立北約（NATO）[3]，但在新弗農，許多人認為他是不小心才當選總統，很快就會被選民拋棄而下台。一九四八年十一月總統大選前夕，父親在選舉結果揭曉前送我上床睡覺。他當時向我保證，說我隔天早上醒來時，共和黨的杜威（Thomas Dewey）將會擊敗杜魯門。《芝加哥論壇報》〔*The Chicago Tribune*〕也犯了同樣的錯誤，提前印好標題為「杜威獲勝！」〔Dewey Wins!〕的頭版新聞，爾後杜魯門在勝選當晚高高舉起報紙供記者拍攝，狠狠出了一口惡氣）時至今日，我們的國家政治兩極化，但極端的黨派之爭並不新鮮。一切都要追溯到共和國[4]的初期。

在我們共和黨的共同體意識背後，也存在著嚴重的階級和種族差異。我的小學名為哈丁鎮學校（Harding Township School），那時當運動員比賺錢更重要。如果你來自一個非常貧窮的家庭，或者擁有東歐或南歐的名字，別的孩子就會在背後說你壞話。種族不是個問題，因為我們那裡沒有非裔美國學生。多年以後，我和妻子在新罕布夏州的一個小鎮買了房子，我當時很驚訝，竟然發現了跟我小時候環境類似的社會結構。我一直對人類的啄食順序（就像我們飼養的雞）感到驚訝。從表面上來看，鄉村生活類似於美國畫家愛德華・希克斯（Edward Hicks）著名的原始藝術[5]畫作《和平的王國》（the peaceable kingdom），但外表可能會欺騙人。小社區既有優點，也有缺點。

我來自一個比一般人更為富裕的家庭，但我不是運動員。我沒有鄰居小孩可以一起玩，而且我比班上的其他同學都年幼，這在當時是一個劣勢。當學校比賽要選邊時，我通常是最後一個被選中的。可惜的是，我沒有把書讀好，取得優異的成績，所以在同學中的地位並不高。某些最受歡迎的同學是「留級的」，這讓他們變得更大、更強壯，也更蠻橫。我只想成績低空飛過，而我如願做到了。老師對我父母說我的成績不好，並給我額外的作業，我將其視為懲罰，而非鼓勵。孩子唯有有心向學，才能把書讀好。

我確實喜歡閱讀，但我最喜歡的是戶外活動。我熱愛打獵和釣魚。我們村莊中心有一個十字路口，那裡閃爍著紅綠燈。從十字路口往山下走，會看到一處空曠的田野，中央有一個池塘，我會在那裡抓翻車魚和鯰魚，然後帶回家給我極具耐心的德國外祖母烹煮。那時還沒有手機和電腦遊戲，我們只能聽廣播和看電視，但電視螢幕很小，節目也不多。我更常在外面玩耍，躡手躡腳穿過樹林，用原木建造堡壘，重演保衛我們農場的幻想。我也會騎單車去朋友家，或者騎幾英里去賽馬谷（Jockey Hollow）的報春花溪（Primrose Brook）釣鱒魚。話說在一七七九年時，喬治．華盛頓（George Washington）的軍隊曾在賽馬谷度過了冬天。

一九四〇年代在新弗農成長時，我會學了自律和自力更生。我有幾個好朋友，但可以跟我一起玩的孩子並不多。我並不孤獨，因為我有一個溫暖的大家庭，給了我信心。父親很樂於稱讚我，但對我也很嚴格。我學會了主動，能自行決斷，這點在大學期間對我幫助很大，當時我在暑期於阿拉斯加邊境的一個採礦營地打工，接著獨自搭便車穿越全美。其後，年少的我前往東非擔任研究員，日後加入國務院時，我也因為能夠獨立而受益，感覺自己就像被扔進游泳池的孩子，被告知要不就是奮力游泳求生，否則只能沉下去溺死。

今天的美國區分為城市文化和鄉村文化。雖然人口趨勢有利於城市，但我們的聯邦憲法賦予農村地區持久不衰的政治權力。我在鄉村長大，讓我得以認識這種文化，更重要的是，我變得熱愛大自然和戶外活動。十八世紀的德國哲學家．康德

（Immanuel Kant）曾說，有兩件事讓他充滿敬畏：一是頭頂的星空，二是內心的道德法則。當我研究道德法則後感到沮喪，並對人類對待彼此的諸多可怕方式感到失望時，我總能仰望星空尋找到慰藉。二〇二〇年新冠疫情爆發時，這點非常有用。我當時因為飼養小雞恢復了信心，我的菜園也由於悉心照料顯得生機盎然。我一生都在照料菜園，喜歡看著事物成長茁壯。多年以來，我獲得了無數榮譽學位，但我最喜歡的獎品是一條紫色絲帶，因為我曾種出一顆花椰菜，它在新罕布夏州的某個地方集市上被評為最佳蔬菜，我便獲得了這個獎項。

艾森豪時期

二戰歐洲英雄德懷特．「艾克」．艾森豪（Dwight "Ike" Eisenhower）[6]是溫和派的共和黨人，廣受民眾愛戴。他在一九五二年勝選總統，讓多數共和黨人（包括我父母）與新政府達成了和解。他當時為美國迎來了偶爾被描述為「回歸正常」（return to normal）的局面。當我們與蘇聯陷入兩極冷戰時，美國的文化、經濟優勢和軍事實力奠定了美國世紀的基礎。

艾森豪上任時並未打算大展宏圖。他鞏固了杜魯門的圍堵理論，並且謹慎小心地判斷局勢，使這項理論得以持續，例如他避免在北韓和越南陷入陸地戰爭，而這些戰爭日後使他的繼任者陷入了困境。他加強了美國與歐日的新聯盟並願意與蘇聯談判。他依靠大規模報復（massive retaliation）的核武威脅來抵消蘇聯在歐洲的傳統武力優勢，並節省了昂貴的地面部隊開支。然而，他也非常謹慎，不實際動用核武去打擊北韓和中國。

艾森豪深知美國實力有限，也能妥善處理危機。儘管他曾經提出東南亞骨牌效應的比喻[7]而讓人誤解，但他卻避免自己被捲入越南的泥淖。他考慮過使用空軍、核武或地面部隊進行干預，但最終認為美國不該單方面採取行動。他分析局勢時不受情緒影響，遂能避免踏進日後讓詹森（Lyndon Johnson）[8]無法自拔的陷阱。詹森不像艾森豪一樣能夠控制情緒，也無法跟他一樣足以洞觀世局。艾森豪行事謹慎，讓美國享受了八年的和平與繁榮。

然而，人們在此時期也恐懼共產主義，參議員麥卡錫（Joseph McCarthy）[9]撒下彌天大謊，趁機煽動群眾，藉此在政壇順風順水四年。常言道，恐懼之下出順從。理斯曼（David Riesman）的《孤獨的人群》（*The Lonely Crowd*）和懷特（William Whyte）

的《組織人》（*The Organization Man*）等書都批判從眾行為（conformity）[10]。《時代》（*TIME*）雜誌將我的大學同儕稱為「沉默的世代」（The Silent Generation），許多人積極從眾，追求集體感。然而，我們之中有許多人卻認為，這是美國在國內外探索的時代，正如布茲（Otto Butz）在其著作《非沉默的一代》（*The Unsilent Generation*）中所描述的那樣，而這是「沉默的世代」的標籤所未能體現的。

一九五〇年，我不再走鄉間小路去上哈丁鎮學校，改為坐校車去讀十英里外的郡城莫里斯敦學校（Morristown School）。我隨後發現，在這個新環境中，我只要稍加努力，就可以成為第一名，也能當個領頭的。每當我的朋友擔心自己的孩子不讀書，我都會告訴他們，說孩子準備好的時候就會去讀書，只要稍微鼓勵他們或推他們一把，事情就能大有改觀。我還學會了參與團隊運動、跟家人一起去歐洲旅行，以及讓妹妹將我介紹給她的同學莫莉．哈丁（Molly Harding）。莫莉日後成為我生命中最重要的女人。

當我要上大學的時候，未曾好好搜索資料以及申請好幾間學校。如今，許多年輕人選擇太多，反而感到苦惱。我很幸運，當時的競爭並不那麼激烈。我申請了兩所學校，一是普林斯頓大學（Princeton），二是耶魯大學（Yale）。但我在紐澤西州北部長大，一心偏袒普林斯頓。我雖然很無知，但最終證明我很走運。

普林斯頓

我剛進入普林斯頓的時候感到有點震驚。我在莫里斯敦是小池塘裡的一條大魚，但當我身處普林斯頓美麗的哥德式尖塔群中時，我是一條孤獨的小魚。我是唯一來自莫里斯敦的學生，而來自艾克希特（Exeter）、第爾菲（Deerfield）和聖保羅（St Paul）等大型預備學校（prep school）[11]的學生則有數十人。現在，沒有人知道我的名字，我必須找到立足點。我嘗試過加入美式足球隊和擔任隊上的工作人員，但慘遭淘汰。我還在週末跟那些男同學喝酒，試圖融入其中。然而，當時有「競爭對抗」（bicker）體制，讓我想和別人社交變得更為困難。所謂「競爭對抗」，是得透過競標爭取進入眾多的飲食俱樂部（eating club）[12]，而我們這些青少年會被其他青少年按照我難以理解的社會地位排名。我被一間不錯的俱樂部錄取，卻慘遭兩個排名更高的俱樂部拒絕。我的自尊深受打擊，但只能默默承受。

隔年夏天，我在格蘭杜克（Granduc）礦場找到了一份工作，他們當時正在英屬哥倫比亞省（British Columbia）和阿拉斯加（Alaska）之間的邊境探勘銅礦。那裡有一片鋸齒狀山峰，白雪皚皚，令人嘆為觀止，而礦場坐落在巨大冰川的上方。我們上方的山上有另一座冰川，幾年之後發生了一場雪崩，摧毀了礦場。我們睡在山邊棚屋的睡袋裡，在洗衣棚裡穿上裝備，棚屋掛著頭盔、頭燈和厚重的橡膠夾克。廁所是一個巨大的帆布帳篷，位於湍急的冰川溪流上。如果輪我值夜班，我有時會開著載運礦石的小火車駛出隧道，將岩石傾倒到較低的冰川上，然後會看到壯觀的北極光。

暴風雨偶爾從太平洋襲來，山谷會充滿霧氣，如此持續一週，直到下了一陣雨，霧氣才會消散。一旦霧氣繚繞，不僅視線不佳，為我們載運物資的飛機還無法降落。我在格蘭杜克工作的那個夏天曾有兩架飛機墜毀。一架迪哈維蘭「海狸」輕型運輸機（deHaviland Beaver）從雲層下方的河谷攀升後，未能順利繞過冰川邊緣。從冰川壁的撞痕來看，飛行員只差幾英尺就能避開冰川邊緣，結果還是撞上了，最終墜入從冰川流出的河流裡身亡。我是搜尋隊的一員，下河川去尋找飛行員的屍體並將其帶回營地。這是我生平第一次經歷這種災難致死事件。幾年後，每當我乘坐阿拉斯加荒野飛機（bush plane）飛行數百英里去釣魚和露營時，只要遭遇惡劣天氣，上述的災難事件就會浮現在我的腦海。

我在格蘭杜克必須再次證明自己的能力，但這一次是我混在那些從未聽說過格羅頓（Groton）、安多弗（Andover）或普林斯頓的粗魯男人之間，而這些傢伙根本不在乎前述的任何一所學校。我必須努力打拚來證明自己，將淤泥鏟進礦車或者將以雜酚（creosote）浸漬的沉重礦木材推到位。領導理論家（leadership theorist）本尼斯（Warren Bennis）在我擔任哈佛大學甘迺迪政府學院院長時曾於學院任教。他曾寫道，人一旦經歷嚴峻考驗，便能更加了解自己。對我來說，在礦場工作就是我的人生考驗。

到了夏季末，我接受陌生人的善意，沿路搭便車穿越全美，終於回到了家鄉。我在路邊走了很久，不時睡在戶外，從中體會美國有多麼廣闊美好。當我回到普林斯頓時，因為夏季打工而有了新的視角，也重拾了自信心。我經常告訴學生，要利用休學年（gap year）[13]或暑期去打工，和那些勞動者一起工作，從中學到的東西跟他們在大學的任何課程所學到的知識一樣有價值。我因為曾經如此，成了跨班級公共服務的提倡者。

我定期為《普林斯頓日報》（*Daily Princetonian*）撰寫專欄。因為不斷思考該讓宗教在自己生命中扮演何種角色，所以我的其中一篇社論就是批評普林斯頓強制禮拜

（compulsory chapel）[14]的做法。我住在新弗農時曾經想當牧師，但進入普林斯頓後就打消了這個念頭。我大一時修過一堂哲學課，讓我質疑自己如何確定所相信的觀念是真實的。我仍然感受到自己當年讀到笛卡兒（Descartes）「我思故我在」時的震撼。我讀大一時，大部分的時間都在剝開自以為知道的東西、閱讀和註釋我手邊的《聖經》並質疑自身的信仰。到了最後，我成了不可知論者（agnostic）。世間有太多人永遠無法理解的事。普林斯頓大學有一間可愛的哥德式教堂，那是我最喜歡的校園建築。在很多的夜晚，我會獨自坐在教堂後面的長椅上安靜思考。我凝視狹長教堂正廳的陰影並思考自己的宗教觀時，會感受到一股寧靜，以及看到枝形吊燈散發的柔和黃色光芒。我至今難忘這種感覺和景象。

我曾短暫接觸心理學，試著理解人類為何會那樣思考，之後我決定主修經濟學、歷史和政治學，從中更加了解人類所做的事情。奧地利政治經濟學家熊彼得（Joseph Schumpeter）提出過一套關於資本主義「創造性破壞」（creative destruction）[15]的理論，以及那些承擔風險、促成此一過程的企業家所扮演的角色，我對他的理論深感著迷。就讀大四時，我的論文指導教授是經濟歷史學家布魯姆（Jerome Blum），他為我取得費城一家已倒閉的美國保存公司（American Preserve Company）的檔案，讓我撰寫了論文〈家族企業的消亡〉（Death of a Family Firm）。這篇論文最終獲獎。我還被任命為畢業紀念日講者（Class Day Speaker）[16]。我記得當時站在亞歷山大大廳（Alexander Hall）告訴同學，說我們雖然無法獨自拯救世界，但人人都能盡自己的一份力量去改善世界。我在普林斯頓學到了很多東西，學校當時奉行伍德羅·威爾遜著名的訓導體系（precept system）[17]並密切關注大學教育，但我不喜歡它的社交體系。

我的班上沒有女生，也沒有非裔美國人。我從小到大幾乎不認識任何非裔美國人，除了協助我母親的克拉拉·皮爾森（Clara Pearson）。克拉拉的丈夫在一家小型建築公司當工頭，我讀高中時曾利用暑假在這家公司幫忙鋪設道路。克拉拉會和我母親一起坐在廚房的桌子旁吃午餐，我的共和黨父親則會幫她處理財務問題。我不必認識許多非裔美國人，就可以知道社會對待他們並不公平。傑佛遜（Thomas Jefferson）曾寫下人人生而平等以及被賦予不可剝奪的權利，但無論這位開國元勛或我們國家都未能兌現這項諾言。話雖如此，這句話深切影響了我這位在紐澤西共和黨農村家庭長大的男孩。我在一九五四年時尚未積極參與政治，而我當時就讀的其實是一所實施種族隔離的學校。然而，在得知最高法院於「布朗訴（托彼卡）教育局案」

（Brown v. Board of Education）[18]案中決定結束種族隔離學校時，我非常高興。二〇〇八年，當普林斯頓大學畢業生蜜雪兒．歐巴馬（Michelle Obama）在民主黨全國代表大會上發言時，我熱淚盈眶。多年之後我有機會見到她，當時我告訴蜜雪兒，說她樹立的榜樣對我這位中年白人意義深遠。

我在普林斯頓大學剛讀到四年級時，打算加入海軍陸戰隊排長團（Marine Platoon Leaders' Corps）。那時的美國年輕人只要四肢健全，都得接受徵兵入伍，而我身體健康，期待參軍接受挑戰。到了大四的秋天，我在泛世通圖書館（Firestone Library）遇到了一位教授強森（E. D. H. Johnson）。他說服我去申請牛津大學的羅德獎學金（Rhodes Scholarship）。我照做了，而讓我驚訝的是，我竟然申請成功。為了獲得這筆獎學金，我曾在紐澤西的州際競爭接受艱苦的訪談，然後前往費城接受地區性面談，當時米爾頓．艾森豪（Milton Eisenhower）在費城擔任委員會主席。那天深夜，我從費城開車回家後，站在新弗農家門前的台階上，停下來凝視猶如梵谷繪畫的無垠星夜，對眼前的一切感到驚奇。結果畢業之後我沒有加入海軍陸戰隊並在越南當軍官，而是直到三十五年後才在國防部（DOD）服役。當我第一次去越南時，我是以甘迺迪政府學院院長身分參觀了美國在當地推展的一項教育計畫。每當我感覺自己狂妄自大時，都會記得人生賭球會落在生命輪盤的何處，通常不是我們能夠掌控的。

夢想的頂點

入讀牛津是一種新的學習經驗。英國使用英語，起初讓我誤以為英國的文化和教育與美國相似，但事實並非如此。我和羅德獎學金小組的成員一起乘坐伊莉莎白女王號（*Queen Elizabeth*）從紐約航行到南安普敦（Southampton），這是在我們分開前往牛津大學（University of Oxford）各個學院前互相了解的好方法。我們分別從全美各地競爭激烈的地區中選出，但從種族或性別來看卻欠缺多樣性。

艾克希特（Exeter）於一三一四年在牛津市中心創立，是牛津大學最古老的學院之一，但並非是最富有的。韋爾院長（Rector Kenneth Wheare）當時認為，要讓美國佬（Yank）[19]融入，最好為他們搭配一位英國室友。我入住的是一間漂亮的十八世紀鑲板裝飾的套房，天花板很高，也有鉛窗[20]，但沒有中央供暖系統，原來的壁爐很久以前就被封堵了，改用一個帶有儀表的小線圈，塞入一先令可以產生一小時的熱量。我的英國室友叫巴克斯頓（Richard Buxton）（後來成為巴克斯頓上訴法

橄欖球隊划船，艾克希特學院，牛津，一九五九年。
Source: B. J. Harris

院法官〔Lord Justice〕[21]），他是一所私立學校的畢業生，曾在英國殖民地甘比亞（Gambia）擔任軍官服過兵役。巴克斯頓認為，呼吸新鮮空氣可以提神，因此回到房間後會甩開窗戶。當我看著我的先令飛出窗外時，我幾乎氣到要重新發起美國獨立革命，但最終我們仍然成為了朋友。

我和許多美國人一樣，一想到牛津，就想到當地的寒冷和潮濕。有一年冬天，我串起迴紋針去記錄沒有陽光的天數，一個月下來，時間居然多達二十一天。我加入了大學橄欖球隊，而隊友容忍我，不是因為我技巧很好，而是我阻截時瘋狂有力，就像我仍在打美式足球一樣，儘管打橄欖球沒有戴護墊。我們練習結束以後全身泥濘，就會返回大學地下室。那裡有八個浴缸的熱水，但輪到我時，我經常在想：究竟是我身上的泥巴多，還是浴缸邊緣上的泥巴多。幸運的是，牛津大學後來安裝了中央暖氣和管道系統。

我們會在一個十七世紀巨型大廳裡的長凳和木桌旁吃晚飯。大廳有拱形天花板，懸掛著已故主教和貴族的巨幅肖像，後頭還有一個平台，穿著黑色長袍的教師們（don）會在那裡的高桌前用餐。大廳中央兩側各有兩個大壁爐。有一天晚上，我在房間裡逗留太久，聽到晚餐鐘響起後才衝進去。我當時在找座位，發現自己運氣還不錯，熊熊的爐火旁還有一個空位。然而，我不知道自己坐錯了位置。剛坐下不久，就有人遞給我一張紙條，說我坐到了高級學者的位置，必須接受「sconce」（處罰）。所謂「sconce」，表示我必須喝下一品脫（pint）[22]大銀杯的啤酒。如果我把酒喝光而不吐出來，就可以要求挑戰我的那個人，叫他喝兩品脫的啤酒。我為了威懾他人，決定這樣做。然而，在我的對手喝下兩品脫後，又要求我喝三品脫，我當時就棄械投降了。這簡直比在礦場工作還要辛苦！

在牛津待了兩年，讓我有絕佳的機會去接受更高深的教育。當時，羅德信託基金會鼓勵我們放棄攻讀碩士，轉而去讀第二個大學學位，以便投入大學生活。我沉浸於英國的大學文化，從中學到甚多。美國隨處可見社會階層的落差，但英國更為明顯。例如，我在牛津讀書時，有一個「校役」（scout）或僕人每天早上會打掃我的房間並為我送來一品脫的牛奶。我在普林斯頓時必須打掃自己的房間和去商店買牛奶，但我有一台冰箱可以為牛奶保鮮。牛津教會了我資本密集經濟（capital-intensive）和勞動密集（labor-intensive）、階級森嚴的經濟之間的差異。

正規教育方面，我在普林斯頓時，每學期選修四到五門課程，並且在每門課程結束時獲得成績；在牛津時，沒有要選修的課程，完全是自由聽課。我每週要寫三篇論文，分別與我的哲學、政治和經濟學老師進行一對一的討論。我的哲學導師尼爾（William Kneale）教會了我精確定義的重要性，這是當時流行的語言哲學的特徵。我還記得自己寫的第一篇論文，我認為自己已經證明了利他主義（altruism）不可行，因為即使給乞丐一枚硬幣，也是出於自身利益的考量。尼爾硬生生地指出，我並未回答這個問題而僅是定義這個詞。我的政治學老師亨特（Norman Hunt，後來成為克勞瑟．亨特勳爵〔Lord Crowther Hunt〕，成為英國首相哈羅德．威爾遜〔Harold Wilson〕政府的重量級人物）會耐心解釋，說在議會制度中，權力是透過文明手段、而非透過美國人實施的制衡原則（checks and balances）來抑制。他還指出，英國將最優秀的學生送入政府，而美國則將這些聰明之士送入商界；我的國際關係老師納普（Wilfred Knapp）解釋了兩次世界大戰期間，英國在外交政策方面的弱點和愚蠢舉措。

牛津學生得在始建於十九世紀的考試學校（Examination Schools）中，參加六次長達三小時的考試才能獲得成績。有一天，我吃完午餐後待在房間裡準備考試，突然發現自己忘了考試時間。我沿著大街向考試學校飛奔，穿著的長袍一路飄動著，結果遲到了半個小時。然後，我一臉驚恐，發現自己在匆忙中竟忘了帶筆。穿著黑袍、打著白領帶的監考學監打斷了大廳裡低著頭寫考卷的學生，詢問是否有人願意借我這位可憐的美國人一支筆。結果我借來的鋼筆會漏水，因此考得並不好。

幸運的是，我那時想要讀書，不重視成績。我對於自我探索更感興趣。我當時嘗試寫一本小說，但沒寫完（不過最終在四十年後出了一部小說）。我曾在艾克希特研究員花園（Exeter Fellows Garden）裡，凝視著古老神學院（Divinity School）和博德利圖書館（Bodleian Library）的哥德式尖頂，想著自己會成為什麼樣的人。我當時閱讀了各種主題的書籍，包括藝術、戲劇、芭蕾舞、歷史和小說，五花八門，無所不包。

這並不是說我沒有從牛津學到很多東西，但它並未像普林斯頓那樣，透過成套的課程來提供教育。我曾在西歐、東歐和摩洛哥長期旅行，從中學到了更多東西。我在參觀波蘭的奧斯威辛集中營（Auschwitz）後，愈加厭惡反猶太主義（anti-Semitism）。我仍然清楚記得那些裝有眼鏡、衣服和個人物品的箱子，每一件都代表死去的某個人。我印象最深的旅行是我在一九五九年夏天與另外兩位羅德獎學金學者休厄爾（John Sewall）和霍爾特（Sam Holt）一起前往鐵幕後的蘇聯、波蘭、匈牙利和捷克斯洛伐克（Czechoslovakia）[23]。我們駕駛一輛小型英國Sunbeam Rapier，從芬蘭開往列寧格勒、莫斯科、斯摩棱斯克（Smolensk）、明斯克（Minsk）、華沙、布達佩斯和布拉格。當時，鐵幕之後罕見西方遊客。

只要我們駛進一座城市，都會受到大批人群的歡迎。他們看待我們的樣子，彷彿我們是從火星來的一樣。我們周圍都是人，他們會問各種問題，包括：「你相信上帝嗎？」以及「為什麼你們敵視我們，用這麼多的飛彈瞄準我們？」有一位官方的「國際導遊」陪同我們，他要確保我們白天去參觀必去的景點，但到了晚上，年輕人經常邀請我們去「文化和休息公園」（parks of culture and rest）。女孩們會邀請我們跳舞，男孩們則會向我們挑戰，看誰比較有力氣，例如揮動鐵鎚將重物敲上桿頂。（幸運的是，休厄爾是牛津的划船隊，他總是能夠獲勝）我們在一次比賽結束後準備返回飯店，當時一名身穿制服的蘇聯民兵攔住了我們，他掏出了左輪手槍。我以為他發現了休厄爾陸軍少尉的身份，會逮捕我們。結果他將子彈自槍膛退出後說道：「為了和平與友誼，把它們扔掉吧！」聽了之後我們鬆了一口氣。

在我們旅行之前，蘇聯帝國顯得詭譎神秘。一九五七年，蘇聯發射了史普尼克（Sputnik）人造衛星。人們普遍相信他們會超越美國，我們正在衰落之中。一九五九年，副總統尼克森和赫魯雪夫（Nikita Khrushchev）就哪種制度更優越進行了一場廣為人知的辯論。赫魯雪夫當時聲稱，蘇聯未來將佔上風。我們在訪問之際心生懷疑。我近距離觀察，發現這個備受吹捧的帝國似乎遠遠沒有那麼厲害。

我在牛津認識了很多朋友，包括獲得羅德獎學金的學者、英國學生和外國人。我從他們身上學到了很多東西。有了這種經驗以後，我都會建議哈佛的學生出國留學。只要結識和了解非美國人，就能找出身為美國人的意義。

我在牛津時曾和某些人深談，其中最重要的也許是我與來自迦納海岸角（Cape Coast）的大學同學夸菲利普斯（Kwamena Phillips）的談話。當時有不少非洲國家正尋求獨立，我很關心對非洲大陸未來發展的論述。夸梅納認為，非洲將開創一種新形式的民主：迦納總統克恩克魯瑪（Kwame Nkrumah）透過泛非主義（Pan Africanism）宣揚非洲團結。我想知道那個未來會如何呈現。我確信正是我和同學在牛津的對話，我才會去非洲探索，期間分別見證烏干達和肯亞於一九六二年和一九六三年成為獨立國家。看著英國國旗降下、新的國旗升起令人感動不已。夸梅納回非洲前曾探望過我的美國家人，但他返回迦納後就去世了，所以我們一直未能一起討論他問題的答案或總結我們的談話。

甘迺迪時期

在漫長的一九六〇年代，時局動盪，許多學者將其視為美國現代歷史的轉捩點。我的同事普特南（Robert Putnam）提到了兩個一九六〇年代──「美國人進入一九六〇年代時走向社群，卻像游泳選手觸牆轉身一樣，中途突然改變方向，將一九六〇年代拋諸腦後，走向了個人主義（individualism）。」[24]就自由與平等的基本價值之間的平衡而言，鐘擺正朝著自由主義方向擺動，而非朝著標誌進步時期（Progressive era）、經濟大蕭條和二戰的社群主義方向擺去。

約翰．甘迺迪（John Kennedy）競選時宣稱要恢復政府活力，但他的做法比競選活動更為溫和。就美國在世界上的角色而言，甘迺迪未能透過豬玀灣事件（Bay of Pigs invasion）去推翻卡斯楚（Fidel Castro），卻容忍蘇聯在一九六一年修建柏林圍牆，避免了柏林危機。到了一九六二年，古巴飛彈危機爆發，美國當時幾乎要陷入核戰，幸好甘迺迪讓美國化險為夷。一九六三年，甘迺迪針對第一項主要軍備管制條約《部分禁止核試驗條約》（Limited Test Ban Treaty）進行談判。兩年後，美國深陷災難性的越戰，最後以失敗告終並導致國內分裂。甘迺迪將美國於越南的軍隊縮限為一萬六千名「顧問」（advisor）。但時至一九六五年，詹森決定將顧問改為作戰部隊，最終將人數增加到五十萬人以上。

妻子莫莉的家庭農場位於紐約克林頓（Clinton），我記得自己於一九六七年坐在農場的前廊上，一邊凝視著平緩的翠綠山丘和奶牛牧場的田園風光，一邊思考美國正在發生的事情。在一九六〇年代之初，甘迺迪高調詢問美國人能為國家和世界做些什麼，但是到了最後，美國街頭騷亂，城市四處烽煙，發生了三起重大的政治暗殺，兩次成效不彰的總統任期，世界各地發起遊行，抗議美國對越南的政策。對於美國軟實力的吸引力來說，這並不是一個偉大的時代。

與此同時，一九六〇年代也出現了積極的變化，例如美國自內戰時代以來首次進行重大的民權立法、婦女運動蓬勃發展，以及完成登陸月球壯舉。在一九五〇年代，艾森豪代表穩定，但到了一九六〇年代，許多人將其視為停滯。蘇聯於一九五七年發射史普尼克人造衛星，於太空領域擊敗美國。我記得當我得知此事時，感到無比震驚。當赫魯雪夫一九五九年在聯合國會議上用鞋子拍打桌子，並虛假聲稱蘇聯即將超越一個正在衰落的美國時，美國人非常認真地對待此事。甘迺迪呼籲重振美國的活力，而我也被他所描繪的「卡米洛特神話」（Camelot myth）[25]深深吸引。

哈佛

我從牛津畢業時並無生涯規劃。父親建議我跟他一起在金融業打拚，但我對國際事務更感興趣。我打算擔任駐外使館人員，但也認為最好先拿個博士再說。我追隨我的羅德獎學金友人霍夫海因茲（Roy Hofheinz）的腳步，向哈佛大學的政府系提出了申請。

就讀牛津時我享受很多的自由，但現在必須埋頭苦幹，認真學習，要修必修課程，兩年後得接受困難的筆試和口試資格考。我的主考官是才華洋溢但個性古怪的理論家哈茲（Louis Hartz）、個性溫和的導師和論文指導教授愛默生（Rupert Emerson）、精通印度問題的聰明專家魯道夫（Suzanne Rudolph）以及個性粗暴的季辛吉（Henry Kissinger）。他們拷問了我兩個小時。

政府系最資深的教授就像無領地的封建貴族，我盡量避免加入他們的陣營。分歧最尖銳的莫過於著名理論學家弗雷德里希（Carl Friedrich）和埃利奧特（William Yandell Elliott）。學生們被邀請去他們家吃晚餐和午餐，而許多人會認同其中一位。聰明的保守派城市規劃專家班菲爾德（Ed Banfield）給我留下了更深刻的印象，但我主要是對國際事務感到興趣。我旁聽了季辛吉、霍夫曼（Stanley Hoffmann）和梅伊（Ernest May）關於外交政策及核武的課程，而我深受霍夫曼與季辛吉的影響。這兩人是歐洲猶太難民的後裔，起初在哈佛是密友，最後卻因為對越戰看法分歧而分道揚鑣，情誼盡散。

我還參加了加爾布雷斯（John Kenneth Galbraith）、梅森（Edward S. Mason）和導師愛默生舉辦的關於新獨立非洲國家民族主義和經濟發展挑戰的研討會。梅森是一位經濟學家，擔任世界銀行協助烏干達獨立的團隊主席。他某天在研討會上表示，他的團隊一直感到困惑，不知道該規劃一個擁有八百萬人口的烏干達市場，還是規劃一個擁有三千萬人的東非共同市場（East African Common Market）。從經濟角度來看，後者比較合理。梅森表示，他身為經濟學家，無法回答這個難題，需要政治學家來解答。我立刻心想：「我的論文就是要討論這個主題！」

我制定了一份計劃書，並贏得福特基金會（Ford Foundation）的贊助，該基金會設立了一項外國地區培訓計劃，以鼓勵美國年輕人了解世界其他地區。莫莉和我去東非住了一年半，研究我的論文，探討坦尚尼亞、烏干達和肯亞這些自稱泛非主義的領袖，能否保住他們從英國殖民者手中繼承下來的共同市場，並按照他們的承諾建立一個東非聯邦（East African federation）。我的論文講述了他們失敗的故事，這篇論文最終成為我出版的第一本書。

美國詩人佛洛斯特（Robert Frost）有一首知名詩作[26]，其中有一句：「樹林裡有兩條路，我選了較少人走的那一條（two roads diverged in a wood and I took the one less traveled on）。」我起初朝著某個方向發展，但後來卻走向了另一條路，因為我最終專注於國際關係，而不是非洲發展的比較政治。然而，我踏上這條路之後是通過側門而非大門去步入世界政治的領域。我修習過偉大的現實主義學者摩根索（Hans Morgenthau）（他當時正在哈佛訪問）的課程，但我認為佔據主導地位的現實主義方法（亦即關注國家之間的武力平衡）儘管有效，卻過於狹隘，而且並未充分考慮思想、社會進程和經濟整合。我從地方到國家層級研究新國家之間關係的這些層面，最終能從不同視角去檢視自己最後的研究領域。

除了一九六〇年投票給甘迺迪之外，我覺得自己資歷太淺，無法參與政治。我當時打算在春季學期末結婚。我專注於學業，在所有的秋季課程都獲得了A等成績後，我認為自己可以去系辦公室要求延續研究生獎學金了。然而，我驚訝地發現這是不可能的，因為我錯過了截止日期，而且獎學金已全數撥出。決定能否繼續獲得獎學金的是日期，而非成績。和藹可親的系主任麥克洛斯基（Bob McCloskey）表示，他可以讓我在普通考試之前教授二年級輔導課程以賺取生活所需，同時引薦我成為哈佛國際事務中心（Center for International Affairs，簡稱CFIA）主任鮑伊（Robert R. Bowie）的研究助理。這樣便解決了我眼前的經濟問題，但我婚後第一年就要承受很大的工作壓力。

我在一九六一年和莫莉結婚。除了出生之外，這是我一生中最重要的決定。我們在查爾斯河（Charles River）附近一棟租來的小房子裡安家。這棟屋子如今早已被拆除，變成哈佛巨大的馬瑟之家（Mather House[27]，幾十年以後，我們的孫女塞奇〔Sage〕就讀哈佛時就住在那裡）。我倆婚後的第一年忙得昏天暗地，莫莉那時追求藝術興趣，在福格藝術博物館（Fogg Art Museum）擔任助理來補貼家用。

我喜歡教二年級的大學生，在鮑伊麾下做事非常具有挑戰性。他頂著一頭白髮，戴著無框眼鏡。鮑伊是一名律師，個性強硬，頭腦敏銳，擔任國際事務中心主任之前曾在艾森豪的國務院擔任政策規劃主任。國際事務中心是福特基金會的一項新計畫，旨在幫助學者更加了解美國所處的世界。它擁有跨學科的明星師資，橫跨的領域包括政治學、經濟學和社會學。

國際事務中心每週舉辦三場教師研討會，主題涉及歐洲和大西洋關係、核武和軍備管制以及政經發展。我作為鮑伊的助理，可以坐在旁邊做筆記並從中學習。與此同時，鮑伊讓我研究並起草文章和演講稿，探討赫魯雪夫在柏林圍牆建成前一年日益對柏林咄咄逼人的行動所導致的政策問題。蘇聯人當時認為，位於鐵幕深處的柏林飛地[28]是一個障礙，必須消滅它方能鞏固他們的地位。赫魯雪夫在虛張聲勢嗎？他能夠走多遠？我們能保衛西柏林嗎？這些問題難以回答，但我必須去起草答案。鮑伊這位監工拘泥刻板且一絲不苟，他一遍又一遍退回我的稿件，直到他滿意為止。他很少讚揚我，但我從他的批評中學到了很多，後來我倆成了朋友。然而，儘管冷戰的事件令人著迷，但我的注意力卻越來越多地被吸引到下一步，即前往東非去研究我的論文。

烏干達、肯亞和坦加尼喀

莫莉和我曾沿著尼羅河從開羅飛到喀土穆（Khartoum），然後再飛到坎帕拉（Kampala）。我們搭乘福克友誼式（Fokker Friendship）渦輪螺旋槳小型飛機，看著客機影子劃過蘇丹（Sudan）廣闊的沼澤地，既感到恐懼，又充滿期待。我們降落在恩特貝（Entebbe），那是一個伸入維多利亞湖（Lake Victoria）的半島，接著開車穿過棕櫚樹、香蕉樹和眾多小村莊。我們的新家位於東非社會研究所（East African Institute of Social Research），研究所坐落在以馬凱雷雷大學（Makerere University College）為主的山丘上。我們接近新家時，驚嘆於滿樹盛開的紅色鬱金香形狀花朵和紫色的九重葛藤蔓。我們住的是煤渣磚（cinderblock）砌成的簡單公寓。入內後打開行李箱時，竟看到蜥蜴在臥室牆上四處亂竄。當我試圖抓住鞋盒裡的一隻蜥蜴並將牠拉出來，蜥蜴的尾巴居然掉了下來，把我們嚇了一跳。我們後來得知，蜥蜴脫落尾巴是一種抵抗掠食者的自然防禦機制，牠很快就會重新長出尾巴。我們有很多東西需要學習。

烏干達橫跨赤道，但首都坎帕拉分布於眾多鬱鬱蔥蔥的翠綠山丘上，海拔高達四千英尺（約一千二百公尺）。當地通常溫暖潮濕，雖然炎熱，但很少讓人感到不舒服。有三座山丘的頂部分別矗立一座英國聖公會大教堂、一座天主教堂和一座宏偉的清真寺，而另一座山上則是卡巴卡（Kabaka）的宮殿。卡巴卡是坎帕拉周圍民族巴幹達族（Baganda）的世襲君主。從山上極目眺望，景色優美，令人印象深刻，但城市街道卻塵土飛揚，兩旁都是低矮的商店和路邊生火做飯的居民。當地少見高層建築，那裡有殖民時期遺留的大飯店（Grand Hotel）。雖說是大飯店，卻是用詞不當，有點不妥。

我們很快就習慣了蜥蜴和蟑螂，也知道要在馬凱雷雷的小公寓裡燒熱水和施打抗瘧疾藥。我們開始喜歡上了坎帕拉。黃昏時分，成群的果蝠展翅飛翔，身著寬大巴蘇蒂連身裙（Basuti dress，最初由維多利亞時代的傳教士所設計）的婦女們背著嬰兒，頭上頂著一籃子大蕉（plantain）[29]。當她們從我們身邊走過時，會用盧干達語低聲問候，聲音美妙悠揚。我們與比泰克（Okot p'Bitek）共用廚房和浴室。他來自烏干達北部的阿喬利（Acholi）地區，畢業於牛津，才華洋溢，後來成為著名的作家，也和我們成了好友。

我們後來搬到更大的公寓，那時有一位身穿巴蘇蒂連身裙的女士敲了我家的門。她身材高大但態度友善，用很簡單的英語解釋，說她曾為以前的租客服務，目前需要一份工作。我們不願意雇請僕人，但最後還是屈服了。多麗西（Dolisi）非常照顧我們，但無論我們怎麼勸說，她總是會在用餐時布置正式的餐具，擺上幾把叉子、幾把刀子和勺子，也會放上幾只玻璃杯。當我從馬凱雷雷圖書館步行回家，想吃簡單的午餐時，我會看到桌上好好擺放著烤起司三明治。多麗西知道歐洲人如何生活行事，但我們身為美國人，卻壓根不知道這些！

我們喜歡烏干達，走遍了整個國家。莫莉和一位教育心理學家一起拜訪鄉村學校。我研究了烏干達、肯亞和坦尚尼亞（當時稱為坦加尼喀〔Tanganyika〕）的政治，以便了解團結和分裂這些國家的力量。從正面來看，有兩股截然不同的力量：分別是經濟理性（economic rationality）[30]和泛非意識形態（pan-African ideology）。英國人為新獨立的國家留下了一個共同市場（一種共同貨幣），以及促使發展中國家開發經濟的東非共同事務組織（East African Common Services Organization）[31]。此外，獨立運動的領袖是懷抱泛非意識形態，宣稱下一步是建立東非聯邦（East African federation），日後要藉此統一非洲。有些人致力宣揚這種意識形態，譬如尼雷爾（Julius Nyerere），他擔任過教師，曾將莎士比亞作品翻譯成斯瓦希里語（Swahili）；其他人只是口頭上說說而已，例如烏干達的奧博特（Milton Obote）[32]。

從分裂層面來看，領導人必須建立能夠治理和掌握權力的民族國家。儘管殖民地邊界是隨意劃分，領導人從殖民統治者手中奪取的預算、公務人員、警察和軍隊等等都是可運用的工具，而這些便反映出這些殖民地邊界。此外，領導人也試圖利用這些工具來建立國家。某些精英傳遞了泛非主義和民族主義，但多數普通公民卻從部落和根據語言感受到了社群（區）意識。坦加尼喀有許多較小的部落，通用語是斯瓦希里語，尼雷爾面對的局面不如烏干達的奧博特或肯亞的甘耶達（Jomo Kenyatta）困難，因為後兩者所在地的權力落差更大，部落之間的競爭更為激烈，斯瓦希里語也比較少人使用。問題不在於領導人的虛偽造作，而是他們被困在自己佔領的殖民地牢籠。

在早期，身為研究生的我仍有可能採訪諸如尼雷爾（他給人的印象就是個老師）、奧博特（這個人自以為是且閃爍其詞）和姆博亞（Tom Mboya，熱心的工會成員，後來遭人暗殺，真是肯亞的損失）這樣的領導人。除了政治領袖外，我還採訪了公務員與地方政黨官員。我有時會被人懷疑，特別是某些政黨官員及知識分子，但讓我驚訝的是，當時東非幾乎沒有反美情緒或冷戰的證據。我大致上感到很受歡迎，沒有人身安全的顧慮。

我們購買了一輛福斯金龜車穿越東非，四處採訪以撰寫論文，曾在奈洛比（Nairobi）和沙蘭港（Dar es Salaam）臨時居住，順道去了占吉巴島（Zanzibar）。在東非開車得冒很大的風險，因為當時幾乎沒有鋪設道路。我們有一次去烏干達北部旅行，一塊鬆動的石頭落下，擊碎了擋風玻璃，我們後來開了九十英里到達坎帕拉，渾身沾滿紅色的灰塵；還有一次從奈洛比前往沙蘭港，穿越坦尚尼亞北部壯麗的平原時看到長頸鹿和瞪羚在路邊吃草，結果撞到一塊岩石，車輪便爆胎了。

如今，靠近印度洋的沙蘭港是一個繁忙港口，人口約有五百萬。反觀當年，它是沉睡中的首都，保留著一戰前坦加尼喀仍是德國殖民地時的建築遺跡。一位朋友安排我們免費住在基武科尼（Kivukoni），那是一所成人教育學院，前身是一家旅館，與港口隔海相望。我會前往城市裡的政府辦公室採訪（奶茶喝個沒完沒了），接著乘坐小渡輪穿越海港入口，步履艱難地穿過沙灘和椰子樹回到基武科尼，脫掉正式的衣服，跳入海中游泳，歡暢享受清涼。

奈洛比幅員遼闊，熙熙攘攘，有德拉米爾（Delamere）和史丹利（Stanley）等高檔酒店，洋溢英國殖民風情。這座城市海拔一英里，雨季時非常涼爽。一九六三年十一月，我們在奈洛比得知甘迺迪遇刺，內心震驚無比，夢想逐漸破滅。我的研究顯示，東非共同市場很可能崩潰；腐敗和政治暴力日益猖獗。一九六四年一月，肯亞和烏干達的新政府在被推翻之前，軍隊出現了叛亂。我一直堅定反對殖民主義並批評英國人，但我看到像奧博特這種領導人假借種族之名去指控和解雇那些抵制腐敗或說出真相的白人公務員，讓我感到很沮喪。

我面臨兩難的情況。我懷著很深的同理心去了非洲，卻發現自己很天真。我看到了錯誤的事情，不願為其辯護，但我也不想在餘生持續批判非洲的領導人。我的哈佛同事赫緒曼（Albert Hirschman）寫過一本關於選擇的書，書名為《叛離、抗議與忠誠》（*Exit, Voice, and Loyalty*）。我們非常喜歡在非洲的時光，但我逐漸選擇退出，讓自己擺脫可能專研非洲文化的職業生涯。我曾在同行評審（peer-reviewed）的期刊上率先發表文章，其中一篇的標題是〈腐敗與政治發展：成本效益分析〉（Corruption and political development: A cost-benefit analysis）[33]，其中便透露出上述的想法。

事後諸葛來看，我做出這種選擇之後擴大了自己的工作範圍，而我目前就這點看得比當時更為清楚。我那時還有一篇論文要寫，想要解析我在東非實地觀察到的情況。我在論文中引用了偉大的德國理論家韋伯（Max Weber）的話。韋伯寫道：「直接支配人類行為的不是觀念（idea），而是物質和精神上的利益（material and ideal interest）」，但觀念「就像扳道工（switchman）[34]，決定了軌道方向，在這軌道上，利益動力推動著人類的行為」。[35]不幸的是，事實證明，泛非思想的影響力不如興起的國家利益。

我想知道這是否屬於普遍的真理，也想知道歐洲的團結如何幫助歐陸克服世界大戰和恐怖大屠殺的過往歷史。我發現了恩斯特・哈斯（Ernst Haas）和功能整合

（functional integration）新理論家的著作，他們認為世界和平不會來自世界聯邦制，而是來自區域整合，這是一種「各個部分的和平」（peace in parts）（這預示著我幾年後出版的一本作品的書名）。然而，我想知道這是否與發展中國家的政治壓力相符合。我們某天晚上去坎帕拉看電影時，發現美國政府和美國國際開發署（AID）正在推廣這個想法。除了正片外，電影院還播放了一段簡短的國際開發署紀錄片，片中描述推展順利的中美洲共同市場（Central American Common Market）。我想知道這五個中美洲國家是如何成功的，但東非卻沒有成功。這種反常現象讓我將視野從非洲拓展到一般區域的整合理論。

我後來站在馬凱雷雷東非社會研究所的草坪上，打開一封來自哈佛的信，該信邀請我以每年六千美元的微薄薪資教授政府入門課程。我決定嘗試一段時間，結果這段時間卻極為漫長。

1 譯註：由四對舞伴排成方形來跳的舞。

2 譯註：又稱歐洲復興計畫，是美國二戰之後對慘遭戰火破壞的西歐各國所進行的經濟援助和協助重建計畫。

3 譯註：North Atlantic Treaty Organization，北大西洋公約組織。

4 譯註：美國是聯邦制共和國。

5 譯註：原始主義（Primitivism）是一種崇尚「原始」體驗的西方美學思潮，本質上屬於烏托邦思想，認為天然的最好。

6 譯註：美國第34任總統，本名德懷特．大衛．艾森豪（Dwight David Eisenhower），曾於二戰期間擔任盟軍在歐洲的最高指揮官，軍中士兵都稱他為「艾克」。

7 譯註：艾森豪當時眼見越南赤禍威脅加劇，遂倡導「骨牌理論」，主張東南亞各國唇齒相依，倘若一處失陷，其餘地區將隨之淪入共黨手中。

8 譯註：第36任美國總統。

9 譯註：在冷戰時，美國局勢緊張，民眾害怕共產主義的顛覆，麥卡錫便趁機聲稱有大量的共產黨員、蘇聯間諜和同情共產主義的人士滲透美國聯邦政府、大學、製片業和其他領域。

10 譯註：人們信念和態度跟隨群體規範的一種行為。

11 譯註：在美國指為十一歲以上的學生上大學做準備的私立中學。

12 譯註：普林斯頓裡頭類似食堂和社交場所的私人場所，每間俱樂部都佔據大學校園裡展望大道上的一座大宅邸，該區域被學生通稱為「街道」（The Street）。

13 譯註：中學畢業後到上大學之前休一年的假期，用於旅遊或打工。

14 譯註：有人稱為「義務的禱告儀式」，進行的方式是每日一到兩次的禱告，星期天要上教堂的禮拜。

15 譯註：指以創新去破壞原有的經濟模式，爾後新的模式取代舊的模式，帶來更美好的結果。

16 譯註：Class Day是指畢業典禮舉行前的有慶祝活動的日子。

17 譯註：由普林斯頓大學校長伍德羅．威爾遜於一九〇五年提出，要求學生積極參與學習過程。

18 譯註：全名為Brown v. Board of Education of Topeka。

19 譯註：亦可寫成Yankee，偶爾譯成「洋基」或「北方佬」。

20 譯註：leaded window，用鉛塊支撐的裝飾窗。

21 譯註：Lord Justice of Appeal，英格蘭上訴法院任何一位法官的稱號。

22 譯註：pint，約五七〇毫升。

23 譯註：一九九三年一月一日，捷克與斯洛伐克各自獨立為兩個共和國。

24 原註：Robert Putnam, *The Upswing: How America Came Together a Century Ago, and How We Can Do It Again* (New York: Simon and Schuster, 2020), p. 301。中文書名，《國家如何反彈回升》，春山出版。

25 譯註：卡米洛亞瑟王傳說中的宮廷和城堡，是亞瑟王朝黃金時代的標誌，也是其政治中心和亞瑟王最愛的家園。

26 譯註：〈未行之路〉（The Road Not Taken）。

27 譯註：這是哈佛的一棟學生宿舍大樓，以麻州清教徒馬瑟（Increase Mather）命名，馬瑟曾在一六八一年至一七〇一年之間擔任哈佛大學校長。

28 譯註：表示某個境地內有塊土地，但其主權卻屬於另外一個國家，該地區便會稱它為國家內的飛地。

29 譯註：類似香蕉的熱帶水果。

30 譯註：一種理論，解釋人處於社會的經濟行為，認為人能夠理性權衡成本與收益，做出實現利潤最大化的決定。

31 譯註：一九六一年至一九六七年烏干達、肯亞和坦加尼喀之間組成的管理公共事務的機構。

32 譯註：號稱現代烏干達的國父。

33 原註：*American Political Science Review*, June 1967。

34 譯註：也譯作鐵道的轉轍器。

35 原註：Hans Gerth and C. W. Mills, eds., *From Max Weber*（New York, 1946）, pp. 63–4。

第二章

越南時期
詹森、尼克森和福特

The Vietnam Years:

Johnson, Nixon, Ford

數十載光陰並非依照時序排列。正如我們所見，一九六○年代的上半葉和下半葉差異甚大，上半葉接續了一九五○年代，下半葉則延伸至一九七○年代。舉例來說：一九六○年代初期，四分之三的美國人告訴民意調查員，表示他們對政府充滿信心。一九七○年代初期，在越戰和水門事件（Watergate）之後，這個比例陡降至四分之一，此後再也沒有恢復到一九六○年代初期的水平。

一九六○年代經歷了一場世代革命，戰後嬰兒潮世代（babyboomer）[1]為現有體制帶來了壓力。民權和女性主義有所進步，促成了重要且正面的社會變革，但是到了一九六○年代末期，暴力和破壞情況有所增加。在法國，一九六八年的事件導致戴高樂（Charles de Gaulle）總統下台[2]，德國、義大利甚至日本都出現了「赤軍旅」（red brigades）[3]，他們會綁架並殺害政府領袖及企業高管。美國和其他已開發國家都發生過暴力事件，但一九六○年代末期和一九七○年代初期籠罩在美國上空的真正陰霾是可怕的越戰問題。

越南亂局不僅削弱了美國世紀的海外軟實力，也撕裂了美國的國內社會。我記得自己想知道像邦迪（McGeorge Bundy，前哈佛大學院長，莫莉的遠房表兄）和麥納馬拉（Robert McNamara）這種人怎麼會如此盲目？我鄙視他們。二十年以後，哈佛大學甘迺迪政府學院推出口述歷史計畫，講述美國如何度過古巴飛彈危機（下面將會描述這件事），我便和他們共事了一段時間。我發現這兩人有眾多特點，讓我有點驚訝，因此我開始喜歡他們，但我從未對他們在越戰所犯的錯誤予以原諒。我很難理解，他們巧妙處理了古巴飛彈危機，使我們免於核戰威脅，怎麼會在幾年後便輕率行事，將美國拖入越南的泥淖。

我對政治很感興趣，但只想從旁觀察局勢和當個選民去投票，並不想牽涉其中。甘迺迪遇刺後，我深感震驚和無比悲慟，因此支持詹森，特別是因為他承諾要繼續執行甘迺迪的政策，並且留任甘迺迪政府的主要成員。民主黨的詹森表示要延續前任的政策，而共和黨總統候選人是高華德（Barry Goldwater）。高華德當時是亞利桑那州參議員，主張採取激進做法，宣稱為了捍衛自由，可以採取極端手段。一九六四年的總統大選被視為是這兩人之間的較量。共產黨叛亂分子在越南表現得比預期更好，因此在選舉中發揮了關鍵作用，詹森將高華德塑造成危險的戰爭販子，將使美國為了東南亞的一個偏遠國家陷入核戰。當時一個著名的選舉廣告展示了倒數計時，廣告中的一位小女孩一邊數數，一邊摘下雛菊的花瓣。她倒數完畢之際，導彈發射開始倒數計時，最後爆發了一朵核爆後形成的蘑菇雲。

甘迺迪在越南部署了一萬六千名美軍，但他將這些士兵的角色限制為顧問，因此美軍傷亡有限。詹森先前曾承諾要延續甘迺迪的政策，但我們投票時幾乎不知道，詹森當選之後不久便將超越甘迺迪，做出兩項關鍵的歷史性決定。好的決定是《選舉權法》（Voting Rights Act）[4]，打從美國內戰以來，最能改善民權不彰的舉措莫過於此；壞的決定是（遵循邦迪和麥納馬拉等甘迺迪顧問的建議）為了避免在越南戰敗，先發起轟炸行動，然後向該地區派遣戰鬥部隊。

瓜地馬拉

我在一九六〇年代中期並未關注越南，反而出於學術的好奇心去探索中美洲的異常現象。為什麼這五個貧窮小國能夠維持繁榮的共同市場，而東非的三個國家卻不能？莫莉和我在三年後生下了第三個兒子，而我們在一九六六年全家搬到瓜地馬拉市去進行六個月的研究，所以照顧這個兒子是相當困難的。

中美洲和東非一樣極為美麗，但它也和東非一樣十分貧窮，只不過並非每個人都很窮就是了。那些富豪住在設置圍牆的花園洋房，窗戶裝有鐵柵欄以防宵小盜竊。我們在瓜地馬拉市租了一棟這樣的房子。許多家庭雇用哨兵在夜間站哨。數個世紀以來，這些貧富差異創造出一種階級制度[5]，歐洲人的後裔居於頂層，混血的麥士蒂素人（Mestizo）[6]位於中間，而本土（土著）文化的人處於最底層。這個制度透過殘酷使用軍警力量來鎮壓土著和左翼叛亂而更為強化，有時還會得到美國的支持。一九五四年，中央情報局（CIA）協助推翻了民選的左翼政府。儘管美國對中美洲掌控的程度不如英國對東非的控制程度，但有些人會稱呼中美洲為美帝國的一部分。

當我們待在瓜地馬拉時，當地政府宣布戒嚴，為此我們晚上開車時只要接近軍事檢查站，車內燈就必須亮著。鄰居向我們展示了他車上的彈孔，當時他在檢查站嚇到了（可能正在睡覺的）士兵們。伊爾瑪（Irma）是我們從房子繼承下來的混血女傭，從這點便可輕易看出當地的社會結構。有一天，一名身著原住民服裝且光著腳的年輕女孩出現在門口，央求我們給她工作。伊爾瑪一定要我們雇用她為助理女傭。拒絕伊爾瑪很難，倒不如應允了她。結果成為伊爾瑪助手的埃斯佩蘭薩（Esperanza）熟悉西班牙語比我們更不熟悉。

我飛往薩爾瓦多、宏都拉斯、尼加拉瓜和哥斯大黎加，主要用西班牙語採訪當地的官員和商界領袖。每次採訪之前我都會根據書面紀錄仔細準備問題，確保從只有那位官員才能回答的問題開始，免得訪談尚未結束就遭人打斷。多數受訪者都願意花時間接受採訪並回答問題。我鮮少遇到明顯反美的人，總體而言，我們在中美洲時既有成效，日子又過得挺愜意。

動盪時期

我回到哈佛後撰寫了在中美洲的研究結果。然而，隨著周遭世界不斷變化，這個地區也迅速改變。我個人同樣如此。民權靜坐示威、金恩（Martin Luther King）的「我有一個夢」演講和一九六五年《選舉權法》所帶來的樂觀情緒，正在被都市暴動、黑豹黨（Black Panthers）[7]和民主社會學生會（SDS）[8]的示威活動取代。隨著詹森增加派往越南的美軍人數，傷亡數字不斷增加，抗議活動在一九六八年的動亂中達到頂峰，迫使詹森宣布不再競選連任。隨後，芝加哥民主黨代表大會發生騷亂、尼克森的「南方策略」（Southern strategy）[9]以及華萊士（George Wallace）[10]公開呼籲種族主義，導致副總統韓福瑞（Hubert Humphrey，我把票投給了他）落選。

金恩和「博比」．甘迺迪（Bobby Kennedy）[11]分別在一九六八年四月和六月遇刺身亡，讓我深感震驚和沮喪萬分，感覺就像是被人狠狠在肚子上打了一拳。金恩代表我們能在種族問題上有所進展，而甘迺迪則能在越南問題上做出變革。金恩被暗殺後，我聽到我們的第一教區教堂（First Parish Church）唱詩班演唱佛瑞（Faure）的安魂曲（requiem）時便哭了。甘迺迪遇害時，我正在普林斯頓慶祝第十次同學聚會。我記得自己坐在布萊爾拱門（Blair Arch）下的石階上，知道載著他靈柩的火車正經過普林斯頓。我當時非常沮喪，根本無法參加同學聚會。世道正變得更為混亂。

在一九六〇年代上半葉，哈佛大學教職員會議的參與人數很少。哈佛的大學廳（University Hall）可以追溯至一八二〇年，教職員會議便在這棟建築內的寬敞教員室舉行，那裡供應茶水，一個落地式大座鐘（grandfather clock）會報時鳴響，早期名人的肖像俯視著齊聚一堂的教員。到了一九六七年，眾人爭相參與會議，會議不得不在大型劇院舉行。政治分歧往往會遵循世代界線。抗議學生會阻止某些人參與會議。一九六八年，民主社會學生會佔領了大學廳，最後不得不請州警前來驅散。

一九六七年時，我邁入三十歲，對於「不要相信三十歲以上的人」這句話很是警覺。我身為年輕教員，也是人夫和父親，膝下有三個小兒子，而我更是愛國的美國人。我試著將家庭、職業和公民這三股線編織成一條生命繩索。編織可以使繩子更堅韌，但若有某些繩子突出去或難以捆在一起，編織起來就不容易。我的家庭是最重要的紐帶，但我對於該投入多少時間在工作上也一直舉棋不定。隨著決定終身教職的日子臨近，我知道「出版或滅亡」（publish or perish）[12]就是準則。我打算寫一本關於比較區域整合的書來彙整我過往的研究，但不確定自己是否有什麼新素材可發揮。正如我那年春天所寫的那樣：「讓我困擾的一件事，是當我五十或六十歲時會有年輕的學者問道，我曾為這個領域做出什麼貢獻？」家庭可帶來歡樂，但也讓我因為時間不夠用而焦慮。

莫莉是個很棒的伴侶，她不僅是個好母親，還幫我維持生活的平衡，例如去新罕布夏州滑雪、在緬因州釣魚和露營、參觀博物館，或者跟我和朋友一起吃飯和打撲克牌。我也非常喜歡自己的工作。雖然我有時想要離職並前往政府工作，但像諾伊斯塔特（Richard Neustadt）這樣經驗豐富的同事建議我慢慢來，先寫出好的作品。此外，我很喜歡教學，而我也教得越來越好。第一次上課時我簡直是一團糟。當時我準備過頭，把講稿全部打出來，並且非常緊張，斷斷續續讀出來給聚在一起的學生們聽。唸完結論後，我低頭一看手錶，發現才過了二十五分鐘。學生們全都驚訝不已，彷彿有人用機關槍朝他們頭頂掃射一般。我當下只好說道：「下課。」我後來逐漸學會放慢速度，專注於幾項要點，也會去觀察學生的表情，同時預留時間讓學生反饋。數十年後，我在桑德斯劇院（Sanders Theatre）為六百名學生講課，並被《哈佛克里姆森報機密指南》（*Harvard Crimson's Confidential Guide*）[13]評為最佳教師之一。我可是花了一段時間才獲得這項成就的！

我還曾受邀去其他大學任教，其中的某些邀約非常誘人。我知道哈佛晉升的初級教師不到百分之二十，但我發誓要避免「哈佛症」（Harvarditis）的僵化思想，也不要以不理性的態度排斥替代方案。我認為自己留任的機率低於百分之五十，而如果我走運的話，可能有七分之三。這一切的背後潛藏著一個問題：我是否真的有「獨創性」，能否為這個領域做出別人心目中的「重大貢獻」。我當然沒有信心。

失去信心

身為民主國家的公民，我無法迴避一九六〇年代的社會動盪，儘管我對學者就其專業範疇以外的議題簽署公開聲明和請願書的做法日增，感到懷疑。也許我對大學的看法很天真，但大學似乎成了另一個壓力團體。正如我在家裡與馬默（Ted Marmor，後來擔任耶魯教授）、基恩斯（Doris Kearns，日後成為傑出的歷史學家）和奧伯頓（Rogers Albritton，哈佛哲學教授）等人交談後所寫的那樣，我相信「大學是一處根據思想本身的優點進行分析的場所。它是思想的自由市場，社會上的這種地方為數不多，大學是其中之一，因此學者應該避免去扮演壓力團體的角色。當然，大學的這種價值是有限制的，並且不存在『納粹德國』（Nazi Germany）的社會環境。但我不認為越南已經走到這一步。說來也怪，奧伯頓認為詹森是不理智的」。隨著時間的推移，我的立場逐漸接近奧伯頓的看法，最終我和一群羅德獎學金學者一同前往華盛頓遊說眾議院議長阿爾伯特（Carl Albert），請他公開反對越戰（但我們失敗了）。

我們誰都無法逃離越南。政府系系主任亨廷頓（Sam Huntington）要求我擔任研究生顧問，主任鮑伊讓我指導哈佛國際事務中心的學生計畫。因此，我便得想想該如何為面臨應徵入伍或移居加拿大的年輕人提供諮詢。我很年輕，剛身為人父，享有兵役豁免，但這只會讓我向其他人提供有關越南的建議時，更加痛苦。

在一九六七年期間，我對戰爭的看法逐漸改變。起初在一神論（Unitarian）[14]教堂聽完一場反戰布道之後我寫道：「我是贊成或反對？我更像是在兩者之間，認為任何一個標籤都會過於簡化。我會根據戰爭的實際情況、對結局的想像以及道德恐怖的視覺刺激，從一種態度搖擺到另一種態度。我不喜歡去思考這點，但又無法逃避。我不會在一九六四年介入[15]，也不會在去年讓地面戰事升級。我擔心的是，在我們現在的處境下該怎麼做。主要問題之一是缺乏事實——我不知道自己該說什麼。然而，外行人該如何判斷民主國家的外交政策呢？」

到了四月份，我對越南的看法明顯翻轉。事態升級似乎無止無盡。十二月，我代表反戰方參加了西點軍校的辯論。隔天我與羅德獎學金的朋友休厄爾和道金斯（Pete Dawkins）共進午餐，他們後來繼續在越南服役，並且當上將軍，我發現這兩人都擔心局勢會進一步升級。

在一九六七年，越南並非美國公民面臨的唯一問題。許多城市都陷入火海之中。我當時寫道，說我「對羅克斯柏立（Roxbury）的動亂感到沮喪，或者說得更準確一些，我對導致動亂的情況以及造成這種情況的白人態度感到沮喪。這種情況什麼時候會改變？請問這會改變嗎？對我來說，種族平等是信仰問題（是根據理性所得的信仰，並且基於經驗）。我在高中時，明確的政治態度為數不多，種族平等是其中之一，而這也是我見到莫莉時首先問她的其中一件事」。

儘管如此，某些政壇上的事情依舊帶來了一線希望。洛克斐勒（Nelson Rockefeller）

和「博比」．甘迺迪等政治家暗示了可能採取的新路線。十一月三十日，季辛吉邀請我、洛奇（George Lodge）和戈登（Lincoln Gordon）一同在紐約向洛克斐勒進行簡報。我發現洛克斐勒是一位「很親和的政治家，他提出的問題很棒，但並不深刻」。無論如何，在一九六八年年初，我和我的釣魚夥伴艾利森（Graham Allison）打賭誰將會在年底當選總統。我賭洛克斐勒，他賭「博比」．甘迺迪。當然，他倆都沒有進入到最後一輪。在我們半世紀的友誼中，葛拉漢和我經常提醒彼此要謙卑，務必記取那次的教訓。

日內瓦的和平插曲

一九六八年，我逃離了國內的政治風暴，成為在日內瓦的卡內基國際和平基金會學者（Carnegie Endowment International Peace Scholar），在高等國際研究生院（Graduate Institute of Higher International Studies）任教並進行研究，最終於一九七一年出版研究成果，名為《各個部分的和平》（*Peace in Parts*）。我發表過期刊文章，標題為〈比較區域整合：概念與測量〉（Comparative Regional Integration: Concept and

Measurement），我想更加了解歐洲經濟共同體（European Economic Community）如何順利平息德法之間的激烈競爭，因為這種競爭在七十年內引發了三場戰爭。

我經常去歐洲，但從未在那裡住過。日內瓦的生活讓我感到愉快。我們很幸運，能在日內瓦湖（Lake Geneva）南岸租一間避暑別墅，眺望汝拉山脈（Jura mountains），欣賞壯麗景色。沿著湖岸行駛一小段路，就能抵達美麗的中世紀小鎮伊瓦爾（Yvoire）。當地有城牆，對我的兒子們來說，那裡就像童話故事的場景。我們朝另一個方向從法國的陳斯（Chens）越過邊境，到達瑞士的埃爾芒斯（Hermance），停下來讓海關官員檢查汽車。官員穿著醒目的制服，舉止優雅，極有禮貌，四歲的兒子班（Ben）說，他長大以後要成為杜阿尼爾（*douanier*，法語，表示「海關官員」）。

我在日內瓦的辦公室靠近萬國宮（Palais des Nations）和聯合國歐洲總部（UN European headquarters，以前是伍德羅．威爾遜的國際聯盟〔League of Nations〕總部）。從辦公室的另一個方向可看到湖的對岸，欣賞鎮上的大噴泉（Jet d'Eau fountain）和遠處白朗峰（Mont Blanc）的冰川。我們身處優越的地理位置，到了冬季，每個週末都能前往不同的度假村滑雪，包括瑞士的格施塔德（Gstaad）和法國的瓦勒迪澤爾（Val-d'Isere）。然而，並非一切都像田園詩那般美好。我們首次抵達日內瓦時，住在一間小旅館的狹窄公寓裡，同時還得四處尋找房子。有一天，莫莉帶著孩子們在湖邊碼頭散步，結果班距離岸邊太近，不小心掉進湖裡。莫莉一看到他沉入水中，想都沒想就跳進湖裡。她雖然英勇，卻被某位衣著考究的瑞士婦女訓斥，這位女士斥責渾身濕透的莫莉，指責她讓男孩們走得如此靠近水邊。那時，我正在上法語課，想將我的大學水平提高到能進行日常對話的水準。瑞士一家電視台得知哈佛的一位教授在研究所進行研究，便邀請我評論一九六八年的選舉，當時尼克森和韓福瑞的競爭看來非常激烈。我冒失地接受了這個邀請，認為這將有助於我更加努力學習法語。

我對日內瓦的生活念念不忘，因為我從讀哈佛的壓力中得到了釋放，整個人放鬆不少。雖然日內瓦會有一些抗議活動，但不像美國國內那樣鬧哄哄。就連吃午餐這樣簡單的事也變得更文明。我在哈佛時會隨便在自助餐廳吃一份三明治。然而，當我住在日內瓦時，會在辦公室附近的小餐廳吃午餐，桌上會鋪著一塊桌布，我會點一盤餐點，包括了「牛排、薯條和沙拉」，然後悠閒地喝一杯紅酒。歐洲有很多人探討美國公司對當地的經濟威脅。讓-雅克．塞爾旺-施賴貝爾（Jean-Jacques Servan-

Schreiber）的暢銷書《*Le Defi Americain*》[16]針對「來自美國的挑戰」（the American challenge）發出警告。我開玩笑說，真正威脅歐洲的是歐式午餐。然而，我對於更文明的生活還有很多話要說。

從歐洲的角度來看，美國世紀是福禍參半、利弊並存之事。歐洲人擔憂美國的經濟統治地位，但希望美國透過北約提供軍事保護。然而，他們卻大肆批評美國在越南的行動。他們很難和我們相處，卻又離不開我們。一九六九年的登月顯示美國扮演了獨特的角色。莫莉、我和孩子們一起觀看阿姆斯壯（Neil Armstrong）邁出著名的「這是我的一小步，卻是人類的一大步」。沒有其他國家有過這種壯舉。蘇聯先前發射史普尼克人造衛星，暗示他們贏得了太空競賽，很難相信僅過了十二年，美國便捷足先登，登陸了月球。蘇聯發射這座人造衛星的前一年，派軍鎮壓了匈牙利的叛亂；登月前一年，蘇聯軍隊入侵捷克斯洛伐克鎮壓了「布拉格之春」（Prague Spring）[17]。結果，蘇聯在歐洲失去了大量軟實力。甘迺迪的和平工作團（Peace Corps）[18]和阿波羅計畫（Apollo program）[19]在在增強了美國的軟實力，但越戰和美國國內的種族問題卻同時削弱了它。

從寧靜到動盪

我們在一九六九年返回美國，哈佛當時正陷入一片混亂。在三年之前，學生們在國防部長麥納瑪拉（Robert McNamara）訪校期間攔截了他的汽車，並抗議預備軍官訓練團（ROTC）的成員出現在校園內。一九六九年四月，數百名學生佔領大學廳，其後被市警和州警驅散。緊接著又爆發多起抗議活動，包括發生在哈佛廣場（Harvard Square）破壞甚為嚴重的騷亂，目前尚不清楚當時誰是學生，誰又是被吸引到當地的外圍激進分子。學校教職員意見分歧嚴重，而且探討預備軍官訓練團和非裔美國人研究的會議都爭吵得十分激烈。

我的辦公室位於哈佛國際事務中心，當時中心暫時被安置於未充分利用的舊閃族博物館（Semitic Museum）。身為學生計畫主任，我很快就忙得不可開交。有人宣稱國際事務中心正在組織越戰，這種謠言傳得沸沸揚揚。我們的大樓多次被佔據；一個激進派外圍組織（民主社會學生會的某個派別）發動襲擊，導致一名職員被送往醫院救治；在另一次攻擊中，一枚炸彈在辦公室內爆炸。我保存了一本一九六九年十一月的激進派小冊子，在此引述裡面的一段話：「國際事務中心的管理者都是被人雇用的殺手。他們為政府撰寫如何讓少數美國人富得流油且吃得腦滿腸肥的報告。那些幫助政府的教授都是豬。難道你就沒有想要去宰一頭豬嗎？」他們吹噓自己闖進大樓，懸掛越共旗幟，主張「把豬踢下樓梯，打破所有的窗戶。」還有一次，當我正在向由傑出的外界人士組成的來訪委員會介紹我們的計畫時，突然聽到走廊有一陣騷動，結果抗議者闖入了房間。他們從桌子上拿起一壺水，倒在坐著的客人身上，受害者包括有時被稱為「當權派」（the Establishment）主席的老政治家麥克洛伊（John McCloy）。

由於季辛吉去了華盛頓，我被安排使用他空著的辦公室。我在窗戶上貼了一張和平貼紙，但起不了作用。一天下午，研討會結束後我返回辦公室，聽到一陣沉悶的轟鳴聲，一群暴徒高呼著向我們的大樓走來。主任鮑伊從他的辦公室裡出來，叫我報警。儘管我貼著和平貼紙，但是當磚頭從窗戶扔進來時，我還是爬上了自己的辦公桌。警察回覆說他們了解情況，但無能為力。當暴徒闖進我的辦公室時，他們拉倒了我所有的書架，將打字機扔到牆上。學術的象牙塔竟僅僅如此！

身為一名年輕的助理教授，我對一些學生關於越南的看法有所共鳴，儘管我不一定贊同他們的方法。我記得曾和一些在我們圖書館進行靜坐抗議的學生交談，發現他們相當講道理。但他們的關切已超越越南，擴展到了對資本主義和帝國主義的系統性批評。我在大型會議上發言，為中心辯護，並討論我們的經濟學家向貧困國家提供經濟發展建議是否帶有帝國主義色彩。我與著名經濟學家赫緒曼以及一些較年輕的馬克思主義經濟學家，如·麥克尤恩（Art MacEwan）和·馬格林（Steve Marglin），共同教授了一門關於帝國主義的課程，儘管我們意見不一，但至少可以進行嚴肅的討論。

大型集會則不同。我曾在學生組織的群眾集會上為國際事務中心辯護。一大群人聚集在一起，情緒起伏自然很大。任何暴力言論都可能煽動群眾，我那時內心總有一股恐懼和不安的暗流。在尼克森發兵入侵柬埔寨後，國民警衛隊（National Guard）出動，於一九七〇年五月在肯特州立大學（Kent State University）的一次抗議活動中殺害了四名學生。哈佛學生群集抗議，提出多項要求，其中包括關閉國際事務中心。我在學生集會上發表講話，懇求他們不要攻擊我們的中心。讓我感到驚喜的是，他們竟然投票否決了攻擊我們的提案。然而，隔天早上，《哈佛克里姆森報》並未在新聞中報導這次投票，反而發表了一篇社論，呼籲要關閉我們的中心，同時聲稱不轟炸中心的唯一原因是我們設在閃族博物館內。有趣的是，許多年後，我遇到寫那篇社論的學生：那時他已經當上法學教授，並且誠懇地表示歉意。

權力和相互依賴

奇怪的是，這段時期雖有政治動盪，卻是我職業生涯中最有成效的一段日子。我當時正在完成一本探討比較區域主義（comparative regionalism）的著作，這本在日內瓦開始動筆的左品，成為我一九七一年下定決心爭取終身職的必要前奏。但我也對經濟和貿易在世界政治中扮演日益重要的角色著迷，部分原因是我曾在日內瓦對聯合國貿易暨發展會議（UNCTAD）進行過一項研究，並且和羅賓森（Stuart Robinson）和柯森（Gerard Curzon）結交為好友，他倆都深度參與了關稅暨貿易總協定（GATT）。在弗雷蒙（Jacques Freymond）的領導以及西歐提斯（Jean Siotis）的幫助下，日內瓦的高等國際研究生院擁有重視國際體制的文化。最重要的是，當時的世界正在改變。地緣經濟學（geonomics）日益滲透到冷戰初期佔主導地位的地緣政治（geopolitics）領域。

基歐漢（Robert Keohane）比我小幾歲，是一位傑出的學者，我也有幸和他在學術上合作，兩人甚至成了終生的好友。他和我一起被維基百科列為國際事務分析學派的共同創立者，該學派被稱為「新自由主義」（neoliberalism，我倆都認為這個標籤過於簡單）。人們有時會在查看我們的介紹時發現，基歐漢和我都在一九六四年獲得了哈佛大學的博士學位，因此認為我們在研究所的時候就是朋友了。老實說，我們當時並不認識，這會讓你了解當年哈佛的一些情況。此外，我當年人在非洲，不在哈佛。然而，當社會科學研究理事會（Social Science Research Council）在其國際機構委員會中加入一些年輕學者時，我們開始互相了解和彼此尊重。

不久之後，當時在斯沃斯莫爾學院（Swarthmore）的基歐漢和我被延攬進入專業雜誌《國際組織》（*International Organization*）的編委會，該雜誌由世界和平基金會（World Peace Foundation）出版，其辦公室位於波士頓弗農山街（Mt Vernon Street），裝飾著嵌板。身為少壯派，我們批評它只著眼於正式的政府間機構（intergovernmental institution），關注視野過於狹隘。我們認為這個領域應該以「小寫i」和「小寫o」[20]來理解。我們都對跨國公司、基金會、恐怖分子、宗教團體和非政府組織等跨國行動者（transnational actor）扮演日益重要的角色感到震驚。世界政治中發生的諸多事件都超越了政府的控制範圍，同時被傳統的現實主義模型忽視，因為這些模型只關注國家和武力，而學者和實踐者的焦點都在這兩者身上。當我通過對整合理論的研究所發展出的視角來看，世界呈現出不同的樣貌，而基歐漢則撰寫了一篇關於聯合國政治的論文。

編委會中的年長成員邀請我們展示自己的觀點，於是我們在國際事務中心聚集了一批學者，編輯了他們的文章，並將其發表在《國際組織》〈跨國關係與世界政治〉（Transnational Relations and World Politics）特刊上（哈佛大學於一九七一年將其作為書籍出版）。基歐漢最後成為該雜誌的編輯，而我則擔任編輯委員會的主席。《國際組織》與伯格斯滕（Fred Bergsten）和勞倫斯．克勞斯（Lawrence Krause）合作出版了探討貿易及經濟政治的特刊。諸如耶魯的庫柏（Richard Cooper，後來成為我在哈佛的好友兼同事）這等學者也發表了探討該主題的重要著作。挪威的加爾通（Johan Galtung）和巴西的卡多索（Fernando Henrique Cardoso）等依附理論學家（dependency theorist）[21]當時正在撰寫關於中央控制外圍的新帝國主義。在聯合國，開發中國家要求建立新的國際經濟秩序，美國世紀正受到挑戰。

戰後的世界確實在改變。美國佔世界經濟的份額從一九四五年的將近一半下降到一九七〇年的約四分之一。美國正遭受通貨膨脹和國際收支問題的困擾，尼克森於一九七一年突然將美元從金匯兌本位制[22]中脫鉤。一九七三年，石油危機爆發，阿拉伯石油出口國削減產量和出口，特別是減少對美國和荷蘭的石油出口量，因為這兩國在贖罪日戰爭（Yom Kippur War）中支持以色列。石油價格上漲了四倍，加油站大排長龍，大量資金從西方流向石油出口國。美國政治學家摩根索宣稱，歷史上從未在不使用武力的情況下發生過這種財富轉移，部分原因在於跨國石油公司扮演的中介作用。

基歐漢和我發現，指出跨國關係等世界政治中被忽視的領域並不等於將它們納入理論框架，因此我們轉而處理這個議題。我獲得了一筆基金會撥款，將一群年輕學者帶到國際事務中心，大夥一起研究檢視世界政治的新方法。我們還與弗農（Ray Vernon）、斯托博（Robert Stobaugh）和威爾斯（Lou Wells）等人互動，這些知名的商學院學者對跨國公司有深入的了解。此外，跟我們互動的還有英克爾斯（Alex Inkeles）和利普塞特（Martin Lipset）等社會學家。這是一個很好的例子，足以說明跨學科中心可以如何鼓勵大家探索不同領域的邊界與交叉點。

這種背景對我們影響甚深，因為基歐漢和我共同撰寫了許多探討世界政治中跨國和跨政府關係的文章。一九七六年，我們完成了《權力和相互依賴》（*Power and*

Interdependence）。這本書在首次出版四十年之後，仍被使用於國際關係研究生的課程中。從某種意義上說，這是「新」（neo-）自由主義，而我們想表達的是，除了將經濟相互依賴視為和平工具的傳統自由主義觀點之外，經濟互賴還可當作權力鬥爭的工具或武器。然而，在我們所謂「複雜相互依賴」（complex interdependence）的某些條件下，政治進程變化會非常大，結果會與現實主義假設相反，導致國家並非唯一重要的行為者，武力不是最有用的工具，軍事安全也不是最重要的目標。我們沒有取代傳統的現實主義理論，而是展示如何整合世界政治中的新元素和參與者來補充這個理論。各國平衡權力時會導致混亂的世界局勢，而時至今日，我們仍然認為分析國際關係時，應該從植根於這種混亂局勢的現實情況中著手。我們抱怨的，並非現實主義者從哪裡開始，而是他們往往太快就收手了。

事實證明，當我幾年後加入卡特政府的國務院時，我發現這項理論對於政策非常有用。我還參與了美國外交關係委員會（Council on Foreign Relations）的「一九八○年代計畫」（1980s Project），從中獲益良多。這項計畫打算透過政府外交政策行為組織墨菲委員會（Murphy Commission on the Organization of the Government for the Conduct of Foreign Policy）的工作來展望世界政治的變化（成果有好有壞）。

一九七五年，美軍從西貢（Saigon）[23]撤軍。就在四年之前，年輕的凱瑞（John Kerry）[24]領導了越南老兵反戰的抗議活動，當時我和莫莉在我們家門前的萊辛頓綠地（Lexington Green）周圍遊行。一九七二年，季辛吉代表美方談判，達成了巴黎和平協約（Paris peace accords）[25]，推遲了美國不可避免的敗戰，（同時結束徵兵而）降低了越南問題在美國政治中的熱度。一九七二年，麥高文（George McGovern）[26]孤注一擲，想推翻尼克森，而我在選舉中投票給他，結果那是一場壓倒性的總統大選。然而，不到一年，水門醜聞曝光，政治局勢發生轉變。一九七四年，莫莉和我對於竊聽民主黨辦公室的國會聽證會感到震驚，並為尼克森的辭職感到歡欣鼓舞。我那時候認為尼克森壞透了。二十年以後，尼克森邀請我到他位於紐澤西州家中共進晚餐並討論我的一本書。我當時發現他深思熟慮，能夠洞察世事，分析國際關係，確有可取之處。在這個世界上，完全的邪惡和完全的善良都十分罕見。尼克森下台之後的福特政府讓我鬆了一口氣，但尼克森摧毀了我對共和黨任何殘餘的信心。

歷史學家很難總結一九七〇年代。有些人說這是個「混亂的空位期」（an untidy interregnum），有人則稱之為「有趣的謎題」（an interesting puzzle）。[27]這是繼越南戰敗、一九七三年贖罪日戰爭引爆的石油危機、一九七九年伊朗沙赫（Shah of Iran）

倒台，以及當年稍晚之際蘇聯入侵阿富汗之後的國際變革時期。在美國國內，通貨膨脹和經濟放緩兩相打擊之下，造成了所謂的「停滯性通貨膨脹」（stagflation，簡稱「滯脹」）。在越戰和水門事件之後，民調顯示百姓對政府的信任急劇下滑。民眾普遍感到悲觀、不安以及擔憂美國衰落。某一期《商業周刊》（*Businessweek*）封面上描繪了自由女神像，淚水悄然滑落她的臉頰。美國世紀似乎即將結束。

1 譯註：指美國一九四五年到一九六〇年間高生育率時期出生的人。
2 譯註：指一九六八年的法國五月學運。
3 譯註：義大利的極左翼軍事組織。
4 譯註：此法保障少數族群的投票權益，尤其保障非裔美國人的投票權。
5 譯註：種姓制度或世襲階級制。
6 譯註：mestizo尤指西班牙人和美洲印第安人的混血兒。
7 譯註：黑人解放運動的激進政治組織。
8 譯註：激進的學生團體，支持黑人民權運動，也反對越戰。
9 譯註：利用南方白人對民主黨民權法案的不滿，把一向支持民主黨南方各州白人轉化成支持共和黨的骨幹，此乃歷史性的改變。
10 譯註：民主黨員，在一九六〇年代非裔美國人民權運動期間，代表民主黨的南方勢力和宣揚種族主義，曾為阻擋阿拉巴馬大學開放黑人入學而擋住校門。

11 譯註：Robert Francis Kennedy，民主黨員，曾任美國司法部長和紐約州國會參議員。他的兄長是第35任美國總統約翰．甘迺迪。

12 譯註：意指從事學術研究，必須發表正式的著作，否則就是毫無成就或貢獻。

13 譯註：Harvard Crimson是哈佛大學出版的學生日報，又稱哈佛學生報、哈佛深紅報或哈佛紅報。

14 譯註：神體一位論的，這種神學理論認為神只有一位，否認耶穌基督的神性和三位一體的教義。

15 譯註：美國國會在一九六四年通過《北部灣決議案》，讓詹森總統不經宣戰便可在東南亞使用武力。至此在越美軍人員大幅攀升，爾後許多美軍直接參與戰鬥，傷亡亦大幅上升，和平進程逐漸陷入僵局。由於民眾對戰事不滿，諸多大規模反戰運動在美國大學校園及海外地區集體爆發。

16 譯註：此句翻譯成英文即為The American Challenge。

17 譯註：一九六八年一月五日開始的捷克斯洛伐克共和國政治民主化運動。

18 譯註：美國政府的獨立機構，旨在訓練和派遣志願者展開國際援助活動。

19 譯註：美國航空暨太空總署從一九六一年到一九七二年從事的一系列載人太空任務。

20 譯註：此處的「小寫i」和「小寫o」與International Organization的刊名首字母有關。作者想強調世界上另有許多名不見經傳的小型國際組織（以小寫表示），但《國際組織》卻忽略它們，因此他認為此舉不妥或眼光不夠全面。

21 譯註：依附理論將全球劃分為先進的中心國家和較落後的邊陲國家，邊陲國家受到中心國家的盤剝，故發展受限或弊病叢生。

22 譯註：所謂金匯兌本位制，就是「美元與黃金掛鉤、各國貨幣與美元掛鉤」的兌換方式。

23 譯註：現今胡志明市的舊稱。

24 譯註：民主黨籍政治人物，曾任美國國務卿。

25 譯註：越南共和國（南越）、美國、越南民主共和國（北越）及「越南南方民族解放陣線」（又稱越共）於一九七三年一月二十七日在巴黎簽訂的和平協議。

26 譯註：民主黨候選人，反對越南戰爭，是一九七〇年代美國自由派的代表性人物。

27 原註：Francis Galvin, "California Dreaming: The Crisis and Rebirth of American Power in the 1970s and its Consequences for World Order," in Peter Katzenstein and Jonathan Kirshner, eds., *The Downfall of the American Order* (Ithaca, NY: Cornell University Press, 2022), p. 89。

第三章

卡特時期
國務院

The Carter Years:
The State Department

吉米．卡特不了解華盛頓，也對世界政治缺乏經驗，而且他是一名工程師，經常著眼於細節而非戰略。他想改變美國在全球扮演的角色，但不幸的是，他得面對布里茲涅夫（Brezhnev）冷戰時期蘇聯領導層的殘餘勢力，而非五年後雷根接觸的戈巴契夫（Gorbachev）的新一代領導。一九七九年伊朗沙赫[1]垮台，給予卡特的連任之路一記致命的打擊。儘管如此，他在巴拿馬運河以及中東和平問題上做出了大膽的重要外交決策，同時努力促進人權並減緩核武擴散。在他總統任期的前半段，我負責處理後一項政策。

核子擴散問題

一九七三年石油危機後，一般人認為世界上的石油即將耗盡，需要改用核能。（諷刺的是，如今使用核能，是因為石油太多而非太少，讓地球氣候無法承受）在一九七〇年代，人們也普遍相信，全球的鈾即將耗盡（如今看來，這是錯誤的認知），因此必須使用核反應器燃燒鈾而產生的再處理鈽（reprocessed plutonium）。根據當年的一些估計，到了一九九〇年，將有大約四十六個國家進行鈽的再處理。問題在於，鈽是可用於製造武器的元素。只要鈽能隨意在全球買賣，就會有核子擴散和核恐怖主義的風險。早在一九七四年，早在一九七四年，印度即成為《核不擴散條約》（NPT）所列五大國之外，首個進行所謂「和平核爆炸」（Peaceful nuclear explosion）的國家。

法國同意向巴基斯坦出售一座鈽再處理廠，巴基斯坦總理布托（Ali Bhutto）曾表示，該國即便吃草也要打破印度在南亞的核壟斷；反觀拉丁美洲，德國當時正打算向巴西出售一座鈾濃縮廠，而阿根廷則在探索如何使用鈽。其他國家也悄悄尋找各種選項，核武軍備競賽正在醞釀中。十年前，甘迺迪曾預測，到了一九七〇年代，全球將有二十五個國家擁有核武。儘管各國於一九六八年簽署了《核不擴散條約》，但他的預測似乎可能成真。

卡特曾擔任海軍核子工程師，決心防止這種情況發生。我加入國務院過渡團隊（transition team）之前，先在福特基金會和米特公司（Mitre Corporation）核能與防止擴散委員會工作了一年多。該委員會包括卡特政府的一些最終成員，譬如國防部長布朗（Harold Brown）和軍備控制主任基尼（Spurgeon Keeney）。福特基金會主席麥克邦迪（McGeorge Bundy）也非常積極參與。

當時全世界那時似乎正邁向鈽經濟和核武擴散。福特－米特報告質疑這種傳統觀點，認為使用核能的最安全方法是採用國際防護的「一次通過」（once through）燃料循環，將鈽鎖在儲存的用過核燃料中。當我們在白宮內閣會議室會見卡特時，他接受了我們的報告，但這項結論非常不受美國核工業以及來自西部和南部各州參議員的歡迎，因為這些地區的設施將會被關閉。這也讓法國、德國和日本等盟友反感，因為他們的能源戰略（和出口）將受到影響。我要執行卡特的政策，當然飽受上述團體的嚴厲批判。身為學者，看到自己的名字出現在批判性的社論和頭條新聞之中，或是在參議院委員會遭受惡意拷問，這些都是全新的體驗。如果人不斷被告知你做錯了，有時很難記住你可能是對的！

對我這樣學者而言，另一件新鮮事是要管理諸多人員和處理複雜的跨部門流程。我在哈佛時只要管一個人，就是我的秘書，但其實被管束的人可能是我。華盛頓不乏渴望接替我職位的官僚和敵對的政治任命者，或者他們既要保留我的頭銜，又要架空我的權力。我獲得了狩獵許可證，卻不能保證能夠捕獲獵物。身為學者，我的第一反應是試著親力親為，但那是不可能的。我會熬夜到凌晨，接著於清晨五點起床，隨後參加國務卿范錫（Cyrus Vance）的晨間工作人員會議。如此焚膏繼晷數週之後，我意識到自己即將滅頂。我發現，政治和官僚機構不同於學術界，要團隊通力合作才行。若想在政壇混得風生水起，便得吸引別人來為我效勞。我可是吃過了苦頭才學到了軟實力。

前一百天

一九七六年，我為卡特的競選活動撰寫了幾篇短文。當年十二月，雷克（Tony Lake，後來擔任國務院政策規劃負責人）邀請我前往華盛頓擔任過渡團隊的顧問。這個小組在國務院一樓共用一間狹小的辦公室，我負責處理防止擴散的問題。這是一個絕佳的團隊，他們工作很認真，但爭取新政府的職位時也很賣力。

十二月三十日星期四，就在夏威夷眾議員明克（Patsy Mink，日本姓名為竹本松）被任命為海洋與國際環境暨科學事務（OES，職責涵蓋核能）助理國務卿後，我認為這裡已經沒有自己的立足之地。然而，當天晚上，范錫這位風度翩翩的律師邀請我到他的辦公室，延攬我加入他的團隊並處理核子擴散問題。「給我寫一份該如何做的備忘錄，我們明天再討論。」我離開辦公室時，不確定他指派給我什麼職務。麥克亨利（Don McHenry，後來擔任美國駐聯合國大使）建議我去佔安全援助國務次卿副手的空缺，而讓我暫住其公寓的郝爾布魯克（Richard Holbrooke）則幫我寫了一份備忘錄，從中界定我在整個政府（不僅是國務院）中的角色。我隔天早上將它拿給范錫過目，他同意了，但是當我那個週末返回波士頓後向莫莉描述這件事時，仍然感覺有點不真實。

幾天以後，我遇到本森（Lucy Benson）。她是一位出色的女性，意志堅定，曾擔任美國女性選民聯盟（League of Women Voters）的負責人，並且被任命為副部長。我們一拍即合，我講述了自己在墨菲委員會所做的事情，亦即擴大副部長的作用來加強科技在國務院所扮演的角色。在此框架內，副手可能要負起防止擴散的責任。露西要我寫一份備忘錄，一起將它上呈給范錫。范錫看完後便同意了。我在學術界工作多年，卻只花了四個小時便落實了我在墨菲委員會的建議。由此可知，過渡時期會有變通的情況，而且在正確的時間擔任正確的職務非常重要。

我當時非常天真，以至於范錫隔天載我去機場時，我以為他會和我一起搭計程車。結果我們很快就上了一輛黑色特勤豪華轎車，旋即從國務院的地下室抵達華盛頓國家機場的地下室。我有很多東西要學習。幾天以後，季辛吉聽說我被任命了，便把我從過渡小組狹窄的一樓辦公處召喚到他位於七樓富麗堂皇的辦公室。他展現了他的魅力，說我仍然是他尊敬的哈佛教授。我當時決定實話實說，讓我這位過去的老師知道，我剛才在《波士頓環球報》（*Boston Globe*）發表了一篇文章，總結了他擔任國務卿時的施政利弊得失。季辛吉皺起眉頭，專心聆聽我的評論，但提醒我不要相信媒體，因為媒體關注的是戰術而非策略。

一九七七年一月十三日，我會見了即將上線的國家安全會議（NSC）的布里辛斯基（Zbigniew Brzezinski）、亞倫（David Aaron）和塔奇曼（Jessica Tuchman），討論我的新辦公室如何與政府其他部門建立關係。茲比格涅夫表示，他將發出一份「總統審查備忘錄」（PRM）的請求，任命我為全新「國家安全會議防止擴散特別委員會」（NSC Ad Hoc Committee on Non-Proliferation）的協調官。這點很重要，因為它賦予國務院召開橫跨所有部門會議的正式權力。至少在這項耀球上，我並不天真。

回頭來談國務院。吉爾伯（Leslie Gelb）這位經驗豐富的華盛頓人士已經被任命為政治軍事事務局（Bureau of Politico-Military〔PM〕Affairs）局長。他建議將我放在副助理國務卿諾森佐（Lou Nosenzo）之下的核能技術團隊，從海洋與國際環境暨科學事務局中撤出，轉而向他的政治軍事事務局報告。吉爾伯向我保證，說他隨時會讓我知道最新的消息。當我還在思考是否該如此調動時，我的特別助理麥克加菲根（Edward McGaffigan，我在他先前於甘迺迪政府學院讀書時便認識他了）偶然發現了吉爾伯和某位英國官員的談話備忘錄。根據備忘錄的記載，吉爾伯暗示他將在核供應國集團（Nuclear Suppliers Group）[2]中代表美國。其實，吉爾伯知道范錫曾經承諾要讓我擔任這項職務，但當我問及此事時，他卻說他忘了。我決定將諾森佐的團隊留在海洋與國際環境暨科學事務局，並且要他們直接向我報告。

我在過渡期間寫過備忘錄，建議取消法國和巴基斯坦以及德國和巴西之間的危險交易時要格外小心。我提出警告，說我們應該悄悄接觸每一方，以免讓這四個國家激起民族主義。然而，情況不如我所願。一月十五日，就在總統就職典禮之前不久，德國派高級官員彼得．赫耳墨斯（Peter Hermes）拜會副總統孟岱爾（Mondale）和范錫，提醒他們德國即將向巴西發送鈾濃縮廠的藍圖。德國人的本意可能（也可能不是）是以友好姿態來提醒美國，但白宮將其解讀為先發制人的強硬態度。赫耳墨斯的來訪讓事情變得更糟，促使我方召開一系列的會議來應對。

我在四十歲生日當天返回麻薩諸塞州，以便開車送家人去參加卡特的就職典禮。

我希望家人對即將搬遷到華盛頓感到興奮，但三個兒子卻興致缺缺。正如我先前所言，「如果這份工作會破壞我的家庭關係，那我一定會搞砸。」一月二十日，華盛頓天氣晴朗，太陽高掛卻天氣寒冷，與人群一起走向閃閃發光的白色國會大廈，有一種去看足球比賽的氣氛。我們的座位視野很棒，卡特演講時很謙遜，給我留下深刻的印象，而他提到核武也讓我震驚。

隔天是我正式上班的第一天，也是我頭一次在政壇上失態。我當天接受了一位我在哈佛認識的巴西記者的採訪，我想藉此來平息事態。不料，巴西的頭條新聞將我的評論視為一項重大的新舉措，指出美國已經承諾，如果巴西放棄敏感的德國技術，美國將供應他們鈾燃料。當然，那時還沒有這項政策，因此我遭到白宮的責備。這是「一號危機」（Flap #1），我深感挫折。我向范錫道歉，他卻和藹地說道：「誰都會犯錯。」

更嚴重的問題是如何籌組PRM15核子擴散政策的工作。我們必須針對再處理、增殖反應器（breeder reactor）和出口的限制程度提出不同的觀點。然而，外界迫不及待，要十幾個不同的政府機構就新政策達成協議。危險的交易正在進行；十八件核子出口案件尚在討論；美國盟友強烈要求進行雙邊談判；根據情報，某些國家

（包括韓國和台灣）正打算發展核武；行政管理和預算局（Office of Management and Budget）希望我們針對再處理和增殖反應器有關的大型預算計畫提供指導方針。此外，國會也要求就新立法進行簡報和舉辦聽證會。能源研究與發展局（Energy Research and Development Administration）的局長弗里（Bob Fri）為人和藹可親，他在二月二十四日對我說：「你如何能花一個月就擬訂出詳細的新政策呢？」

與此同時，二月十日德國派出高階代表團與副國務卿克里斯多福（Warren Christopher）進行為期兩天的談判；一週之後，法國也如法炮製。又過了幾天，日本緊跟在後，也派人來商談。我們無論面對哪一方，都懇求他們推遲一下。二月十六日，我在紐約的智庫外交關係協會（Council on Foreign Relations）發表了關於總體政策方向的演講。後來有一位行業代表告訴我，說我對於再處理的看法是錯誤的，他要讓我下台。行業媒體呼應了這類的抨擊，這波反對聲浪迴響於國會大廳。麥克柯馬克（Mike McCormack，華盛頓特區）等眾議員告訴我再處理至關重要，也說鈽是安全的。

卡恩（Herman Kahn）等戰略專家表示，德國和日本會發展核武，此事不可避免，我們應該接受。尼采（Paul Nitze）這位冷戰戰略大師告訴我，說他對核子擴散不感興趣，因為唯一有意義的就是美國的實力。其他鷹派人士，譬如沃爾斯泰特（Albert Wohlstetter）和羅文（Harry Rowen），敦促我堅持自己的立場，因為地下有充足的鈾，可以在不暴露鈽的情況下支持一次通過反應堆的核燃料循環。專家們對此並未達成共識。

我們向德國承諾，很快就會與巴西商談，因此我在二月二十七日陪同克里斯多福前往巴西利亞（Brasilia）。那是一座奇怪的新城市，規模巨大，有現代化建築、空曠的空間和廣闊的視野。我在外交部伊塔馬拉蒂宮（Itamaraty Palace）的會談中概述了我的提議，說會保證燃料供應以及讓巴西在國際燃料循環評估（INFCE）中扮演重要的角色。對方給予含糊其詞的答覆，而且公報僅提到會進一步磋商。德國人要求克里斯多福一週後前往波昂（Bonn）進行兩天的談判，但我們從這次艱難的跨大西洋之行得到的只是另一份指出會「保持密切聯繫」的公報。

我在前往巴西、德國和國會山莊的緊張拜會期間，試圖主持跨部門會議以擬訂PRM15，但會議產生的共識政策草案毫無新意，而且是用枯燥無味的官僚語言撰寫。我起初打算重寫草稿，但即便工作到很晚，依舊無法完成。我知道自己必須學會下放權力。

我還必須放棄在學術界養成的習慣，但我偶爾仍會親力親為。當布魯金斯學會（Brookings Institution）外交政策研究主任（Director of Foreign Policy Studies）歐文（Henry Owen）要我寫幾頁文章，以便為卡特在七大工業國峰會（他是峰會的協調員）討論核子擴散進行準備時，我便起了大早，趴在廚房的桌子上花了兩個小時撰寫文稿。歐文說我寫的東西是他見過討論核子擴散最清晰的備忘錄，並問我是如何做到的。我告訴他，說這是我私人的摘記，尚未經過其他機構的審批。後來發現，我偶爾可以抽空自行寫一篇重要講稿來引導政策。即使經過白宮的審批，這些文案也比跨部門審核的稿子在行文上更為一致。

到了三月十六日，我們終於針對PRM的請求，達成了一致同意的跨部門回應，可以將其上呈白宮戰情室的政策審查委員會（Policy Review Committee）。在白宮西廂地下室的一間有鑲板的小房間裡，各首長圍坐在一張小桌子周圍，上方的電子螢幕顯示全球時區，一些支援人員則坐在牆邊。房間很涼爽，但我能感覺到汗水在我的襯衫內流至胸口。

當我報告我們試圖對外國施加的限制時，國防部長布朗和能源大亨（後來擔任能源部部長）施萊辛格（James Schlesinger）問我們為什麼允許對鈽進行再處理。我則反問他們打算如何一次關閉法國、英國、德國和日本長期存在的增殖反應器和再處理計畫。我說我們打算制訂國際核燃料循環評估計畫來爭取時間，以便在未來兩年內研究這個課題。與此同時，我們將逐步爭取允許對美國鈾的用過核燃料進行再處理，作為減緩進程的手段。我在會後打電話給布朗，請國防部支持我的溫和戰略。我認為他響應了另一個部門的下級官員的號召，因為我倆曾一起在福特–米特委員會（Ford–Mitre Commission）任職。

當總結會議的政策備忘錄提交給總統時，卡特似乎想要一項更明確和更強硬的政策。國務院從未看到國家安全會議的工作人員為總統準備的附函，但是經他們告知，卡特已經決定採取強硬的回應，並且將在隔天的新聞發布會上宣布他的核子擴散政策。我打電話給布里辛斯基，提醒他如果沒有協商，將破壞我們的「緩兵」策略，讓美國跟我們最需要合作的國家疏遠。我和負責東亞事務的助理國務卿郝爾布魯克前往白宮，提醒他們日本可能會出現「卡特衝擊」（Carter shock），並成功爭取到一週的延遲以便協商，但布里辛斯基表示總統並不高興。後來卡特被人說服，將聲明重點放在國內政策上，亦即關閉位於南卡羅萊納州班威爾（Barnwell）的再處理廠，並且將田納西州的克林奇河增殖反應器（Clinch River Breeder）降級為研究計畫。

參議員葛倫（John Glenn）希望我就新政策做保證，但如果我們能給他一個四月初宣布新政策的日期，他便同意推遲。這促使我前往巴黎一日遊。法國對我的戰略至關重要，不僅因為它與巴基斯坦的協議懸而未決，也因為它雖在意商業利益，卻對核武擴散深感擔憂，並且懷疑德國／巴西的鈾濃縮協議。此外，法國是民間核設施計畫最先進的國家。如果我的國際燃料循環評估構想要落地生根，就需要爭取法國的合作。我連夜飛往歐洲，隔日一整天都在優雅的奧賽碼頭（Quai d’Orsay）[3]進行談判。他們提醒我，說法國不會停止在拉阿格（La Hague）進行再處理，而我們就國際燃料循環評估的總體情況達成了協議，並進一步推遲法國向巴基斯坦轉移設備的事宜。當天晚上，法國人在貝特朗．戈爾德施密特（Bertrand Goldschmidt）的私人公寓招待我。貝特朗是法國核子計畫的資深成員，為人和藹可親。他打開了一瓶精釀拉菲堡（Lafite Rothschild）葡萄酒，但我太累了，無法品出箇中美味。我那時很高興自己還能保持清醒，免得淹死在我面前的那碗湯裡。

卡特在四月七日的記者會宣布政策，但回答日本記者的提問時也暗示美國可能對日本東海再處理設施（Tokai reprocessing plant）處理美國的用過核燃料採取寬容立場，但如此一來，我們卻會因為太快放棄過多籌碼而影響美國的政策。那天早上我原定要在國務院召開新聞記者會，但我接到白宮的電話，表示總統說錯了話，我應該收口，不要顯得和他相互矛盾。但這要怎麼做到呢？我回應眾多日本記者的提問時說，有個日本重要代表團即將抵達華盛頓，若此事不再需要談判，總統肯定不想讓如此重量級的人士浪費時間，從亞洲風塵僕僕前來美國。

每個國家內部必定都有分歧。日本代表團到達時，我們在國務院會議室的一張大桌子對面會面商談，他們都宣讀了相同的正式立場文件，但一名日方團員（音譯：今井〔Imai〕）告訴我，說他被授權要和我私下面談來找出折衷方案。與此同時，他要我別和代表團的其他成員討論這些問題，而我應該採取強硬立場，因為只要我持反對立場，將可協助他向其他人推銷他的做法。後來，我與克拉夫特（Joseph Kraft）、格林菲爾德（Meg Greenfield）和其他社論寫手交談，向他們講解美國採取立場的背景。看似雙邊的國際談判其實通常是多黨政治的博弈。

當我在哈佛時，基歐漢和我寫過文章探討政府中央無法控制的跨國和跨政府政治。例如，一九七七年四月，跨國的核工業在伊朗波斯波利斯（Persepolis）召開會議時譴責卡特的做法。我稱之為「國際核子黑手黨」（international nuclear mafia）。我希望，通過創建國際燃料循環評估，可以籌辦一系列國際會談將他們納入其中，但同時加入各國外交部的「看守者」（minder）來淡化他們。我不僅與日本會談，後來還遇到一件趣事，就是有人打算建立一個跨政府聯盟來反對我。那時的能源部副部長多伊奇（John Deutch）打電話告訴我，說德國副部長剛才在他的辦公室詢問該如何一起「控制奈伊」。這傢伙根本不知道約翰和我來華盛頓任職之前就已經是鄰居和密友了。

到了四月底，我飛往倫敦，與政務次長莫伯利（Patrick Moberly）在外交及國協事務部（FCO）會面。英國人同意參加國際燃料循環評估，但希望我們保證不會關閉他們在文治克耳（Windscale）的再處理廠。我們也與法國、德國和蘇聯等國舉行了雙邊會晤。

隔天我們前往泰晤士河畔的河濱別墅（Riverwalk House）參加核供應國集團會議。外交及國協事務部有著拱形天花板並裝飾維多利亞時期的巨幅畫作，展露大英帝國時期的風光，相較之下，現代的河濱別墅則顯得單調乏味。我們坐在一張長桌旁開會，名牌前面插著小旗子，會議室很大，與會者有一百多人。當我們針對核子出口規則修正草案討價還價時，蘇聯人卻幫助我們，讓我大吃一驚。當時經驗豐富的蘇聯外交官蒂梅爾巴耶夫（Roland Timerbaev）走過來，告訴我只要移動一個逗號並將其改為分號，立馬便可改變某個句子的意思，讓我得以達成協議。他的舉動讓我印象特別深刻。經過數小時的談判，這個集團終於達成折衷方案，同意供應國要「克制」，少出口敏感設施，但不是完全禁止出口。與會者認為，如此更符合一九八〇年即將審查的《核不擴散條約》第四條規定的合作義務。它使我們能夠針對核子供應準則達成一致的看法。

達成協議後，我便飛往奧地利。國際原子能總署（IAEA）當時正在薩爾茲堡（Salzburg）主辦會議，而我要在會議上就美國的新政策發表演講。我會見了署長埃克隆德（Sigvard Eklund），解釋了國際燃料循環評估，同時說明它將如何對國際原子能總署和我們都有利。我當然知道美國的政策不受歡迎，但當我召開記者會時，卻遭到來自四面八方的質疑。而且，與各國的雙邊會談也不可避免地持續了數小時。法國原子能委員會（French Atomic Energy Commission）主席吉羅（Andre Giraud，後來擔任國防部長）告訴我，說法國人雖然與我們的政策分歧，但在擴散問題上與我們的立場一致，我一聽便很高興，「但你們諮詢了太多人，所以我們保持沉默。」媒體公正地報導了我的演講內容，但也指出許多國家不認同我的說法。

我回國之後，在五月四日給范錫寫了一份備忘錄，指出美國的政策肯定不受歡迎，但我們若能提供激勵措施且保持彈性，那麼它是連貫和可行的。此外，國際燃料循環評估是開放的，我們小心翼翼，便能確保供應國集團及《核不擴散條約》不會瓦解和失效。某天下午，我在國務院碰到從電梯裡出來的凱爾布（Marvin Kalb），這位記者說道：「我聽說你是這棟大樓裡最了解這個問題的人。」隔天，弗里和我在參議員葛倫和珀西（Charles Percy）面前證詞了三個小時，講述彈性和多邊主義的重要性，因為他們當時要開始草擬卡特將於一九七八年三月簽署的《禁止核武擴散法案》（Nuclear Non-Proliferation Act）。

在五月初，《紐約時報》（*New York Times*）刊登了一篇來自東京的報導，聲稱宇野宗佑（Sōsuke Uno）委員長[4]指責我談判不壞好意，因為卡特想要坦誠相待，但被我阻止了。財政部長布盧門撒爾（Mike Blumenthal）打電話告訴我，說他已告訴總統日本希望使用他們的東海再處理設施，卡特則回覆：「我只是說我知道他們有一個特別的問題。他們誤解了。但在原料數量和國際監管方面可以採取一些措施。你和奈伊去談談這件事。」我還從其他消息管道得知，日本已經派出遊說人士到國會，看看能否扭轉我們的政策；他們得出的結論是無法扭轉，並決定不和歐洲結盟來對抗我們。打從一月份以來，我們已經大有斬獲！

同心圓

處理國內政治極為複雜，某些人士和組織認為我們的政策過於強硬，有些人則認為太寬鬆，而且每個人和組織在國會與政府裡都有盟友。我們可以發揮影響力，其中一項手段是給予反應器零件和鈾出口許可證以及「MB-10」許可證，從而允許在海外再處理源自美國鈾的用過核燃料。環境品質委員會（CEQ）的某些白宮職員和其他人認為，我們應該停止發放許可證，同時中止所有的外國計畫。能源和商業委員會則要求我們發放更多許可證。我發現當我召開國家安全會議防止擴散特別委員會的會議時，有十多個部門的人會圍坐在桌子旁邊爭論每項議題。聽取各方意見非常重要，但這並非協調政府日常事務的有效方法。

我發展出一種使用三個同心圓會議進行工作的模式：為我們大樓員工舉行早晨的員工會議；每兩週與能源部和軍備控制部副部長（偶爾會和其他部門的副部長）共進部門之間的午餐；每月召開國家安全會議全體委員的會議。自從我每天早上與范錫或克里斯多福會面以來，其他局處都渴望受邀參加在我辦公室舉行的會議，因為這樣才能及時得知來自高層的訊息。資訊就是力量，而其他人也明白，如果他們隱藏訊息，就比較不會受邀到我的辦公室開會。至於每兩週一次的午餐，我們善用時間來協調關鍵部門之間的政策。能源部掌控巨額預算，但經常需要國務院批准來獲得支持。我認為核子擴散很危險，能源部副部長多伊奇的看法跟我一樣，這對我幫助不小。我記得曾經前往南卡羅萊納州的班威爾（Barnwell）參觀令人印象深刻的再處理設施，也曾參觀過田納西州橡樹嶺（Oak Ridge）的濃縮和增殖廠。當地的技術人員不知道為何國務院會派代表參訪，但事實證明，我們的意見很重要。

國會在核子問題上意見嚴重分歧。在福特政府的末期，民主黨主導的國會已廢除原子能機構（Atomic Energy Agency）和國會原子能聯合委員會（Joint Congressional Committee on Atomic Energy），但國會在核子問題上仍然嚴重分裂，而且不僅僅是黨派之爭。國會職員在其中發揮了重要作用，但他們的立場基本上反映了議員們的觀點。一九七七年五月十九日，在眾議員扎布洛奇（Clement Zablocki）和賓厄姆（Jonathan Bingham）主持的聽證會上，葛倫從參議院過來作證以支持政府，但眾議員麥克柯馬克對他說，到了二十世紀末，美國將擁有六百座反應器，但那時鈾存量僅有這些反應器所需的一半，不足的必須由鈽來填補。

幾週之後，我在愛達荷州參議員丘奇（Frank Church）的聽證會上被盤問了三個小時，他帶領參議院以四十九比三十八的投票結果，否決了卡特關閉克林奇河增殖反應器的決定。參議員霍林斯（Fritz Hollings）領導抵制關閉南卡羅萊納州班威爾的再處理廠。反對者都是民主黨人[5]。

每個派系都試圖去影響媒體，但效果有好有壞。有些記者通常報導精準，但其他人則不然。《紐約時報》刊登一篇誤導人的報導之後，我給那名記者打了電話，說他在胡說八道。該記者卻說他有三個消息管道。我告訴他，如果它們都來自國會山莊的某些人士，那麼他其實只有一個（帶有偏見的）來源。我發現，如果我向《華盛頓郵報》（*Washington Post*）的奧伯道夫（Don Oberdorfer）或《紐約時報》的伯特（Rick Burt）等了解這個問題的記者提供背景資料，我不一定會得到一篇有利於我的報導，但至少能有一篇更準確的報導。

持平而言，高科技議題通常很深奧，很難向大眾解釋清楚。個人問題和衝突更加有看頭，也更容易讓人理解。我記得自己曾在麥克尼爾／萊勒新聞時段（MacNeil/Lehrer NewsHour）[6]這個最嚴肅討論新聞的頻道上與麥克柯馬克辯論。我以為自己辯贏了，但後來我父親的一句話讓我震驚：「一般人很難理解這些議題，但至少你表現得很棒。」嗯，好吧！我的朋友兼壁球夥伴經濟事務副部長庫珀（Dick Cooper）曾指出，在七大工業國高峰會召開時，各國領袖還掛念著許多事情，討論核子問題時難免會亂成一團。仔細想想，這點並不讓人感到太驚訝。某位白宮高級官員提醒過我，說即使卡特有核工背景，也不像人們想像的那樣了解核子擴散問題，所以我們偶爾必須應付突然大轉彎的決定。范錫和布里辛斯基也是如此。他們要應付太多的問題，會遇上政策轉彎並不奇怪。

技術社群的溝通能力有時也好不到哪裡去。當我去橡樹嶺國家實驗室（National Laboratory）解釋政府的立場時，一位科學家站起來問我卡特有什麼權利截斷核燃料循環。對這些核子神職人員來說，卡特當選總統這檔事，遠遠沒有他們所認為的技術自然演變來得重要。

有一個很誇張的例子。機智敏銳的阿格紐（Harold Agnew）是洛斯阿拉莫斯國家實驗室（Los Alamos National Laboratory）的主任，曾邀請我參加十個小時的簡報會議。我當時參觀了一個房間，看到裡面擺滿美國所有核武的模型和影片（有些武器非常小），手裡還握著一個溫暖的鍍鎳鈽半圓球，也在一棟有手套箱（glove box）[7]的建築物中觀看了澆注與銑削，更看到傳統爆炸晶狀體（explosive lenses）如何被塑造成形來組裝炸彈。我對人類的發明感到驚訝，同時擔心我們無法掌控它。

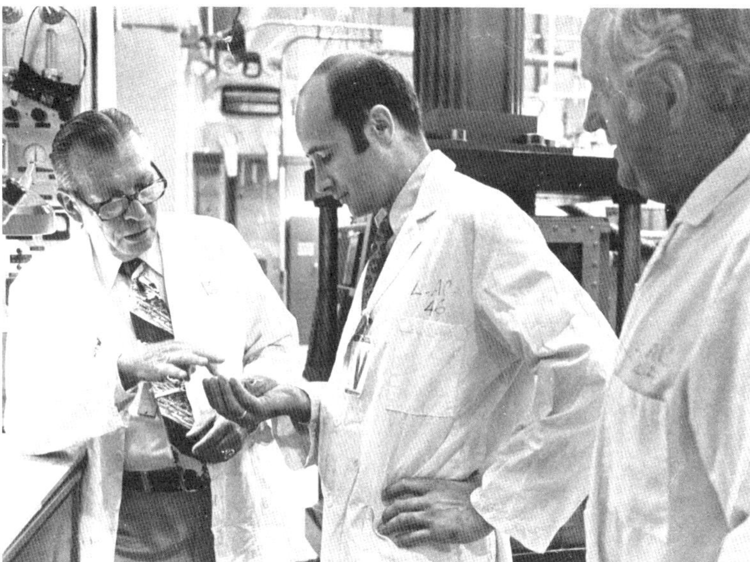

我手握整整一公斤的鈽，旁邊是阿格紐主任，洛斯阿拉莫斯國家實驗室，一九七七年

巴基斯坦、印度和其他棘手事件

也許那一年最重要的核子事件根本沒有被媒體報導過。一九七七年七月底，我在巴黎克萊伯會議中心（Kleber Conference Center）參加了一次重要會議，會中討論了國際燃料循環評估框架。經過一天艱苦的談判，我要求私下會見法國副部長[8]，想和他討論巴基斯坦的問題。我獲得授權向他透露機密訊息，證明巴基斯坦正在研發核彈的內爆技術，而非他們所聲稱使用法國鈽再處理廠以獲取和平的核能。我的助理打開鎖著的公事包，我向副部長出示證據，這個可憐的傢伙竟然暈了過去。我當時擔心是不是自己殺了他，他的助理見狀，趕緊過來攙扶。幸好副部長只是因為主持會議精疲力竭，我猜想是他發現法國的立場瞬間站不住腳時，頓時難以承受。

幸運的是，我能夠與吉羅會談。他很強硬且多疑，一心維護法國的利益。吉羅指出，法國若確認了這些訊息，便可據此重新做出政治判斷。然而，如果我們公開訊息，什麼都不會改變，因為法國不會讓他們作為可靠供應商的領先地位受到損害。值得注意的是，我們當時能夠不讓媒體報導此事，也許是因為早些時候有關法國改變立場的報導已被證明是假消息。法國反而發布了一系列因工廠前端切割機技術出現問題而導致延期的公告。最後，到了十一月七日，我方收到了來自美國駐巴黎大使館的一份高度機密的電報，內容指出法國不會發表任何聲明，但已決定不會向巴基斯坦出售可用於製造武器的工具。這其實是一次重大的政策轉變，這是依賴寧靜外交、良好情報和資訊共享等軟實力所促成，而非施加壓力或威逼強迫所得的結果。然而，從長遠來看，此舉雖然阻撓了巴基斯坦的計畫，他們最後仍於一九八八年進行核子試爆。（巴基斯坦使用科學家阿卜杜勒・卡迪爾・汗〔A. Q. Khan〕從URENCO集團竊取的離心濃縮技術而獲得的可裂材料〔fissile material〕）

我從巴黎飛往南亞。抵達伊斯蘭馬巴德（Islamabad）以後，胡梅爾（Arthur Hummel）大使在大使館的安全情報室向我通報情況。胡梅爾提醒我，說儘管巴基斯坦總統布托已被推翻，但新的軍政府不太可能放棄發展核武的野心。

我會見外交部長夏希（Agha Shahi）和原子能委員會主任穆尼爾・汗（Munir Khan）時，提醒他們在這個次大陸進行核武軍備競賽十分危險，但他們很禮貌地回應我，不認為這樣會有危險，並且希望我把重點放在印度身上。他們當著我的面撒謊，說巴基斯坦是基於和平而發展核子計畫，此舉讓我印象深刻。我不清楚他們是否了解我知道了很多內幕。我當時試圖說服他們，但我在離開後於日記中寫道，成功的機會只有十分之一。

隨後我從伊斯蘭馬巴德飛往新德里，穿越印度河，看到廣闊的平原和被洪水淹沒的村莊，心想即使沒有核能，大自然的破壞力也極為強大，不免驚嘆萬分。德里大使館由約翰斯頓（Philip Johnston）設計，花朵綴邊，優美可愛，戈欣（Robert Goheen）大使在館內接待我。當我還是學生時，羅伯特曾任普林斯頓大學校長。在英國人建造的宏偉紅色砂岩帝國建築內舉行的會議上，我與朋友外交部長梅塔（Jagat Mehta）和其他人進行了長達一天的會談。賈加特繫著哈佛的領帶，但這並未消除該國對《核不擴散條約》的歧視本質和國際原子能總署保護措施的分歧意見。大家也認為建立南亞無核武區根本不可能，因為這個區域不會包括中國。然後，我拜訪了德賽（Morarji Desai）總理，他當時高齡八十一歲，依然精神抖擻且泰然自若。當我提到全面禁核試爆（CTB）時，莫拉爾吉承諾在他擔任總理期間，印度不會再進行核子試爆。然而，莫拉爾吉日後在白宮會見卡特，即使美國已經簽署了全面禁核試爆條約，他也拒絕了加入該條約。

我與外交部長韋洛迪（Vellodi）一起從德里飛往朋貝（Bombay，現為孟買〔Mumbai〕），讓我得以私下和他交談。我解釋了國際燃料循環評估，也說明保障我們未來對塔拉浦反應器（Tarapur reactor）供應燃料的重要性。韋洛迪表示，印度對巴基斯坦的核子廠和中國感到擔憂，但不會簽署《核不擴散條約》。印度不會加入核供應國集團，但會限制出口並像集團成員一樣行事，同時將考慮國際原子能總署對所有核銷售的全面保護。我們一年後發現，印度人言出必行，他們雖與利比亞達成協議，卻限制轉讓的內容。

隨後，我與曾指導印度核試爆的印度原子能委員會主席塞斯納（Homi Sethna）一起訪問塔拉浦。他是經驗豐富且彬彬有禮的科學家，這次的參訪行程令人著迷。印度在質譜（mass spectography）、熱室（hot cell）和遠端處理放射性材料方面成就卓著，但普通百姓卻在交通混亂的道路旁洗澡、排便和生活。兩者之間對比竟如此鮮明。我搭飛機飛了二十四小時返回維吉尼亞州的家。我們可以稱此時為美國世紀，但這個星球上有許多不同的世界，而且數量多到驚人。

同年也發生數起涉及台灣、南韓和南非的棘手事件。卡特在競選期間曾承諾從韓國撤軍，此舉讓首爾人士焦慮不已。卡特最終改變了立場，而我們在此期間告訴南韓，如果他們推行核武計畫，美國就比較不會那麼堅定保障他們的安全。

同樣地，台灣看到華盛頓和北京之間恢復友好關係而擔憂，打算恢復核武計畫，包括美國早些時候勸說台灣停止的雷射同位素濃縮（laser isotope enrichment）。我們再次透過外交管道發出強烈的訊息，警告台灣不可採取此類行動，結果收效良好。這項資訊必須不斷重複，但美國的核保護傘（nuclear umbrella）[9]在其延伸範圍內便是重要的防止核子擴散工具。

相較之下，美國與南非的關係十分緊張，因為我們和他們對於諸多的問題想法不同，譬如人權問題；此外，南非支持羅德西亞（Rhodesia，現為辛巴威〔Zimbabwe〕）的白人少數政府，但該國未來應該如何，我們和南非看法分歧；再者，雙方也對聯合國控制納米比亞（Namibia）的問題抱持不同的意見。我們的高空衛星在夏天時發現非洲南部的喀拉哈里沙漠（Kalahari Desert）出現異狀，那裡似乎是一個試驗場。蘇聯人告訴我們，說他們認為當地即將進行試爆，但我們要求南非解釋時，他們卻向我們保證那不是試驗場。我在一次白宮會議上指出，除非美國要求拆除當地設施，否則南非人可能會突然改變想法。然而，布里辛斯基認為，考慮到議程上的其他事項，要求拆除是過於苛求了。取而代之的是，我們告訴他們，說我們正在密切監視他們，看看他們是否心口不一，說一套做一套。一年以後，我們得知南非已經將鈾濃縮到超過百分之六十，接近核武等級。我認為美國應該從態度溫和轉向發動制裁，以此向南非表明，要成為「第n個（擁有核武的）國家」成本太高，但此方案因負擔過重而作罷。幾年後我們得知，南非已經利用自行濃縮的鈾發展了一批核彈。幸運的是，後種族隔離（post-Apartheid）的南非政府最終決定放棄這批武器。

來自南美的情報也令人擔憂。情報指出，阿根廷軍政府正與一家義大利公司商討一項大型再處理計畫。一九七七年十一月，范錫拜訪當地，提出能源、核子擴散和人權等議題。負責人權和人道主義事務的助理國務卿帕特里夏·德里安（Patricia〔Patt〕Derian）精力充沛，曾在密西西比州挺身反對種族主義。她在阿根廷首都布宜諾斯艾利斯（Buenos Aires）主導了討論場面。帕特里夏聲稱，她「從未以人權為代價」，而軍政府行事殘酷，罄竹難書。此外，他們也正打算發展核武。我們希望對方推遲建造再處理廠並加入《特拉特洛爾科條約》（Treaty of Tlatelolco）。根據該條約，締約國同意在拉丁美洲建立無核武區。馬德羅（Castro Madero）海軍上將某次私下與我共進早餐時向我解釋，說他們之所以推行核武計畫，是因為德國在南美地緣政治上將巴西置於阿根廷之前，而阿根廷無法容忍此事。我們又再度使出拖延戰術，幸運的是，十年後文職政府上台，巴西和阿根廷兩國都放棄了初期的核武軍備競賽。

經過這番旅途奔波後，范錫要我總結一下美國的立場。我在十一月二十五日寫道：「我們的策略是將每個國家（例如德國、巴西）孤立在他們自身的圈子內；避免公開施壓，讓內部批評逐漸加劇以及促使成本增加。最終出現的好結果是，法國向德國發出訊息，要求他們效仿自己的例子，不要向巴西出售鈽發電廠。」根據十二月的情報，巴西告訴德國，由於成本增加，他們希望將濃縮廠削減至測試規模。到了一月份，我們獲悉德國不讓某家公司向委內瑞拉提供重水（heavy water）。《紐約時報》於一九七八年一月十六日刊登的一篇文章引述我的發言：「若想長期解決核子擴散問題，需要取得政治共識，而不僅是採取對抗。」

韋伯曾經寫道，政治是一個「艱難、緩慢而又需要持久耐力」（slow boring of hard boards.）的過程。外交也是如此。

在拉丁美洲之行期間，我曾與帕特里夏就人權議題開誠布公長談。我認為人權是我們價值觀的重要部分，並且可為美國帶來軟實力，但推行外交政策時必須兼顧各種目標。我告訴帕特里夏，如果她想避免一個讓公眾感到困惑並引發敵意的混亂局面，她需要擬訂策略並選擇目標。她應該設定三項目標並決定透過哪些手段來實現。這些目標分別是人類的基本需求、公民自由和個人誠信。帕特里夏說她發現這樣做很有用。她和卡特在我們的外交政策中提高了這項議題的地位，值得備受讚揚，但我擔心他們從未闡明戰略。

我在國務院任職第一年的高潮是從一九七七年十月十九日至二十日，當時在華盛頓召開了一次建立國際燃料循環評估的大型會議。我以自己探討體制和跨國關係的學術工作為基礎來擬訂策略，我的策略旨在爭取時間、減緩進程，並建立跨國的知識網絡，從中了解核子黑手黨所認為不可改變的核燃料循環背後的真正成本及替代方案。為了達成這些目標，國際燃料循環評估在後續兩年做了許多工作。卡特在國務院禮堂的開幕式上發表了強有力的演講，范錫緊隨其後上台演說。我聽到總統向在場三十九個國家代表提出我的想法，打算籌組一項弗里和我於二月在我辦公室裡草擬的計畫，頓時感到與有榮焉。隔天會議結束時，在英國也肩負類似職位的莫伯利遞給我一張紙條，上面寫著：「恭喜你完成了這項艱鉅的任務！」我看了十分高興。

第二年

一九七八年新年伊始，我在阿第倫達克山脈（Adirondacks）一個沒有電力的小木屋進行了一次家庭越野滑雪旅行，在旅行結束後，我久未使用的肌肉感到僵硬。沿著石灰窯溪（Limekiln Creek）穿過樹林滑雪七個小時非常累人，但看著家人在綠色雲杉之間滑雪，頭頂著閃閃發光的豔陽，著實療癒人心。過去的一年雖讓人興奮，但生活圈卻極為狹隘。我遠離家園，在一棟大樓內埋首工作，成了室內植物。莫莉把一家人照顧得很好，每天給孩子們吃四頓飯，讓我晚上過了八點從國務院下班後可以跟家人聚在一起吃晚餐。儘管我週末會跟家人沿著波多馬克河（Potomac）騎單車，也會一起參觀美國內戰戰場，但總覺得時間不夠用。此外，我因為不停出差，經常感覺疲倦或感冒。在一次出差歸來後，我發現耳朵劇痛，便去看了國務院的醫生。他問我為什麼不早點來看病，並且叫我回家去睡覺。我告訴醫生，說我得主持一個重要的會議。他問道：「你們為什麼總想把自己累死？」我當時心想：「這真是個好問題。」生活不僅是工作、睡眠、獲取權力和追求自滿。

當我思考未來時，發生的事件促使我做出決定。普林斯頓大學來電邀我擔任教授；布魯金斯學會問我是否願意管理他們的學習專案；四月初，明克決定離開國務院，范錫要我接替她去擔任助理國務卿。諷刺的是，這正是我在一九七六年十二月時希望得到的工作。克里斯多福要我接下這個職缺。「你難得有機會做點正事，為何要寫什麼科學和外交論文？」另一方面，我的哈佛同事卡內塞爾（Al Carnesale）和艾利森則要我回哈佛，並且問道：「你不想從更廣泛的角度去寫作和思考嗎？」

在四月的一個星期六下午，莫莉和我騎著單車沿著波多馬克河來到岸邊的一處鳥類保護區。我倆坐在一根圓木上，討論了我該何去何從。她喜歡華盛頓特區的生活以及在科科倫藝術館（Corcoran Gallery of Art）的工作，但兒子們卻想回到萊辛頓和朋友相聚。我們認為，如果我們回去，家庭生活的整體品質會更好。此外，我也想更廣泛地思考和撰寫有關核武及更深層次價值的內容，但當我的收件匣爆滿時，根本沒有時間去做這些事情。緊急的事情排擠了重要的事情。我最終回到哈佛，然後寫了《核子倫理》一書。我在書中探討自己於國務院任職時無暇思考的問題。

我經過深思熟慮後通知國務院，說我將從哈佛借調兩年期結束後離職。有趣的是，名單上下一個要接任我的是皮克林（Tom Pickering），他當時是駐約旦大使。我們租的是他位於霍林山（Hollin Hills）的房子。根據合約，如果他被召回華盛頓，我們就得搬家。莫莉和我於是搬到了霍林山的另一棟房子。湯姆和我開始一起通勤上下班，順道討論工作的問題。我們也成了親密的朋友。

我的行程非常繁忙，要去歐洲、印度、澳洲和日本等地出差。雖然我擔心自己成為「跛腳鴨」[10]，卻無暇顧及此事。一個重要的里程碑是卡特於三月十日簽署了《禁止核武擴散法案》。經過一年的艱苦談判，這項法案以壓倒性多數在參眾兩院通過。核能業界在不同階段都曾試圖扼殺這項法案或延後法案簽署。此外，環保人士和反核團體也試圖以這項法案為工具，徹底中斷核計畫。針對這兩方人士，國務院都呼籲國際外交要保持彈性。我曾在日記寫到卡特於白宮舉行的簽署儀式：「我就站在他的椅子旁邊，看著他閱讀那些內容符合我們預期目標的備忘錄。他重申輕水反應器產生的核能無須再處理且受到國際保護。這不是最偉大的法案，但能為政策奠定堅實的基礎是一件好事。」

我經常對國會掌握的權力之大而震驚。在克里斯多福五月四日上午的員工會議結束後，我注意到我們花了四十五分鐘討論了五個問題（土耳其、中東、軍售、人權和進出口銀行〔Export-Import Bank〕[11]），但這全都是為了要跟國會談判。當我寫道「我們花更多時間與國會談判，而不是與其他國家談判！」時，我只稍微誇大了一點。舉個比較瑣碎的例子，我曾針對出口問題敷衍回覆了某位新任國會議員，結果他告訴范錫，說我要是不給他更完整的答覆，他不會投票支持援助法案。想當然耳，范錫給我打了電話，我也不得不遵從要求去處理。

國會不僅有時使外交變得窒礙難行，而且另有一個由國會員工、非營利倡議團體和監管機構組成的網絡，這些都竭盡全力讓我們無法達成折衷方案。自然資源保護委員會（NRDC）的物理學家科克倫（Thomas Cochran）之類的鷹派人士非常熟悉相關議題，值得我們去傾聽他的意見，但其他人則不然。然而，無論他們熟悉議題與否，都會去影響政策。四月來自新德里的一封電報語帶抱怨，說核能管理委員會（NRC）延誤出口，已經「讓印度人心憤慨，讓我們難以實現防止核子擴散的目標」。我給核能管理委員會主任吉林斯基（Victor Gilinsky，他為人聰明，屬於防止擴散的鷹派）打電話，並告訴他，他讓自己的個人看法影響了他對國會立法意圖的判斷，因為國會打算給我們兩年期限去透過外交手腕來立法。我把話挑明了來說，因為這樣做很重要。

卡特總統於新年期間在德黑蘭（Teheran）與伊朗國王（沙赫）會面。為了緩和兩國關係並安撫國王，卡特向他承諾，說我們將在民用核能協議中給予伊朗與其他國家同等的待遇。不幸的是，卡特使用了貿易協定中常用的「等於最惠國〔MFN〕」一詞，但最惠國待遇與防止擴散無關，所以在國會引起了問題。我們堅持卡特對國王的承諾，但我的職責是要隔離敏感領域，而這些領域在我們談判中的核子合作協議裡不會享受這種待遇。

到了十月，我們收到情報，聲稱伊朗國王幾年前批准了某位將軍上呈的備忘錄，這位將軍希望在三軍科技大學（Science and Technology University of the Armed Forces）發展核武。我們討論了是否繼續推動民用核能協議，並認為繼續推行將優於中斷提供伊朗核能，這樣才更能洞察該國情勢和發揮影響力。當范錫和我向施萊辛格提出這個案子時（需要他的批准），施萊辛格（和多伊奇）同意了，但他們嘲笑我，說我已經成了「核能推動者」。但是，我們萬萬沒想到，後續才過了一年多，伊朗國王就被一場革命推翻，而這場革命將影響卡特連任，同時將伊朗核能計畫推遲十多年。

當時另一個重要的議題是全面禁核試爆。我們先前希望，全面禁核試爆（條約）將有助於《核不擴散條約》減少核武的作用，並且緩和南亞的軍備競賽。不幸的是，美蘇關係逐漸惡化，全面禁核試爆條約難以落實。我在三月時寫道，我擔心蘇聯支持古巴在的非洲之角（Horn of Africa）的軍隊會危及談判。國防部和能源部當時都在尋找「允許的實驗」（permited experiment）有哪些漏洞，以及要給該條約五年的限制。

當印度總理德賽於六月十三日在白宮內閣會議室會見卡特總統時，我被要求回顧核子議程，並將戰略武器限制談判（SALT）和全面禁核試爆作為邁向廢除核武長期目標的步驟。然而，到了七月，國防部助理國務卿麥克吉弗特（David McGiffert）告訴我，說參謀長聯席會議（Joint Chiefs）擔心，即使是三年的試驗限制也可能會導致滑坡效應（slippery slope）[12]，從而損害美國的威懾力。到了九月，我和參謀長聯席會議的作戰代表一起參加了討論全面禁核試爆的會議，地點位於五角大廈被稱為「坦克」的房間裡。他們擔心我們是否能威懾蘇聯，並且認為對方必定會在三年內再次進行測試。當我和皮克林在十一月前往印度討論核能問題時，我們對全面禁核試爆的前景已經無話可說。

那次出訪的重點是我們要提出警告，指出新立法要求國際原子能總署在兩年內對所有設施實施全面保護，以此作為繼續為塔拉浦反應器提供燃料的條件。那次出訪有一件我忘不了的事，就是某份印度報紙刊登了一個語帶憤怒的標題：「國會議員抗議奈伊扮演的角色（MPs Protest the Role of Nye）。」幸運的是，那一年並非所有媒體的批判都那麼激烈。我七月時在倫敦的鈾學會（Uranium Institute）發表演講後，先前曾嚴厲批評的《能源日報》（*Energy Daily*）寫道，我是「一位溫文爾雅的外交官，在改善關係方面做得非常出色」。有失就有得，但別老是指望媒體說好話！

隨著我的任期即將結束，我反思了自身的價值觀並探究自己在這兩年起了怎樣的變化。我在某個週末和朋友霍夫海因茲、艾利森和索希爾（John Sawhill）一起去釣魚。大夥圍坐在篝火旁，我當時承認官僚政治相當誘人，好像玩撲克牌獲勝一樣。我很享受權力遊戲。正如我所寫道：「很難知道該工作到什麼程度。如果有趣的話，過度勞累又該怪誰呢？」政治權力和聲望極易讓人腐敗，因為總是能找到藉口，說自己的工作何等重要，而那種志得意滿的感覺又是如此強烈。因此，人就變得乏味了。啊，人生啊！最能從中看透世事的，莫過於釣魚了。儘管如此，能夠轟轟烈烈結束這兩年的公職生涯還是讓人欣慰的。范錫頒發給我一面獎牌，防止擴散無任所大使（ambassador at large）[13]傑拉德．史密斯（Gerard Smith）在大都會俱樂部（Metropolitan Club）舉行的告別午宴上，說他「從未見過有人在如此短的時間內獲得如此多的成就」。我追求權力至少是有目標的。

我打電話向范錫辭行時總結了我們的防止擴散政策，並且提醒他可能會出現以下五個問題：(1)過度限制出口的政策，部分原因是出於核能管理委員會；(2)一九八〇年會分階段發生重要的事件，例如國際燃料循環評估完成，以及召開《核不擴散條約》審議大會（NPT Review Conference）；(3)從韓國撤軍；(4)全面禁核試爆失敗，對南亞造成影響；(5)要因應南非複雜外交的核子擴散事宜。范錫問我剛開始時我們遇到的困難狀況。我說我認為我們至少已經在巴西和阿根廷爭取了十年的時間，但擔心巴基斯坦會透過我們無法阻斷的離心濃縮技術發展核武。范錫要求我在回到哈佛後用我自己的信箋，給他寫一份私人的非機密備忘錄，評估我們是否應該使用武力破壞巴基斯坦的核武計畫。我權衡利弊之後，發給他一份備忘錄，結論是有太多的不確定性以及會有意料不到的後果。我在二〇〇四年出版了一本小說，名為《權力遊戲》（*The Power Game*），書中想像我若做出相反的結論，事態可能會如何發展。

一九七九年一月，國務卿范錫頒發了國務院傑出服務獎（State Department's Distinguished Service Award）給我。他告訴我，說前人普遍認為美國對核武擴散無能為力，但我們現在有了減緩擴散的政策。法國／巴基斯坦和德國／巴西的核設施銷售計畫已被取消，美國也已啟動一項核燃料循環的國際研究，減緩了再處理鈽和使用增殖反應器的勢頭。資深大使韋斯特（George Vest）告訴我，說他很驚訝我這麼快就學會透過外交手段來實施牽涉如此廣泛的策略。然而，根據我寫下的日記，我起初肯定沒有這種感覺。我一開始就看到了非常陡峭的學習曲線（learning curve）。

我在一九七九年從國務卿范錫（右）手中接過國務院傑出服務獎
Source: David M. Humphrey, Department of State

再度入閣

我返回哈佛後，第一個反應是感覺解脫了，不再日日飽受壓力，也無須牽就別人的行程來辦事。然而，奇怪的是，過了一兩個月之後，這種如釋重負的感覺逐漸消失。教職員會議每天都在處理單調乏味的學術事宜，我對此感到無聊，也無法全心融入。我彷彿少打了腎上腺素，出現了戒斷症狀，懷念以前每天打腎上腺素，從早忙到晚的生活。幸好我的朋友馬莫爾（Ted Marmor）提醒我，說幸福的秘訣在於處理小事情，並建議我留意哈佛各種生活細節。我聽從了他的建議。

我繼續前往華盛頓為國務院和能源部提供諮詢，並為伊朗革命造成的問題之嚴重感到震驚。政治動盪加上石油價格再次大幅上漲，能源安全成為首要的議題。在一九七〇年代初期，美國每天以約二美元的價格進口三百五十萬桶石油，當時我們也是全球最大的石油生產國。到了一九七〇年代末期，美國每天進口八百五十萬桶（幾乎是我們需求的一半），價格是之前的十五倍，我們的石油產量同時逐漸下滑。此外，全球市場上的石油大多來自波斯灣，但當地容易受到戰爭、革命和恐怖主義的影響。一九七九年十二月蘇聯入侵阿富汗後，卡特宣布了他的「教條」（doctrine，教條式的外交政策），亦即美國將使用武力保護波斯灣的石油。

許多人提出政策建議，譬如禁止石油進口以及要求政府管制價格，這些都讓我覺得他們誤解和不明瞭全球石油市場的運作方式。我召集了一批鑽研能源和外交政策的哈佛同事，包括霍根（William Hogan）、巴托（Frances Bator）、謝林（Tom Schelling）、李（Henry Lee）、阿爾姆（Alvin Alm）、卡內塞爾和迪斯（David Deese）等人。我們定期開會討論議題並提出政策。一九八〇年十二月，迪斯和我發表了這群小組的多篇論文，並將其集結成書，名為《能源與安全》（*Energy and Security*）。我們提出警告，指出沒有快速或單一的解決方案，考慮不同的時間維度極為重要。在短期的一到兩年內，問題是石油供應中斷，解決方案包括要求庫存（公私）和限制需求。從十年的中期來看，問題是減少對波斯灣石油的依賴，解決方案包括節約能源以及使用現有的替代燃料，譬如煤炭、天然氣和非石油輸出國組織（non-OPEC）生產的石油。從長遠來看，問題是如何適應更高價格的替代方案，解決方案包括使用核能和太陽能。這本書獲得了媒體的好評。

我的普林斯頓室友索希爾（為《能源與安全》寫過序言）是能源部副部長，他要求我回到華盛頓擔任負責國際事務的助理能源部長，協助落實其中的某些構想。我深受誘惑，哈佛也同意放人，但我認為出於家庭原因，最好等到一九八〇年大選後再做打算。然而，我萬萬沒想到卡特竟然無法連任，一直要等到十多年後民主黨再次勝選，我才重返華盛頓。從政就像買彩票，把握政治時機就像掌握股市時機一樣困難。

總結卡特的施政

卡特政府在停滯性通膨、蘇聯入侵阿富汗以及伊朗人質危機的陰霾中結束。卡特有點運氣不佳。試想，如果他執政時遇到是戈巴契夫而非布里茲涅夫。然而，他自己也得負點責任。我的前哈佛老闆鮑伊曾為艾森豪工作，後來加入卡特政府，擔任中央情報局副局長。我們在七月一起從倫敦返回家後，我注意到了他的論斷。他批評卡特的流程，認為卡特頻繁地紙上談兵，不讓助理在他面前審視問題以找出箇中關聯。卡特處理問題的方式太像軍校學員為了考試而死記硬背細節，而范錫則傾向一次專注一個大問題，並且在國家安全會議否決他的決定時，未能做出足夠的反擊。

我親眼目睹了這一點。經過一年的摩擦，我終於能在一九七八年七月在鈾學會發表了自己的調解演講（亦即我終於才能得到白宮的許可），而我早在一九七七年春季的白宮會議上就預測我們會與盟友發生摩擦。卡特認為，范錫和布里辛斯基之間的摩擦讓他有所選擇。儘管我忠於范錫，但我與布里辛斯基合作得很好，經常認為他是對的。不幸的是，卡特未能闡明他更大的戰略，因此給人留下前後矛盾的印象。《科學》（*Science*）雜誌八月份刊登過一篇報導，指出「卡特的外交政策混亂無比，幸好防止擴散政策的成績還算可以」。

我在幾十年後出版了一本探討總統和外交政策的書籍。當時的我發現，各黨派鬥爭時會競相貶低卡特的外交政策。然而，卡特雖然運氣不佳，仍然取得了諸多成就。人們常說，吉米．卡特不當總統時比當總統時更稱職。這句話可能說得沒錯。話雖如此：「如果卡特的外交政策是一支股票，我們或許可以預測它在歷史學者群中的價格長期看漲。」[14]

1 譯註：即伊朗的君主，通稱巴勒維國王。他當年是被伊朗伊斯蘭革命推翻，爾後宗教兼革命領袖何梅尼歸國，建立了以什葉派為核心的伊朗伊斯蘭共和國。

2 譯註：跨國組織，旨在透過保護、監管、限制出口和轉運等方式來管控牽扯核武的原物料與技術，從而遏止核武散布。

3 譯註：法國巴黎第七區的一段堤岸。法國外交部位於奧賽堤岸，因此奧賽碼頭通常代表外交部。

4 譯註：宇野宗佑時任日本的原子力委員會委員長。

5 譯註：卡特總統是民主黨人。

6 譯註：如今的《PBS新聞一小時》（PBS NewsHour），這是美國公共廣播電視公司（PBS）製作的晚間新聞節目。

7 譯註：一種儲存有毒或放射性物質的透明容器，一側有孔洞，連上特製手套，讓人可安全觸摸裡面的物質。

8 譯註：應指下一段提到的法國原子能委員會主席吉羅。

9 譯註：擁有核武的美國向盟友所做出的保護承諾。如果盟國遭受攻擊，美國會動用核武去攻擊有意侵犯盟邦的國家。

10 lame duck，因任期快滿而失去政治影響力的公職人員。

11 譯註：美國聯邦政府的官方出口信貸機構，促進美國商品和服務的出口和提供融資。

12 譯註：指一旦讓壞情況或惡習開始，事態很可能會變得愈加嚴重。

13 譯註：由國家指派且授權代表國家的高級外交官、部長或大臣。

14 原註：Joseph S. Nye, Jr., *Do Morals Matter? Presidents and Foreign Policy from FDR to Trump* (New York: Oxford University Press, 2020), p. 112。（繁體中文版《強權者的道德：從小羅斯福到川普，十四位美國總統如何影響世界》由天下文化出版）

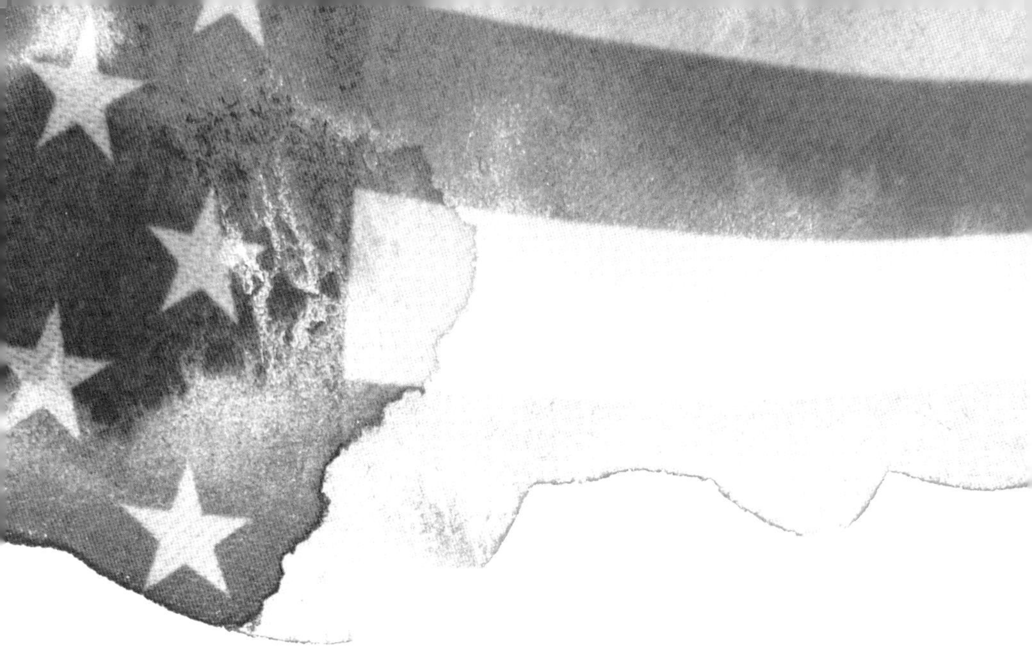

第四章

一九八〇年代
雷根、老布希和冷戰的結束

The 1980s:
Reagan, Bush, and the End of the Cold War

一九八〇年代如同一九六〇年代一樣，從開端到結尾展現出截然不同的對比，彷彿是一個分裂且矛盾重重的十年。人們早些年十分擔憂美蘇會爆發核戰。到了一九八〇年代末期，冷戰結束，蘇聯即將解體，美國成為唯一的超級強權。雷根偶爾被視為結束冷戰的功臣，但導致美國進入「單極時刻」（unipolar moment）的巨大變革原因則複雜得多，特別是戈巴契夫於一九八五年在莫斯科上台。此外，雷根的繼任者（老）布希（George H. W. Bush）因巧妙進行談判，未引發災難便化解這場全球性衝突而獲得讚譽。

與此同時，我們不得不經歷日漸加劇的核威脅。蘇聯於一九七九年十二月入侵阿富汗，於一九八〇年代初期張牙舞爪，加上雷根不時發表好戰言論，在在加深人們對核戰的恐懼，導致了核凍結運動（Nuclear Freeze Movement）。數百萬人走上美國街頭，歐洲的反核抗議聲浪也十分強烈。兩黨針對緩和關係和軍備控制達成協議的時代已經結束。嚴肅的專家們估計，爆發核戰的可能性逐漸增加。一九八三年八月，亞斯本軍備管制聯盟（Aspen Arms Control Consortium）百分之六十一的參與者估計，到了二十世紀末，美蘇爆發核戰的可能性為五十分之一。諾貝爾經濟學獎得主謝林是我的同僚，也是鑽研賽局理論（game theory）和核戰略的大人物之一。他在一九八二年三月一日的一次討論中告訴我，說他認為核戰爆發的可能性有三十分之一。我在日記中指出我個人的估計是萬分之一。然而，無論是哪種推測，機率都高得讓人不安，而這不只是人們的歇斯底里。例如，一九八三年十一月，蘇聯擔心北約以「神箭手83」（Able Archer 83）演習為煙霧彈，動用核武打擊他們，也曾準備發射核武。

避免核戰

我離開政府時擔心世界能否避免核戰，於是在甘迺迪政府學院教授一門探討這項主題的研究課程。謝爾（Jonathan Schell）那時剛出版一本震撼人心的作品，名為《地球的命運》（*The Fate of the Earth*），該書呼籲廢除核武。哈佛大學校長巴克（Derek Bok）讓我和其他四位教授（分別是卡內塞爾、多蒂〔Paul Doty〕、霍夫曼和亨廷頓）一起評估核威脅以及該採取何種應對措施。（多虧薩根〔Scott Sagan〕這位幹練的研究生從旁協助）我們在一年內定期會面，並由哈佛大學出版社（Harvard University Press）發表我們商議的成果，於一九八三年出版了《與核武共存》（*Living with Nuclear Weapons*）。我們的結論是，在我們有生之年不可能廢除核武，但可以採取措施去降低爆發核戰的風險。這本書廣受媒體關注，並促使我們與福斯伯格（Randall Forsberg）、約翰．麥克（John Mack）和謝爾等核凍結運動的主要領袖一起辯論及討論。諷刺的是，這也讓紐約文化界某位舉足輕重的哈佛校友寫信給巴克，說他發誓再也不會為哈佛貢獻心力！

爾後在卡內基基金會（Carnegie Corporation）漢伯格（David Hamburg）的要求下，艾利森、卡內塞爾和我在甘迺迪政府學院開啟一項名為「避免核戰」（ANW）計畫。我們定期開會，也會舉辦吸引其他教職員的年度會議。更重要的是，我們吸引了一群年輕聰明的博士前和博士後研究生，其中許多人日後成為這個領域的領軍人物。一九八五年春天，我們出版了《鷹派、鴿派和貓頭鷹派：避免核戰之道》（*Hawks, Doves, and Owls: An Agenda for Avoiding Nuclear War*）。我們認為，無論是鷹派透過實力和整軍備戰來追求和平的立場，或是鴿派透過裁軍來求取和平的立場都不夠穩妥，而且雙方都得冒很大的風險。我們概述了一種中間立場，著眼於降低風險而非關注軍備或武器數量，並為其標示了「貓頭鷹」立場，同時提出一份實用的「該做和不該做」（do's and don'ts）清單。我們希望透過詳細的學術分析，讓全美人士辯論時更有成效，我們還耗盡心血宣傳這項訊息。例如，我們某日曾先在華盛頓舉行新聞早餐會，接著到眾議院軍事委員會（House Armed Services Committee）作證，最後上美國廣播公司（ABC）的電視節目。很難確定這樣做會有什麼影響。從政府外部提出政策構想，就像往深井投幣一樣，有時會聽到撲通的一聲，有時你以為聽到了聲響，但其實只是自欺欺人。

無論如何，我們對於研究成果仍不滿意。我們對漢伯格開玩笑，說只要我們避免了核戰，卡內基就應該繼續提供研究經費，因為如果我們失敗了，我們就沒命了，不會再申請經費。更嚴肅的問題是，我們認為降低風險還不夠，仍然需要解決「該如何結束這一切？」的長期問題。我們根據這個問題召開了一系列的會議，然後於一九八八年編纂了一本書，名為《災難異象》（*Fateful Visions*），書中講述了各種可能的結果，包括零核武、彈道飛彈防禦優勢、民間防禦，以及美蘇關係從對抗轉向合作的機會。坎貝爾（Kurt Campbell）寫過一篇名為〈蘇聯衰落的前景和後果〉（Prospects and Consequences of Soviet Decline）的文章。我們幾乎不知道柏林圍牆會在一年後被推倒。我當然沒有預料到這點。

鐵幕背後

要降低核子風險必須改善與莫斯科的關係。法國擁有核武，但我們不會因此而失眠。莫斯科和華盛頓必須更加了解彼此。塔夫茨大學（Tufts）著名的俄羅斯學者萊格沃爾德（Robert Legvold）（其後於哥倫比亞大學〔Columbia University〕任教）在一九八〇年代初期告訴我，蘇聯事件的檯面下出現了一些有趣的變化。他說服我去領導一項計畫並為外交關係委員會編輯一本名為《美國對蘇聯政策的制訂》（*The Making of America's Soviet Policy*）的書籍。我召開了一系列會議，耶魯大學則於一九八四年發表了這些論文，論文作者包括塔爾博特（Strobe Talbott）、梅、高德曼（Marshall Goldman）和西梅斯（Dimitri Simes），探討了美蘇六十年來的緊張關係、取得的某些成果，以及錯失了哪些機會。

我曾在多年內不時前往莫斯科阿爾巴托夫（Georgi Arbatov）的美國和加拿大研究所（ISKRAN）訪問一週。自從一九五九年學生時期的旅行以來，我就沒有再去過蘇聯，我當時驚訝地發現，一九八〇年代初期的談話內容受到更加嚴格的管制。冷戰變得愈加寒冷。我在人民辦公室內曾與人坦率直言，對方是美國和加拿大研究所的副所長博格丹諾夫（Bogdanov）。他被認為是蘇聯情治機關國家安全委員會（KGB）的成員，說話可以比較不受限制。我也能夠和特羅菲門科（Henry Trofimenko）等研究人員坦誠交流，前提是我們得沿著阿爾巴特街（Arbat）等步道邊走邊聊。他們與我同行若感覺自己沒受到監視，就會對我表現得非常熱情，讓我十分吃驚。俄羅斯人有時會傳達很隱晦的暗示。我曾在一九八四年詢問新蘇聯共產黨中央委員會總書記安德洛波夫（Yuri Andropov）的事情，得到的答覆是他「非常被插入」（very plugged in），暗示他正在洗腎。俄羅斯人即使感到害怕，說話時也很風趣。

總而言之，我在這十年間造訪莫斯科八次。第一次是在一九八〇年五月，他們讓我住在科學院旅館（Academy of Sciences Hotel），那是一棟一九三〇年代的破舊遺跡。我後來訪問時，下榻之處升級為烏克蘭旅館（Ukraine Hotel），該旅館是七座巨大石頭建築之一，上面有一頂稱為史達林結婚蛋糕（Stalin wedding cakes）的大皇冠。不幸的是，當我沿著莫斯科河（Moscow River）晨跑回來時，我被告知工人要修理管道，三週之內將沒有熱水。我後來再度參訪時住在「羅西亞」（Rossiya，俄語為Россия，表示「俄羅斯」），這是一棟摩天大樓，外觀更為現代，位於紅場（Red Square）附近，但即使住在那裡，能得到的服務也很少。我直到一九九三年陪同財政部長班森（Lloyd Bentsen）訪問俄羅斯聯邦總統葉爾欽（Boris Yeltsin）時，才入住了一家名為「大都會」（Metropole）的豪華酒店，在那裡吃早餐時還會有人演奏豎琴。從旅館的角度來看，俄羅斯似乎不像從飛彈的角度來檢視他們時那樣強大。也許這並不奇怪，我在飛往法蘭克福（Frankfurt）的回程航班上，機上大部分是西方乘客，當飛機從謝列梅捷沃國際機場（Sheremetyevo airport）起飛時，大家都自發性地鼓掌。

一九八一年五月，美國和加拿大研究所的美國問題專家對美國政策感到困惑與憤怒，不明白雷根的意圖。他敢冒核戰爆發的風險嗎？一九八三年一月，當我第三次訪問時，我講述了哈佛避免核戰的計畫，同時討論了動用國際關係的方法。許多蘇俄同行，譬如茹爾金（Vitaly Zhurkin）、科科申（Andrei Kokoshin，後來擔任國防部長）、卡拉加諾夫（Sergei Karaganov，後來擔任普丁〔Vladimir Putin〕的顧問）和其他人，全都關注傳統的均勢問題，並且表示他們認為，馬克思主義在政治合法性（political legitimacy）上比在分析上更為重要。沙赫納扎羅夫（Georgy Shakhnazarov）甚至大加讚揚喬治・歐威爾（George Orwell），讓我大吃一驚。

一九八四年一月，莫莉陪我前往莫斯科。我們當時參與了精彩的文化活動，包括欣賞莫斯科大劇院芭蕾舞團（Bolshoi Ballet）的表演。我們搭乘臥鋪火車前往列寧格勒（Leningrad，現為聖彼得堡〔St. Petersburg〕），在當地參觀了冬宮美術館（Hermitage Art Museum）、基洛夫芭蕾舞團（Kirov Ballet）和普希金市（Pushkin）的葉卡捷琳娜宮（Catherine the Great's palace）等俄羅斯的輝煌建築和藝術表演。然而，當時的政治氣氛並不好。我們在斯帕索宅邸（Spaso House，亦即美國駐蘇聯大使館）聽取了哈特曼（Arthur Hartman）大使的簡報。這棟宅邸在革命前屬於某位俄羅斯糖商的資產。哈特曼告訴我們，說美蘇官方很少對話。

一九八五年二月，莫斯科氣溫遠低於零度，但政治氣氛卻略有改善。我聽完哈特曼的簡報後，便前往美國和加拿大研究所，針對威懾、危機穩定性（crisis stability）和事故處理措施認真與俄方對談。我很高興能與阿爾巴托夫（Alexei Arbatov，後來成為國會[1]的自由派議員）深入討論備受爭議的戰略防禦計畫（Strategic Defense Initiative）[2]。一九八五年是美蘇關係的轉捩點。戈巴契夫於三月上台，十二月便與雷根在日內瓦舉行了首次高峰會。

隔年夏天，情況有所不同。萊格沃爾德安排了美國和蘇聯國際關係理論專家的會議，參與者包括基歐漢和烏爾曼（Richard Ullman）等學者。這些學者對話時甚為有趣，但礙於大量宣傳而有所收斂。阿爾巴托夫和博格丹諾夫告訴我，說他們一直建議戈巴契夫不要參加另一次高峰會。然而，高峰會最終在十月於雷克雅維克（Reykjavik）舉行，但雙方並未達成協議。

政治局勢仍然陰雲密布，但到了一九八七年六月，艾利森、卡內塞爾和我去向俄羅斯人介紹我們的「避免核戰」計畫時，情況便有所改善。俄方告知我們，說戈巴契夫的「新思維」是務實且重要的。我們也表示有興趣參觀俄羅斯遠東地區（Russian Far East）[3]。東道主答應帶我們去伯力（Khabarovsk）和海參崴（Vladivostok）。我們乘坐軍用運輸機飛往伯力，乘客座位是帆布吊帶。我們還在黑龍江（Amur River）上乘船旅遊。然而，當我們在那裡時，莫斯科當局不允許我們訪問海參崴。「新思維」顯然有地域限制。此外，我們觀賞了《懺悔》（*Repentance*），這部電影震撼人心，大膽揭露蘇聯昔日的獨裁統治。

一九八九年一月我們再度前往蘇聯訪問，見證了自一九八〇年代初以來政治氣候的重大變化。此行目的是討論古巴飛彈危機的教訓（下一節會詳述此事）。我們提前到達，在太空研究所（Space Institute）會見所長薩格捷耶夫（Roald Sagdeev），並且在和平學院（Peace Academy）舉行的一個建立信任措施會議上與四位蘇聯將軍會談。我們面見了外交部的盧金（Vladimir Lukyn）。盧金（以及其他熟人）告訴我們，戈巴契夫是真正要推行改革，儘管普里馬科夫（Yevgeny Primakov，後來擔任俄羅斯總理）承認他們在處理價格改革方面遭遇了問題。

關於古巴的討論很有趣，因為代表團中包括美國方面的邦迪和麥納馬拉，以及蘇聯方面的格羅米科（Andrei Gromyko）。（里斯克特〔Jorge Risquet〕代表古巴出席）布爾拉茨基（Fyodor Burlatsky）告訴我，說沙赫納扎羅夫是很親近戈巴契夫的顧問，他會向戈巴契夫大致解說我們距離災難到底有多近。也許最令人感動的是會後的順道旅行，赫魯雪夫之子謝爾蓋（Sergei Khrushchev）和米高揚（Sergo Mikoyan）送我們去參觀他們父親的墓地，這兩位長者生前曾是蘇聯的大人物。

古巴飛彈危機

古巴飛彈危機發生於一九六二年，當時爆發核戰的風險為歷來最高，而「避免核戰」計畫的其中一項研究是召開一系列會議，從中建構這次危機的口述歷史。甘迺迪當年預測戰爭的風險為三分之一。甘迺迪政府學院的心理學家布萊特（James Blight）

與布爾拉茨基、米高揚、邦迪和麥納馬拉討論古巴飛彈危機，哈佛大學甘迺迪政府學院，一九八七年
Source: Courtesy of the Harvard University Archives

擬訂了一個「活生生口述歷史」的流程。在這個流程中，昔日的參與者不僅會被質問用來建檔，還能互相提問以檢視自己是否記憶有誤。布萊特有韋爾奇（David Welch）和艾林（Bruce Allyn）等研究生大力協助。我們在美國和莫斯科於不同時期舉行這些會議，美國方面的出席者包括邦迪、麥納馬拉、索倫森（Ted Sorensen）和狄龍（Douglas Dillon）等人，蘇聯方面則有多勃雷寧（Anatoly Dobrynin）和格羅米科等人。

我們的第一次會議於一九八七年十月十一日舉行，當時正值危機爆發二十五週年。蘇聯與會者有布爾拉茨基、米高揚和沙赫納扎羅夫，第一天晚上我們觀看了一九六二年的錄影帶。我隔天主持會議來回顧歷史，布萊特的流程當時發揮了作用。當麥納馬拉向蘇聯人指出美國無意於一九六二年入侵古巴（一九六一年失敗）時，索倫森提醒他，說中央情報局當時正在實施一項秘密行動來顛覆古巴。麥納馬拉表示，「貓鼬」（Mongoose）行動並未奏效，但他也承認，古巴人和蘇聯人可能不這麼認為。米高揚則批評蘇聯的行為很「冒險」。大夥在隨後的會議同樣坦率直言，而隨著時間的推移，布萊特和韋爾奇陸續出版了各種書籍和發表文章，讓更多人知道會議討論的內容。[4]

新領域：中國

我在一九八二年首度訪問中國，此後又陸續多次參訪這個國度。我是受中國政府邀請，但此舉並不罕見，因為日本和以色列也會邀請我。然而，中國封閉已久，會邀請我真是出乎意料。邀請我的人是倪世雄，他於一九八〇年來到我的辦公室，說他曾是上海復旦大學教授，文革期間被下放到農村十年。中國政府當時送他來哈佛讀書一年來求取知識。他說道：「我有十年無法讀書。你能幫我在一年內補足這浪費的十年嗎？」我於是私下輔導他，還邀請他到我家作客。我們後來成了朋友。

我在七月飛到上海，住的是一家歐式老旅館。早晨六點去跑步時，我驚訝地發現街上擠滿運動的人。我被載往復旦大學進行正式拜訪和會談。對方提出的問題很好，我感到很滿意。隨後，我在上海國際問題研究院針對核子問題發表演講，在那裡我感受到當地的討論中既有充滿宣傳色彩的言辭，又有與現實狀況相符的務實觀點。我還受邀參加了豐盛的宴會和一次河上遊船。當時，河對岸的浦東地區幾乎是空的。當我在一九九三年以美國政府官員的身份回到這裡時，浦東已經滿是摩天大樓。

我遊覽完上海的景點後飛往北京，發現空曠的天安門廣場與擁擠的上海街道形成鮮明的對比。我參觀完長城和明十三陵後，去了北京大學與好幾位教職人員會晤。我也在國際問題研究院發表演講。不少中國人批評雷根，但他們的言論比我在莫斯科聽到的要坦率些。雖然我和倪住在北京的一家老式飯店，但我們不能在同一個餐廳吃飯。外國人要分開用餐。我十年後再度前往北京時，當地的現代飯店已經不再有這種區別。

從外界去影響決策

雷根執政期間，我繼續針對核子問題從事教學、寫作、演講和作證，經常接受電視訪談，也不時於《紐約時報》、《時代》雜誌和其他雜誌發表文章。雖然我偶爾會替國務院和美國能源部下屬的勞倫斯利佛摩國家實驗室（Lawrence Livermore Laboratory）提供諮詢，並出席眾議院和參議院委員會作證，但我不像以前在政府任職時能夠實際影響政策。

一九八四年，我扮演次要角色，協助孟岱爾（Walter Mondale）競選總統。我參加了某些會議，與歐布萊特（Madeleine Albright）、巴里·卡特（Barry Carter）和貝茲（Richard Betts）等人共事。我會見了孟岱爾（我很欽佩他的為人），撰寫一些探討核子問題的立場文件，也投下了選票，但一切都無濟於事。儘管孟岱爾的早期民調讓人鼓舞，但雷根最終仍以壓倒性的優勢勝選。

我必須透過下列方式去從旁影響政策。仰賴我的學生，只要他們後來成了領袖；讓我的學術著作產生「涓滴」（trickle-down）效應；為各種期刊和論文撰寫的觀點文章；參與非政府組織；上各種電視評論節目，例如替哥倫比亞廣播公司（CBS）在白宮橢圓形草坪帳篷內直播一九八七年雷根-戈巴契夫高峰會。誰都不知道這些舉動會產生什麼影響，但是當我一九八二年一月在《紐約時報》上發表的一篇評論文章被莫斯科《真理報》（*Pravda*）放上頭版時，我感到特別好笑。與此同時，我試圖在影響政策辯論和維持自身學術工作（包括閱讀學術期刊文章，以及在這些期刊上發表文章）之間取得平衡。

當然，學術生活也有好處。政府與學術界的不同之處在於，擔任公職必須面臨巨大的時間壓力，以及要能夠做決策。公職強度很高，但範圍很窄。在大學教書時，步調不緊湊，也不會直接牽扯權力，可以更加發揮好奇心，也能去探索更深層的問題。我教授核子倫理學課程時受益匪淺。當我在國務院忙於說服外國政府不要發展核武時，經常想知道該如何證明美國擁有核武是合理的。最能讓人理清思路的，莫過於和聰明的學生（包括外國人）參加研討會。學術生活讓我有空去閱讀和思考如何做到這一點。

學術生活還有另一個好處，就是會經常受邀參觀美麗的會議場地，而這些場地在數個世紀前都是由貴族獨享的。迪奇利公園（Ditchley Park）就是很好的例子。這棟優美的鄉間別墅興建於十八世紀，坐落於牛津郊外，我曾在那裡參加了多次會議，最終還加入美國迪奇利基金會（American Ditchley Foundation）的董事會。一九八五年二月，我在洛克菲勒基金會（Rockefeller Foundation）位於義大利科莫湖（Lake Como）畔貝拉吉歐（Bellagio）的美麗塞爾貝羅尼別墅（Villa Serbelloni）待了一個月。在這樣優雅的環境中，我和莫莉不僅玩得很開心，而且我還在一個月內寫完《核子倫理》的初稿。我探索了各種看待戰爭的道德哲學，並將其應用於核武，最終得出結論，認為廢除核武是值得長期追求的目標，但在可預見的未來並不切合實際。道德辯解（moral justification）[5]必須著眼於降低風險，而我檢視了達成這項目標的各種方法。這本書出版後，有幸在《紐約時報》和別處都獲得極好的評價。我多年來出版了不少書籍，這本仍是我的最愛，因為它讓我深入探索價值觀。

運用和建立網絡

我還透過參與或擔任各種組織董事會成員來推廣政策理念。這些組織包括：外交關係委員會、三極委員會、達沃斯（Davos）的世界經濟論壇（WEF）、倫敦的國際戰略研究所（IISS）、卡內基國際和平基金會（Carnegie Endowment for International Peace）、戰略與國際研究中心（Center for Strategic and International Studies）、東西方安全研究所（Institute for East–West Security Studies），以及聯合國協會（United Nations Association）等。我還得加上《外交政策》（*Foreign Policy*）的創始編輯群。

參與這些組織使我能夠與美國和外國領袖會面，讓我更深入理解議題。我試著趁機推廣自己的構想，但也從這些組織獲益良多。例如，我曾在達沃斯主持一項法國前總理巴爾（Raymond Barre）和英國前國防大臣希利（Denis Healey）之間的會談，了解了很多歐洲方面的知識；此外，我曾於一九九〇年代初期參加一場討論俄羅斯的小型晚宴，與會者包括未來擔任俄羅斯總理和總統的梅德維傑夫（Dmitri Medvedev）。（梅德維傑夫當時給我的印象是比較開放和願意改革，但他後來的施政紀錄著實讓人失望）我最難忘的會外活動有幾個：當三極委員會在羅馬舉行會議時，我們有幸覲見了教宗；國際戰略研究所讓我們參觀韓國非軍事區的北韓隧道；以及在冷戰期間，亞斯本柏林分支安排我們通過查理檢查哨（Checkpoint Charlie）進入東柏林。

亞斯本策略小組

對我來說，最重要的非政府組織是亞斯本策略小組（ASG）。我於一九八三年協助成立這個組織。我的同事多蒂是哈佛大學傑出的生物化學家，也長期參與帕格沃什科學和世界事務會議（Pugwash Conferences on Science and World Affairs）。在一九八〇年代初期，美國對外交政策和戰略的態度兩極化非常嚴重。在這種情況下，福特和洛克菲勒基金會宣布將不再資助多蒂在一九七〇年代建立的大學校際軍備管制聯盟。一九八三年八月十二日，多蒂和亞斯本研究院（Aspen Institute）執行長斯萊特（Joseph Slater）請我幫忙挽救上述計畫。福特基金會表示不想繼續支持，但洛克菲勒基金會的計畫官員迪格爾（Edwin Deagle）表示，如果該組織不那麼學術化、更能橫跨兩黨，並且更加以政策為導向，他們可能會考慮繼續支持。他當時舉出國際金融領域的三十人小組（Group of 30）[6]為例。

迪格爾和我討論該如何籌組這種小組，其後一致認為關鍵是選擇數位具有黨派身分但在兩黨「都」備受尊重的聯合主席。所幸曾於福特政府擔任國家安全顧問的斯考克羅夫特（Brent Scowcroft）和卡特政府前國防部副部長培里（William Perry）同意任職。選擇聲譽隆盛的國會議員也很重要，但要避開華盛頓政治中的黨派「炸彈投擲者」（bomb-thrower）[7]，例如金瑞契（Newt Gingrich）。我們的第一批國會議員是來自眾議院的阿斯平（Les Aspin）和錢尼（Dick Cheney），以及來自參議院的約翰．華納（John Warner）。多年以來，陸續湧現出諸多優秀的繼任者，包括哈曼（Jane Harman）、范士丹（Dianne Feinstein）、里德（Jack Reed）、蘇利文（Dan Sullivan）和昆斯（Chris Coons）等人。

亞斯本策略小組橫跨兩黨，從智庫、大學、公司和前政府官員挑選人才，並於一九八四年八月首次會面。許多人後來在共和黨和民主黨政府中擔任要職，例如國務卿、國防部長和國家安全顧問。（蓋茲〔Robert Gates〕曾在這兩黨的政府任職）早期的參與者康朵麗莎．萊斯成為國務卿，後來成為小組的共和黨聯合主席。我最初擔

我與斯考克羅夫特（左）和培里（中），亞斯本策略小組，攝於一九八〇年代中期

任執行董事，但在一九九三年進入柯林頓政府時放棄了這個職位，最終以聯合主席的身分回歸。

最初的議程主要是討論核穩定（nuclear stability），包括義勇兵飛彈發射井（Minuteman missile silo）[8]的脆弱性、是否建造MX飛彈（MX missile）[9]以及雷根希望花七年建構的戰略防禦計畫的前景。兩黨的許多成員都對此有所保留。隔年，小組著眼於討論太空、反衛星武器以及嚇阻是否有效，並於一九八六年納入化學戰（chemical warfare）。多年來，小組的議程逐漸擴大，納入中東、波斯灣戰爭、日本、中國、南亞、北約的未來、網路威脅以及許多其他具有戰略意義的主題。

成員們探討其中的許多主題時，對於事實為何和政策的看法分歧嚴重，特別是伊拉克戰爭，但我們努力推行一種講究文明和耐心傾聽的文化。成員們偶爾會宣布他們改變了主意，我認為這就是成功的標誌。我們出版了小組會議的年度報告與書籍，並且舉行新聞發布會（有時選在參議院辦公室進行）。然而，在我看來，最重要的成果是說服關鍵政策制訂者認真傾聽並嚴肅看待彼此的論點，大家無須吵吵鬧鬧，和華盛頓的政客一樣，自顧自地發表一段渲染力十足的三十秒聲明。

我們保持非正式的會議、留出充足的休息時間來營造這種氛圍。斯考克羅夫特經常帶領大家徒步前往獨立湖（Independence Lake，海拔一萬二千英尺）或湯瑪斯湖（Thomas Lake，位於索普里斯山〔Mount Sopris〕的盆地），這些活動被暱稱為「布倫特的死亡行軍」（Brent's death marches）。我會帶著我的飛蠅釣魚竿（fly rod）尾隨，偶爾教有興趣的人如何飛蠅釣（fly-fishing），這些好學者有孟岱爾和華納。我們曾在咆哮叉河（Roaring Fork）和其他科羅拉多河（Colorado river）的支流滑木筏。如果你未曾親眼目睹過錢尼和華納分別駕駛著滿載亞斯本策略小組成員的木筏穿過科羅拉多河的急流，你將無法真正理解西方價值。說得更嚴肅一點，當人們有這種共同經驗時，便很難去仇視對方。

四十年來，亞斯本策略小組納入年紀差異更大的成員、討論更多樣的主題，以及延長會議時程。此外，小組還吸納更多的新聞界人士，他們遵循查塔姆研究所（Chatham House）的規則來使用資訊，未經許可不會透露消息來源。這有助於直接去觸及更廣泛的受眾。然而，最重要的是，小組順利維持了罕見的兩黨於民間的傾聽文化。

當公共知識分子的風險

我喜歡教授研究所的課程，以及為同儕評審的學術期刊撰寫國際關係理論的文章，同時定期參加美國政治學會（APSA）和國際研究協會（ISA）等專業組織的專題講座，但我並不渴望領導這種組織。我發現自己把更多的時間花在擔任所謂的「公共知識分子」，為非學術界受眾演講和寫作。然而，我似乎並未因此減少在自己的領域提供學術理論。我的《權力大未來》（*The Future of Power*）出版後，我很高興二〇一二年的一項民意調查將我列為「過去五年中做過最有趣工作的學者」第二名。與此同時，我被評選為外交政策領域最具影響力的學者。但若暗示在作為學者和試圖直接影響政策辯論的角色之間不存在許多倫理問題，那將是誤導。在學術研究和參與公共事務之間存在著權衡。

其中一個問題是出差旅行。我參加了很多國內外的會議。翻閱我一九八一年的日記，我在國內出差了八十六天，在國外則出差了三十一天。我信守諾言，絕不錯過排定的課程，因此經常短途旅行，並且需要妥善計畫。朋友笑我是飛行常客教授（flier professor），莫莉則說，航空公司的飛行常客獎勵里程（一九八〇年代的一項創舉）

挽救了我們的婚姻，因為我可以經常帶她一起出差。儘管她接觸到許多有趣的地方和人們，但我仍然對她的耐心和理解施加了沉重的負擔，對此我深表感謝。

另一個問題是追求「知識正直性」（intellectual integrity）。政策涉及落實想法的權力，但學術研究必須將真理置於權力之上。玩權力遊戲時，總是不免為了權力而調整構想，但必須盡量去抵抗這種誘惑。其他的誘惑包括為提供豐厚報酬的企業提供諮詢。我經常提供諮詢，但也試圖避免金錢利益限制我的想法。曾有一家公司打算支付我豐厚的費用，要我發表一篇提倡取得墨西哥石油的文章。我其實同意這個立場，但是當該公司說得出這項結論是簽訂合約的前提，我便拒絕了他們。

一九八五年，當我敬佩的人蓋茲請我為中央情報局提供諮詢時，我遇到了另一種類型的挑戰。哈佛確實有不允許在校園內研究機密的政策，但大學認真將情報視為外交政策的重要部分也很重要。我通過了必要的測謊檢查，但是當中央情報局希望我簽一份合約，讓他們有權事先核准我發表的所有文章時，我便猶豫了。我認為這樣做和我身為學者的角色相衝突。我在柯林頓政府期間擔任國家情報委員會主席也必須簽署這種文件，但外界知道我是站在公開代表政府的立場。可以結合學者和公共知識分子的角色，但必須知道這兩者之間的界線。

一九八八年的總統大選

一九八七年，麻薩諸塞州州長杜卡基斯（Michael Dukakis）宣布競選總統。當時《美國新聞》（*US News*）二月號列出三十五名「外交政策當權派」（the foreign policy establishment），我身為其中一員，故難免被推往那個火坑。

起初我擔任外部顧問，日子過得挺悠閒，不難配合原有的學術生活，因為我只要打打電話，與埃德利（Christopher Edley）和歐布萊特等人規劃會議，以及偶爾寫點備忘錄即可。然而，杜卡基斯在一九八八年四月贏得紐約初選和參議員哈特（Gary Hart）退出競選之後，杜卡基斯顯然將贏得民主黨的總統提名。

我被要求去向杜卡基斯介紹核子問題和蘇聯的情況。有一次，杜卡基斯邀請參議員布拉德利（Bill Bradley）到燈塔山（Beacon Hill）麻州議會大廈角落的大辦公室加入我們。辦公室裡掛著亞當斯（John Adams）等前總統的肖像。布拉德利和杜卡基斯的思路都很清晰，我們的討論極具成效。我偶爾會透過埃德利向杜卡基斯發送備忘錄或演講稿。當我得知他已經閱讀它們，甚至有時聽到他使用我寫的話語時，總讓我感到滿足。

隨著競選節奏加快，媒體想更了解杜卡基斯的顧問。四月二十五日，《時代》雜誌刊登了我的照片，猜測我可能會成為國家安全顧問。哥倫比亞廣播公司新聞頻道的斯塔爾（Leslie Stahl）到我的辦公室進行採訪，而薩菲爾（William Safire）則在《紐約時報》的專欄中提到了我。受到這種關注之後，又吸引了其他人。美國以色列公共事務委員會（AIPAC）要求見我，想得知我對以色列的看法。當我飛往巴黎演講時，愛麗舍宮（Elysee Palace）派了一輛車來接我。車子一路高速狂飆，載我去見總統顧問阿達利（Jacques Attali），因為他想更加了解杜卡基斯。到了六月初，民調顯示杜卡基斯領先老布希五個百分點。

七月時，我受邀前往炎熱的亞特蘭大參加民主黨全國代表大會。獲得證件後，我參加了在凱悅酒店舉行的員工會議，前往卡特中心（Carter Center）參加研討會，接受媒體採訪，向金融界人士簡報安全問題，並在民主黨全國委員會（DNC）[10]的小組會議上發言，還出席了許多活動。

當德州州長理查茲（Ann Richards，她是一位機智的民主黨人）向聚集的代表們演說時，我就坐在前排座位。理查茲告訴與會者，說布希出生在三壘，卻總以為自己是打出了全壘打才能跑回本壘[11]。我從來不認為自己有強烈的黨派傾向，但身處一大群黨派人士之間時，很難不被他們的熱情所吸引。歐恩斯坦（Norman Ornstein）和施奈德（William Schneider）等政治專家預測杜卡基斯將在十一月勝出。

到了九月份，杜卡基斯在喬治城大學（Georgetown University）針對國防政策發表演講，我當時坐在前排，聽到他引述了我的一些話。當時大夥仍然感覺他能勝選。我隨後被要求向新聞界通報情況，然後陪同他參加在安納波利斯（Annapolis）舉行的一場政治集會。杜卡基斯讓我搭乘他的競選飛機返回波士頓。當他從後面招手要我坐在他旁邊的空位時，我感到一陣興奮。權力會帶來一些奇怪的影響——例如賦予一個空位不同尋常的意義。然而，當我們聊天時，他並沒有要我報告情況，而是從哲學角度思考國家政治與州政治有多麼的不同。

到了此時，民調已經轉向，反而對布希有利了，總統辯論也未能扭轉頹勢。我受邀參加一九八七年九月在溫斯頓–撒冷（Winston-Salem）舉行的辯論。我認為杜卡基斯在內容上表現得不錯，但布希成功地將他描繪成過於自由派。當我在辯論結束後前往新聞發布室講解辯論結果時，我當然並沒有這麼說。九月二十六日，《紐約時報》刊登了我的照片，《華爾街日報》（*Wall Street Journal*）則稱我為重要的中間派。然而，我開始感覺自己不太可能在隔年重返政府任職。十一月八日，選民證實了我的想法。

挫敗和恢復

寫作總是能幫助我從挫敗中振作起來。我開始思考寫一本書，最終出版了《勢必領導》（*Bound to Lead: The Changing Nature of American Power*）。這是我在進入二十世紀最後十年時的作品。美國人時而認為這個國家將會衰落，有時又不這麼想，如此往復循環。在一九八〇年代，人們普遍認為美國在走下坡。偉大的英國歷史學家保羅．甘迺迪（Paul Kennedy）著有《霸權興衰史》（*The Rise and Fall of the Great Powers*），認為美國「過度擴張帝國」（imperial overstretch），將步入菲利普二世（Phillip II）統治的西班牙或愛德華時代的英國（Edwardian Britain）的後塵。這本書非常暢銷。然而，我懷疑這種觀點，恰好牛津大學聖安東尼學院（St Antony's College）的院長達倫多夫（Ralf Dahrendorf）邀請我擔任訪問學者。我便決定於一九八九年春天前往當地，在溫馨的環境中寫作來度過我的學術休假（sabbatical）。

有趣的是，到了一九八九年初，關於美國衰退的信念已經相當普遍，但就在當年年底，柏林圍牆被推倒；到了一九九一年，蘇聯解體，美國成為唯一的全球超級大國。儘管我無法預見這一切發生的具體時間，但我對蘇聯走向衰退的預測是正確的。

蘇聯有超過百分之十六的國內生產毛額用於國防和外交事務（相比之下，美國僅為百分之六），真正遭受「帝國過度擴張」之苦的是蘇聯。

日本當時的經濟令人矚目，但我也不相信它能超越美國。媒體喜歡點出日本擁有最大的銀行，還說根據東京的房地產價格，日本皇宮（皇居）的價值超過了整個曼哈頓的總值。當時坊間充斥書名類似《日本第一》（*Japan as Number One*）和《與日本的戰爭》（*The Coming War with Japan*）的書籍，我對這些作品都抱持懷疑的態度。然而，我的朋友（日後擔任《經濟學人》〔*The Economist*〕的編輯）艾默特（Bill Emmott）的分析卻給我留下更深刻的印象，他出版的書名為《太陽照常西沉》（*The Sun Also Sets*）。

當我把美國的經濟和軍事實力與蘇聯、日本、歐洲和中國相比時，我發現美國在這兩方面都遙遙領先，但總覺得還缺少一些東西。我先前曾廣泛閱讀探討權力的學術文獻，因此得出結論，認為權力若被定義為影響他人來獲得想要之物的能力，便可透過以下三種方式來達到目標：脅迫（coercion）、報償（payment）和吸引力（attraction）。根據其文化，美國在說服他人（雖然不是所有人）去追求與美國相同的目標、利益或價值這件事情上，處於獨特的位置。當他人希望與你一樣時，你就能行使權力。這就是為什麼一位挪威分析師形容戰後的歐洲被兩個帝國分裂，但與蘇聯不同的是，美國是一個「受到邀請的帝國」（an empire by invitation）。

我在《勢必領導》中提出軟實力的概念。所謂軟實力，就是能夠透過吸引力而非脅迫或報償來影響他人。如果你能讓別人想要你想要的東西，就可以不用棒子和胡蘿蔔。我將軟實力發展為一種分析概念，從中完善我對美國實力的描述，並幫助我解釋為何美國世紀尚未結束。我沒想到，二十年以後，中國國家主席會敦促他的同胞發揮「軟實力」。歐洲領導人和媒體也在使用這個概念。然而，儘管它從學術討論轉向為公共討論，結果卻以犧牲分析為代價。有些人用它來表示任何非軍事的東西，有些人則誇大了與脅迫或報償等硬實力相對的吸引力。我在二〇二一年寫道：「我逐漸發現，軟實力之類的概念就像孩童。學者或公共知識分子可以在它們年輕時愛護和管教它們，但它們逐漸長大時，就會離開並結識新夥伴，而這些夥伴有好有壞。即使你是看著它們誕生的，你也無能為力。」12

戈巴契夫和柏林圍牆倒塌

在一九五〇年代，喬治．歐威爾關於一九八四年的反烏托邦論述影響甚大，我們當時不知道這十年會帶來什麼。結果，一九八〇年代的後半葉一開始，戈巴契夫便掌握大權，抱持著改革（*perestroika*）和開放（*glasnost*）的新思想上台。一九八五年十二月，雷根在日內瓦會見了戈巴契夫，這是五次此類會議中的第一次。雷根憑藉個人悟性（遙遙領先某些顧問），明白他可以和戈巴契夫打交道。

冷戰能夠結束，幾乎對所有人來說都是個意外。一九八九年十一月十日（日本當地時間），我在東京的《讀賣新聞》（*Yomiuri Shimbun*）會議上發表演講，並與保羅．甘迺迪辯論美國衰落的問題。我在旅館房間打開CNN，得知自一九六二年以來一直是冷戰標誌的柏林圍牆已經開放[13]。德國的分裂象徵二戰的結束，不到幾週，人們就開始猜測德國是否會統一。在某場甘迺迪政府學院的論壇上，麻省理工學院（MIT）政治學家格里菲斯（William Griffith）推測德國可能會在五年內重新統一，但英國政治家雪莉．威廉斯（Shirley Williams）認為需要更長的時間。有鑑於英國首相柴契爾（Thatcher）和法國總統密特朗（Mitterrand）的反對，我認同雪莉的看法（結果我錯了！）。當然，這其實只花了不到一年的時間（一九九〇年十月），而老布希的外交手段值得高度讚揚，他在沒有流血的情況下讓德國統一了。

我們如今透過薩羅特（Mary Sarotte）和其他歷史學家的研究，得知最初開放柏林圍牆其實是個錯誤。許多專家認為，如果ＫＧＢ前主席安德洛波夫（Yuri Andropov）還活著，未有戈巴契夫這樣的改革者接任，蘇聯還可以再撐十年。[14] 戈巴契夫推動改革，原本是打算拯救蘇聯，最終卻加速了它的滅亡。他就像是拉扯毛衣鬆開的線頭，最後把整件毛衣給拆了。然而，如同我一九九〇年書中所描述的那樣，我對美國能長久保持實力並不感到驚訝，我們如何使用（和濫用）這種力量，則是後續二十年讓我持續感興趣的主題。

一九九〇年的波斯灣戰爭

柏林圍牆的倒塌並非當年唯一的重大地緣政治事件。一九九〇年八月二日，海珊（Saddam Hussein）入侵鄰國科威特，奪取其油田。亞斯本研究院當時邀請老布希總統和柴契爾首相發表演講，以慶祝其成立四十週年。我記得當時坐在觀眾席上聽老布希講話並看著斯考克羅夫特，心想他們會如何回應。兩位西方領袖齊聚一堂，正好可以協調出一致且強硬的回應——派遣部隊前往沙特阿拉伯，並要求伊拉克撤出科威特。有趣的是，亞斯本研究院卻要我向柴契爾介紹南方-北方關係（North-South relations）[15]。根據我的經驗，我只要對政治領袖簡報，通常都是我提供資訊，然後對方提出問題。然而，當我向柴契爾夫人簡報時，我只能在旁邊聆聽。

我同意對伊拉克採取強硬的立場，並且表示了我的支持，但在後續幾個月裡，到底該不該使用武力，爭論得非常激烈。海珊的軍隊看起來很強大，我記得時任眾議院軍事委員會主席的阿斯平在十二月告訴我，說他聽到某些簡報，美軍若參戰，傷亡可能高達一萬五千人。老布希巧妙化解了這場危機。他首先嘗試談判，尋求國會的支持性決議，然後獲得聯合國安理會授權使用武力的決議。此外，儘管他不需要仰賴阿拉伯聯盟（Arab League）提供武力支援，他仍將阿拉伯聯盟的軍隊納入其聯軍。用我的話來說，老布希巧妙地將合法性（legitimacy）的軟實力與軍事的硬實力結合起來。我後來將這套做法稱為「巧實力」（smart power）。

一九九一年一月十五日，我從澳洲伯斯（Perth）飛往台灣，會見了未來的台灣總統馬英九。我在台北四處奔波開會時，從汽車的收音機廣播得知戰爭已經開打。某

我與首相柴契爾夫人，亞斯本研究院，一九九〇年

些專家擔心這項軍事衝突可能持續到夏天，但老布希很明智，只選擇了要在二月將伊拉克軍隊從科威特驅逐出去，而非一味追求最高的目標。這是又一次成功的運籌帷幄。我在當月晚些時候前往達沃斯，發現歐洲人普遍支持美國。我突然想到自己在一九八八年的多數時間都在設法不讓布希當選總統，這實在是相當諷刺。我有跨黨傾向，但還是在一九九一年三月八日參加了在利斯堡（Leesburg）舉行的民主黨國會議員核心小組（Congressional Democratic Caucus）退修會，在那裡與格布哈特（Richard Gebhardt）共進午餐，又與裴洛西（Nancy Pelosi）共進晚餐。我和小組談話時提醒他們不要轉而內縮。

個人生活

多年以來，我一直拒絕擔任哈佛大學政府系主任，理由是我踏入學術界是為了教書和寫作，而非從事行政管理。每當有人詢問我是否願意出任主要和次要學院和大學的院長或校長時，我總是敬謝不敏。我離開卡特政府時，曾經受邀去管理布魯金斯學會的研究計畫，當時一度受到誘惑而把持不住。一九八五年十一月，我前往紐約會見大衛・洛克菲勒（David Rockefeller）、范錫和彼得森（Peter Peterson），討論擔任外交關係委員會主席的事宜，但我不想住在紐約，這樣會打擾我們的家庭生活，包括莫莉的新藝廊。

話雖如此，在我年過半百後，開始渴望從事管理。我的教書生涯進展順利，開課規模名列全校第四。根據一項調查結果，在決定主修政府學的學生之中，超過五分之一是因為修了我的課而有此決定。更有趣的是，我被學生的《哈佛克里姆森報機密指南》列入「教職員萬神殿」（pantheon of faculty），成為「戰神」（the god of war）。我覺得自己並未將想說的全部寫出來，但文理學院院長史彭斯（Mike Spence）邀請我擔任國際事務副院長並領導兩個研究中心時，我終於屈服於誘惑。我很高興自己答應了，儘管有時我覺得自己承擔了太多的職務。我曾語帶諷刺地寫道：「我需要放個假，才能趕上工作進度。」

莫莉和其他四位女性一起在萊辛頓創辦了綠地藝廊，事業蒸蒸日上。我想從旁支持她。我發現，妻子開了藝廊，丈夫就得幫忙搬隔板和懸掛巨幅畫作，以及在開幕式時彬彬有禮地一邊喝著白葡萄酒，一邊等待顧客在畫作旁貼上紅色的已出售標籤貼紙，並隨時給予精神支持。

我的兒子們也長得又高又快。我在一九八〇年代初期時，便知道不能再和他們比腕力，因為即使我贏了，隔天手肘也會痠痛到舉不起來！我還發現，他們的滑雪技巧很快就超越了我。到了一九八〇年代末期，班（Ben）於一九八七年畢業於哈佛大學，而約翰（John）和丹（Dan）則於一九八八年從漢密爾頓學院（Hamilton）畢業。我記得在驕傲之後，伴隨而來的是一種深深的空虛悲傷，因為我意識到育兒的歲月已經結束，而孩子們也長大飛走了。話雖如此，我珍惜許多前往阿第倫達克山脈、緬因州和阿拉斯加釣魚、狩獵及露營的美好回憶。我特別記得有一次去阿拉斯加，結果被一隻帶著幼崽的灰熊攻擊。由於兒子們曾在阿拉斯加的釣魚營地擔任嚮導，因此我們決定在布里斯托灣（Bristol Bay）水域的科克圖利河（Koktuli River）上玩自助漂流。我們先乘坐水上飛機降落在一處偏遠的湖泊上，接著為兩艘橡皮艇充氣，再向下游出發。我們繞過某處淺河彎道時，竟然看到一頭九英尺高的灰熊，帶著四隻幼崽站在河岸上。我跳下水，試圖在我們漂浮到母灰熊面前時抓住橡皮艇，但只見母灰熊四肢著地，向我們衝來。幸運的是，母灰熊在距離我們約十五碼處便停下腳步，然後帶著牠的幼崽跑進了苔原，否則我將無法在此重述這段驚險之旅！後續的事情還是滿有趣的。我們在匆忙整理橡皮艇時，竟然把獵槍放在第二艘橡皮艇上。當第二艘橡皮艇抵達時，我們拿起槍，向空中開了幾槍，表面上是為了嚇唬灰熊，警告牠不要回來，但其實只是為了讓自己安心而已。我們此後還曾多次在阿拉斯加釣魚，看過數百隻灰熊，但再也沒有像那次一樣接近過牠們。

到了一九八〇年代末期，我開始寫小說，這同樣讓我心滿意足。我打從就讀牛津以來就一直夢想要寫一本小說，但我發現這件事並不簡單。一九八九年和一九九〇年，我參加了在緬因州哥罕（Gorham）舉行的石岸作家會議（Stonecoast Writers' Conference），從美國詩人史蒂芬．多賓斯（Stephen Dobyns）和其他人那裡獲益良多。我在哈佛時參加了由《紐約時報》前評論家布羅亞德（Anatole Broyard）教授的小說研討會，也曾得到教授說明文寫作的同事馬呂斯（Richard Marius）的幫助。我發現撰寫學術論文時，我會嘗試概括並盡可能融入廣泛的觀點，但寫小說幾乎是背道而馳。我發現在學術寫作中，我會嘗試概括並融入盡可能廣泛的觀點。而小說幾乎是相反的。小說是為了揭示一般性而特別化，就像是反向使用望遠鏡。在散文中，我會利用望遠鏡來觀察整個草地；而在小說中，我可能會通過聚焦一顆陽光下的葉面露珠，來表達整片草地。

一九九二年時，我除了寫點備忘錄，並沒有太投入柯林頓的競選活動，而當時許

我和兒子約翰、丹和班在阿拉斯加釣魚，一九八八年

多人都認為老布希將會連任。柯林頓很有勇氣，膽敢挑戰傳統的想法，但我打算利用休假年在伍德羅．威爾遜國際學者中心（Woodrow Wilson Center for Scholars）撰寫一本探討國家利益的書籍。我當時在這棟優雅的史密森尼[16]老建築中分配到一間辦公室，從那裡可以眺望整個國家廣場。未料，柯林頓竟然意外當選總統，我的寫書計畫很快就中斷了。

1 譯註：俄羅斯國會，全名爲聯邦議會，由下議院「國家杜馬」和上議院「聯邦委員會」組成。

2 譯註：亦稱星際大戰（StarWars），這是美國於一九八〇年代研議的軍事戰略計畫，打算建造太空雷射裝置當作反彈道飛彈系統。

3 譯註：俄羅斯東部，為西伯利亞貝加爾湖東部與太平洋之間。

4 原註：James G. Bright and David A. Welch, *On the Brink*（New York: Hill and Wang, 1989）. Bruce Allyn, James Blight, and David A. Welch, eds., *Back to the Brink: Proceedings of the Moscow Conference on the Cuban Missile Crisis, January 27–28, 1989*. Harvard CSIA Occasional Paper Series, #9（London: University Press of America, 1992）。

5 譯註：將道德掛在嘴邊，以看似崇高的理由解釋惡行。

6 譯註：創立於一九七八年，由某些國家的中央銀行行長和國際金融知名人士組成的非營利性國際組織。

7 譯註：這種政客通常會發表有爭議的言論或隨意指控別人來博取名聲。
8 譯註：「義勇兵」飛彈是一種美國的陸基洲際彈道飛彈。
9 譯註：MX為Missile-eXperimental的略稱。這是一種稱為和平衛士（Peacekeeper）的洲際彈道導彈。
10 譯註：全稱Democratic National Committee。
11 譯註：這是一種比喻，諷刺老布希出身富貴之家，總以為自己功成名就，完全是仰賴自己的才能。
12 原註：Joseph S. Nye, "Soft Power: The Evolution of a Concept," *Journal of Political Power*. https://doi.org/10.1080/2158379X.2021.1879572。
13 譯註：柏林圍牆於一九八九年十一月九日意外開放，當時一名東德共產黨領導出人意料地宣布誰都可以隨時離開東德。
14 原註：Mary Sarotte, *1989: The Struggle to Create Post-Cold War Europe*（Princeton, NJ: Princeton University Press, 2009）。
15 譯註：北方指的是先進的工業化國家，南方指的是第三世界或開發中國家。
16 譯註：美國國會在一九六八年通過一項法案，將這棟紀念館成為史密森尼學會（Smithsonian Institution）的一部分。

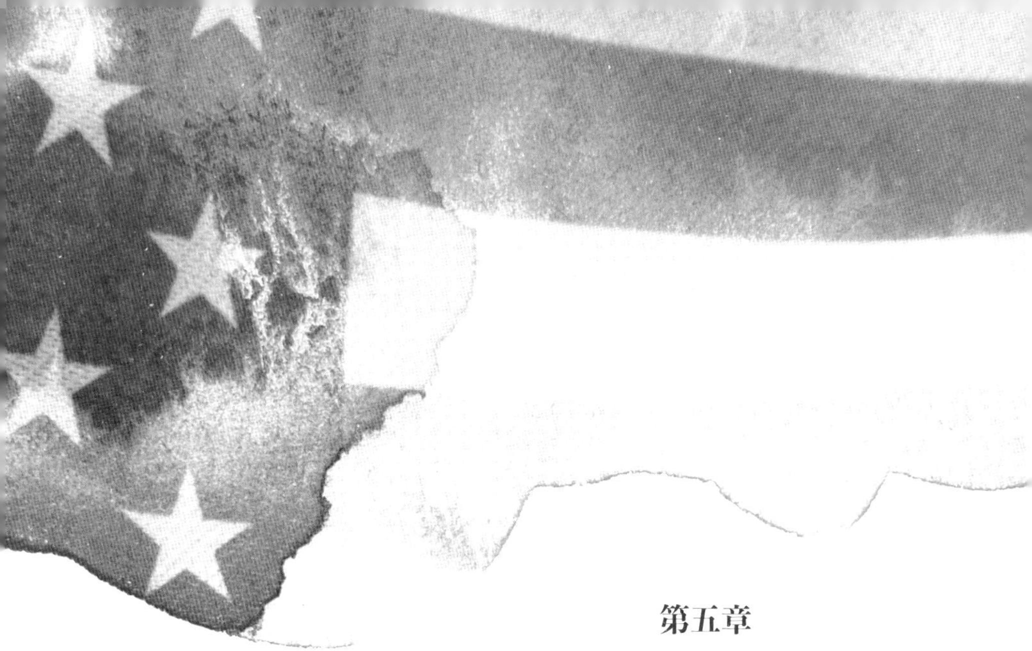

第五章

柯林頓時期
國家情報委員會

The Clinton Years:
The National Intelligence Council

柯林頓和卡特一樣，也是南方州長，缺乏處理華盛頓（美國）或世界政治的經驗，但他卻比卡特更為老練。他上任時蘇聯已經垮台，沒有任何國家能夠制衡美國，評論家稱之為「單極世界」或美國世紀的巔峰。然而，缺乏約束便很難擬訂策略。蘇聯解體後，美國失去了評判外交政策是好是壞的北極星。國家安全顧問雷克的「擴大與接觸」（enlargement and engagement）策略並未提供非常具體的指導方針。我記得一九九三年參加白宮會議時，我們顯然還在摸索指導美國干預波士尼亞（Bosnia）、應對日本或北韓核威脅等問題的行動原則。然而，柯林頓很聰明，他會從事「在職學習」。

我在一九九二年於哈佛擔任國際事務副院長和國際事務中心主任，日子過得極為愜意，而且三十年前我就在國際事務中心當研究助理。然而，我很高興能夠重返政府。一九九三年一月三日，即將上任的中央情報局局長伍爾西（James Woolsey）打電話邀請我擔任國家情報委員會主席，該委員會負責為總統準備情報評估。當我正在思考這個問題時，即將上任的國防部長阿斯平問我是否願意擔任助理國防部長。我在亞斯本策略小組認識這兩位，阿斯平是我的朋友，也是很棒的國防知識分子，但他籌組國防部的方式讓我憂心。我若擔任國家情報委員會主席，將擁有更多的自主權。我將成為情報圈執行委員會（Executive Committee of the Intelligence Community）的成員，（當時的）十六個情報機構負責人會每隔一週舉行一次會議。我有時會開玩笑，說選擇國防或情報，就像從全能和全知的誘惑之間挑選一個。參與了政策，手便可摸到槓桿，但沒時間看到廣闊的前景；參與了情報，雖可看到一切，卻不該觸碰政策槓桿。

只看但不碰

擔任國家情報委員會主席非常令人著迷。只要當官，都有一定的繁瑣官僚和代表職責。然而，擔任這個主席時，實質內容和枯燥粗活的比例比多數工作更高。委員會有一百多名員工，包括十二名國家情報官（NIO），他們負責協調各地區和職務的情報。委員會位於朗里（Langley）中央情報局總部的行政七樓。我的辦公室位於角落，室內有玻璃窗，可以眺望周圍樹木繁茂的公園以及遠處華盛頓的壯麗景色。儘管國家情報委員會要向中央情報局局長彙報，但只有大約一半的工作人員來自中央情報局，其餘則來自其他政府機構，或者是外部招募的短期職員。國家情報官每年都會協調並撰寫大約四十份正式的國家情報評估（NIE）。所有機構負責人會在國家外國情報委員會（National Foreign Intelligence Board）開議，而上述評估必須獲得這些負責人的批准。

我們會評估北韓的核武計畫、跨國販毒集團、非洲的愛滋病和俄羅斯的經濟狀況等各種主題，同時與官員會面、向國會做簡報、出席白宮會議，以及拜訪有趣的人物或地方，例如伴隨財政部長班森一起訪問葉爾欽，或者陪同參議員科恩（William Cohen）的國會代表團出訪東南亞。另有其他行程，譬如參加倫敦的英國聯合情報委員會（Joint Intelligence Committee），以及在克羅埃西亞總統之子的護送下前往波士尼亞摩斯塔（Mostar）的一處地堡，當時那裡正爆發一場戰鬥。此外，得知秘密計畫和參觀特殊地點也很吸引人。

然而，那是後來的事。我首先得獲得臨時徽章，再次通過測謊，最後才能宣誓就職。我有兩名副手，一位是資深情報官霍斯金森（Sam Hoskinson），另一位是哈佛的朋友特雷弗頓（Gregory Treverton）。特雷弗頓後來也擔任了國家情報委員會主席。雖然這些副手是前任留下的，但我很幸運，這些留任者都很出色。我還很走運，能夠聘請到職業情報服務秘書阿科斯塔（Barbara Acosta）。有一天，一位我曾在甘迺迪政府學院指導過的中年學生走進了我的辦公室，我以為她來自國務院。我看到艾卡茨伯格（Gayle von Eckartsberg）脖子上掛著中央情報局的藍色徽章時，就知道她非常優秀，因此聘請她為特別助理。這些助理和其他人協助我掌握需要了解的大量機密分級和許可事宜，以及熟悉諸多複雜的組織和程序問題。正如我一九七七年在國務院的經歷一樣，我感覺自己被扔進了游泳池，被告知要不就是奮力游泳求生，否則只能沉下去溺死。幸好這是第二次，我比較容易上手。

許多問題已經沸沸揚揚，如同燙手山芋。北韓宣布退出《核不擴散條約》；葉爾欽在俄羅斯獲勝的可能性被評估為低於五成；聯合國維和部隊人數不足，波士尼亞仍飽受內戰蹂躪。我的閱讀量落後於專業人士，但無法將機密文件帶回家，所以不得不在辦公室待到很晚。我當時獨自住在岩溪公園（Rock Creek Park）附近的一間公寓，莫莉則待在萊辛頓，直到孩子們讀完大學的學年。我覺得這樣可能是一件好事。

我很快就上手了，可以為國家情報委員會設定目標。我想讓它更能妥善處理不確定的情況。我堅持認為，分析師檢視各種想定狀況並評估可能出現的機率之後，估計結果應該包括一個方格，概述可能導致分析錯誤的情況。然而，分析師不喜歡這樣，因為他們表示分配給想定狀況的機率，依靠的是他們畢生累積的專業知識以及花費數小時召開部門間會議來敲定草案的結果。話雖如此，我認為加上一個內容簡短的方格，將可提醒政策制訂者留心低機率事件的可能性，並且揭示入國家情報評估中隱含的假設，這對他們權衡決策時將是很重要的訊息。

我也希望能為冗長的國家情報估計報告提供簡明的摘要，讓決策者而不僅僅是他們的幕僚，更容易理解報告的結論。最後，我試圖在過程中提高基本經濟推論的品質。例如，如果某份國家情報評估草案根據邊境沒收的毒品數量不斷增加而聲稱反毒戰爭大有斬獲，我會將其退回，因為我認為草案還得納入中心城市毒品價格的變化訊息。倘若缺乏這些訊息，亮麗圖表都只能衡量付出多少努力，但無法顯示成果。

第二項目標是在情報和政策流程中建立更好的預警和規劃程序，為此我與提供預警的國家情報官合作。他是精明的專業人士，名叫艾倫（Charles Allen）。我還與國務院政策規劃部門的劉易士（Samuel Lewis）和斯坦伯格（James Steinberg）協力，為雷克安排特別簡報會；國家情報委員會將提出問題，而國務院規劃者則提出選擇方案，接著我們會共同評估採用不同政策來因應時可能導致哪些後果。我們做這一切，都未跨越情報資訊和政策價值觀之間的紅線。

第三項目標是開放流程，以便更加善用情報圈以外的資源。我每天都會閱讀中央情報局情報部（Directorate of Intelligence）準備的總統每日簡報（PDB）。令我驚訝的是，我閱讀《經濟學人》、《金融時報》或《華盛頓郵報》也能得知每日簡報的諸多內容。即使在網路時代興起前，公共或開源情報也是重要但被低估的資源。可以理解的是，我們的體制對於標記為「秘密」的事物抱持偏見。這並不表示機密不重要，但公共資源可以提供關鍵背景來解釋情況。我以前經常告訴分析師，說開源情報就像拼圖盒的封面圖片。它給予整體拼圖的一個大概輪廓或方向，而機密情報則像拼圖中的關鍵部分，能讓整幅拼圖完整。

這也是為什麼我希望在情報專業人士和外部人士之間平衡國家情報官的組合，並希望他們都能參加外部活動與會議。最後，我努力擴大我們的涵蓋範圍，納入氣候變遷和流行病等各種新興的全球議題。我還致力於聘用更多的女性。我延攬了福特基金會的肖特爾（Enid Schoettle）擔任全球議題國家情報官的新職位。《華盛頓郵報》於八月二日指出，國家情報委員會「團隊堅強，擁有諸多重量級人物」。我讀了這項報導後非常高興。

日本和中國

在國家情報委員會可以獲取對某些問題甚為精湛的見解，但去白宮戰情室參加會議時卻不得不按捺住性子，不去評論考慮不周的政策，這真是讓人沮喪，因為情報官員應該像維多利亞時代的好孩子一樣，只能現身，但不可發言，除非是有人詢問。當時不同的部門呼應競選口號，討論日本時打算擬訂經濟懲罰措施，絲毫不考慮朝鮮威脅或中國崛起等危害國安的問題，我眼見此事，內心特別沮喪。我先前曾在哈佛大學共同主持某個教職員研究小組，得出的結論是日本不會威脅美國。我邀請同事傅高義（Ezra Vogel）成為負責東亞事務的國家情報官，並且為中國和日本未來可能的發展路徑及亞洲的力量平衡提出想定。

一九九二年，柯林頓團隊以「笨蛋，問題出在經濟！」（It's the economy, stupid）的口號投入競選，將日本視為最大的威脅。我的朋友羅德（Winston Lord）是溫和派，當時擔任東亞事務助理國務卿，他在四月主持了一個跨部門代表委員會來擬訂一項政策。小小的戰情室擠滿了人，桌子旁坐了十二個人，還有十四個人擠在牆邊。經濟部門競相展現他們要如何強硬對付日本。當我四月二十一日再次向代表委員簡報情況時，氣氛仍然不變，只是會議已轉移至較大的科德爾．赫爾室（Cordell Hull Room）以容納與會人士。我的哈佛朋友桑默斯（Larry Summers）時任財政部副部長，試圖設定一項合理的總體目標，例如要求日本將其貿易順差削減至國內生產毛額（GDP）的百分之一點五，並且進口要每年增加百分之八，但商務部和特別貿易代表（STR）辦公室卻一意孤行，只想實施各種具體的懲罰措施。一個月以後，當我向各首長簡介情況時，氣氛也很相似，不過我們至少轉移到了羅斯福廳（Roosevelt Room）開會。當時年輕的分析師且後來成為中央情報局代理局長的莫雷爾（Michael Morrell）向我透露消息，說這屆政府「在日本問題上比上屆政府更加團結」。我覺得他講得太真切，但這也太糟糕了。

相較之下，當時對中國的關注少之又少。中國仍在從天安門事件的重創中恢復，而這個事件通常被視為人權問題。到了六月，在雷克的白宮辦公室與國務院政策規劃部舉行的一次會議上，我講述了二〇〇〇年東亞均勢未來的四種可能情況：一是中國獨攬霸權；二是中日經濟合作，排除美國；三是沒有美國介入，該地區達成衝突平衡；四是美國維持平衡（我估計這最有可能）。我在六月十九日的日記中寫道：「二〇一〇年後中國會更強大，但我們若與日本合作，仍然可以發揮影響力。」然而，美國對日政策似乎走在一條不太可能讓這件事發生的軌道上。我可以從國家情報委員會指出這一點，但對此事卻無能為力。

俄羅斯

乍看之下，美國與俄羅斯的關係似乎進展順利。然而，當我與中央情報局局長伍爾西一起在中央情報局總部與俄羅斯對外情報部門負責人普里馬科夫（Yevgeny Primakov，他後來擔任總理）共進午餐時，我卻困惑不解，這在五年前是不可能發生的事情。國務院的塔爾博特和白宮的伯恩斯（Nick Burns）都非常了解俄羅斯，並且致力於提倡和解政策。美國當時向俄羅斯提供援助和顧問，但俄羅斯國內的情況尚不明朗。根據我們接獲的報告，葉爾欽越來越不受歡迎並開始酗酒。

負責處理俄羅斯事務的國家情報官科爾特（George Kolt）告訴我，俄羅斯有可能朝四種方向發展：多元化、停滯、解體或獨裁。他說最有可能發生的是第一項，但前提是葉爾欽大膽採取行動。從現在回頭去看，我們知道經過一段時間以後，第四種想定發生了。

當我受邀陪同桑默斯和班森以財政部名義前往莫斯科訪問時，終於有機會親自判斷情況。湯姆．皮克林是我在卡特政府任職時認識的老朋友，他那時是駐俄羅斯大使，因此在機場迎接我們。他說葉爾欽看起來沒有那麼糟糕，但經濟狀況不明朗。我們隔天在斯帕索宅邸共進午餐時，受邀的俄羅斯政要在經濟和民營化是否成功的問題上意見相左。

我們隨後在戈巴契夫不久前執掌的克里姆林宮辦公室會見了葉爾欽。辦公室內有綠色的浮花錦緞牆壁、白色的鑲板、金色的法式家具，一張小桌子旁有八個座位，中間擺設著紅玫瑰。葉爾欽告訴班森，此時正值政治艱困時期，他需要一劑財政強心針，同時讚揚「他的朋友比爾」比老布希提供了更多的援助。我特別注意到葉爾欽的臉曬黑了，有點浮腫，我還發現他記筆記時雙手不會顫抖。他看起來並不虛弱，我返國後便如此回報。此行結尾時我們還在斯德哥爾摩（Stockholm）停留，感覺非常有趣。睿智且富有洞察力的瑞典首相畢爾德（Carl Bildt）當時跟我一起乘船遊覽湖泊。我們在愉快的氛圍中共進午餐，畢爾德談論了俄羅斯的問題，也聊到俄羅斯和烏克蘭的衝突。

我們後來得知，俄羅斯經濟越來越糟，在民營化的過程中飽受高通膨和腐敗所苦。亞斯本策略小組在那年夏天開會，前雷根時期的官員羅文推測，中國在（經濟）規模上可能會於二十年後超越俄羅斯。俄羅斯駐美大使盧金（Vladimir Lukin）表示，憲法的批准進展並不順利，支持葉爾欽的團體只能獲得百分之三十的選票。葉爾欽與議會發生爭執，到了十月四日，他用坦克砲擊議會大樓（最高蘇維埃大樓）解決了衝突[1]。我記得幾個月後訪問莫斯科，看到白色議會塔上被坦克砲彈擊穿的黑色污跡，感到震驚無比。

波士尼亞

在一九九三年第一年議程上的問題中，讓高級官員耗費最多時間處理的，莫過於前南斯拉夫（Yugoslavia）的戰爭。一九九二年的國家情報評估已經預測到這一點，但老布希政府認為「這不關我們的事」。但無論如何，美國是參與其中的，因為我們的歐洲盟友打著聯合國旗幟派駐了維和部隊；電視每天播放波士尼亞塞爾維亞人在塞拉耶佛（Sarajevo）對穆斯林施暴的畫面，這些全都被民眾看見。甚至在柯林頓上任前，亞斯本研究院一九九二年八月的波士尼亞問題小組就出現意見分歧，一派是主張美國干預的塔爾博特和肖爾（Daniel Schorr），另一派是反對美國干預的海蘭（William Hyland）。這絕非傲慢的單邊主義（unilateralism）。

柯林頓政府不想讓美軍駐紮當地，但確實希望解除聯合國禁止向波士尼亞穆斯林提供武器的禁運措施，同時利用北約空軍打擊不斷砲轟塞拉耶佛的波士尼亞塞爾維亞人陣地。然而，歐洲人反對「解除和打擊」（lift and strike）策略，因為他們擔心塞爾維亞人會綁架歐洲維和人員作為人質。我記得四月時與柯林頓在舊行政辦公大廈（Old Executive Office Building）舉行情報會議，對談進行了一輪又一輪。當時的國務院顧問（參贊）尼米茲（Matthew Nimetz）告訴我，說他「討論波士尼亞的文件厚達兩英尺，探討其他議題的大多只有幾英寸厚」，我聽到此事時並沒有很驚訝。我在四月時寫道：「今天，討論北韓問題的戰情室會議被另一場關於波士尼亞問題的會議所取代。我們的國家情報評估對於情況能否改善，抱持悲觀的態度。」

到了五月下旬，我受邀前往札格雷布（Zagreb）會見克羅埃西亞總統之子和克羅埃西亞情報部門負責人圖德曼（Miroslav Tudjman），我先前在他訪問朗里時見過他。我們在札格雷布協商後，飛往克羅埃西亞美麗海岸的斯普立特（Split），參觀了被塞爾維亞軍隊破壞的城鎮和村莊。圖德曼問我是否願意繼續前往波士尼亞的摩斯塔。我們便搭乘一架老式俄羅斯直升機，再轉乘一輛波士尼亞克羅埃西亞人駕駛的汽車，車子沒在邊境停留，因為根本不需要護照。

摩斯塔位於內雷特瓦河（Neretva River）深綠色的山谷中，以其在戰時被擊垮的優美橋梁而聞名。當我們從一條山徑接近它時，我看到當地的高層建築在前一年與塞軍的戰鬥中摧毀殆盡。如今克羅埃西亞人和穆斯林正在爭奪控制權。我們在俯瞰整座城市的山口轉彎處停了下來，但被警告不要逗留太久，以免遭到狙擊手襲擊。波士尼亞克羅埃西亞人的總部位於一座舊銀行的一處掩體內，有成排傾斜的木架和沙袋。當我們抵達時，佩特科維奇將軍（General Petković）出來迎接我。將軍指出，他剛剛給穆斯林將軍（他倆開始戰鬥之前就已經認識）打了電話，說雙方在最近的小型衝突中都損失了三名士兵。步槍射擊聲、機關槍聲響和偶爾傳來的火箭推進式手榴彈的低沉爆炸聲仍然清晰可聞。

其後我被帶到一座寧靜的村莊，前往位於一條鱒魚溪旁的小旅館露台上吃午餐。此情此景和先前的戰場落差甚大。我問護衛我的盧期奇上校（Colonel Lucić），說這場戰爭是怎麼回事。他回答道：「土地和掌控。」然後我問他，當他的穆斯林戰友和塞爾維亞敵人在城裡時，他如何區分這些外人和他的克羅埃西亞同胞。他回答：「過去不知道他們的名字，那就很困難，但現在有了徽章，就很容易分辨了。」接著他微笑指著制服肩上的徽章。當時我們開車翻山越嶺返回斯普立特，然後飛回札格雷布，我對於此事驚嘆不已。在那裡，我發現當天美國的頭條新聞都在大肆報導柯林頓的理髮費用以及白宮旅行辦公室的問題[2]。（我返回華盛頓後並未將這一對比寫進行程報告中）

東南亞

和藹親切的緬因州參議員科恩（後來擔任國防部長）在八月時邀請我隨同他和其他參議院同事組成的國會代表團前往東南亞。我們的第一站是吉隆坡，當地現代化的摩天大樓讓我印象深刻。沃爾夫（Wolfe）大使會見了我們並強調了三點：經濟高速成長、妥善管理種族衝突，以及將伊斯蘭教現代化。然而，他擔心腐敗會猖獗蔓延。我們後來與聰明年輕的財政部長依布拉欣（Ibrahim Anwar）會面，讓我們印象深刻的是，他不擔心中國的軍事擴張，並認為最好的應對措施是經濟整合。馬來西亞顯然不想孤立中國，冷戰時期的圍堵政策行不通。安華抱怨波士尼亞的問題，說我們為穆斯林做得不夠多。我們拜訪總理馬哈地（Mohamed Mahathir）時也聽到類似的話語。他的辦公室裡擺放了許多模型飛機，而他不停抱怨西方媒體，這些都讓我震驚。

我們參觀完微晶片工廠後，便從吉隆坡飛往新加坡。美國有數百名軍事人員會定期訪問新加坡，此舉符合「地方而非基地」（places, not bases）的政策。新加坡很吸引人、乾淨有序且繁榮富庶。新聞部長楊榮文（George Yeo）為他們的非政治化選舉（apolitical election）以及嚴格限制反對派和媒體一事提出辯護。我告訴朋友馬凱碩（Kishore Mahbubani，後來擔任新加坡常駐聯合國代表），說新加坡讓我想起柏拉圖的共和國，國家由監護人統治，雖然限制政治自由，卻保障國家和人民的安全，而且政府較為正派，也營造了繁榮的環境。我說我擔心的是，從長遠來看，他們也可能會限制人民發揮創意。

我曾經向我認識多年的「新加坡國父」李光耀（Lee Kuan Yew）提到這個柏拉圖式的類比，但他認為這種比喻過於誇張。我建議他打造一處相當於海德公園角（Hyde Park Corner）的地方，讓所有意見都能被聽到，從而允許更多的言論自由。他最終做了，但以一種嚴格管控的新加坡方式來辦理，並且沒有放寬極其嚴格的誹謗法。當我們的代表團在新加坡總統府（Istana Palace，前英國總督官邸）拜會他時，李光耀為我們講述了個人權利和社會權利的對比，也提到美國的衰落和復甦的前景，內容非常精彩。他希望美國能夠制衡中國，但擔心國會和輿論是否會維持這種做法。他也希望美國世紀能夠包容而非排除中國。後來有人批評柯林頓沒有孤立中國，但這些人似乎忘了，如果我們這樣做，會幾乎找不到盟友。

我們的最後一站是香港，當地有壯觀的高樓大廈和海港景色。我們拜訪了英國總督，還會見了李柱銘（Martin Lee）[3]這位爭取民主的勇士。但似乎他的大多數同胞更關心的是金錢利益，以及避免與中國疏遠。我們討論了香港在一九九七年七月從英國手中移交給中國後，當地相對自由的環境還能維持多久。我們現在知道中國的「一國兩制」只能適用約二十年。

歐洲和北約

我在九月飛往倫敦和布魯塞爾。布萊斯維特爵士（Sir Rodric Braithwaite）在倫敦邀請我參加聯合情報委員會的會議，該委員會是國家情報委員會的英國對應機構。十八個人圍著桌子討論三項評估，每項評估只有三頁，這讓我更堅定自己的想法，亦即我們的評估內容太長了。另一方面，羅伯特・韋德-傑里爵士（Sir Robert Wade-Gery）告訴我，英國人蒐集情報時過於「憑藉感覺和憑經驗」（seat of the pants），缺乏美國人的分析態度。我們會定期閱讀英方資料，英國也會閱讀我們的資料，兩相互補，總有好處。令我震驚的是，英國和美國情報機構竟然關係密切。我記得幾個月後在華盛頓英國大使館舉行的一次晚宴上，某些客人哀嘆英美之間的「特殊關係」已經消失。我當時就說，從情報圈內部來看，情況並非如此。

會議結束後，布萊斯維特帶我去改革俱樂部（Reform Club）午餐，那是倫敦最豪華的俱樂部之一。對於波士尼亞的問題，他表示英國輿論不會支持政府更進一步干預，也認為空襲起不了多大的作用，而解除武器禁運只會讓更多人死亡。他主張圍堵、人道救援和避免陷入泥淖。至於歐洲的未來，他認為德國不是太強，反而是太弱。他還希望英法能進一步安全合作，更加理解武力對外交的關係。至於北約方面，他贊成擴大成員國規模，納入波蘭、匈牙利和捷克斯洛伐克。

相較之下，法國官員蓋埃諾（Jean-Marie Guehenno，後來成為聯合國高級官員）在北約總部布魯塞爾表示，法國不大贊成北約擴張。著名的法國分析家海斯柏格（Francois Heisbourg）告訴我，他甚至不認為北約在一九九〇年代末期還會存在。

在美國大使亨特（Robert Hunter）官邸舉行的全天會議上，各方意見紛紜，落差甚大。秘書長沃納（Manfred Worner）認為，北約應該在波士尼亞問題上勇往直前，否則會失去信譽。人們普遍認為聯合國維和行動失敗了，但許多人不知道北約是否能做得更好。畢竟，在波士尼亞的民族內戰中，參戰者像大理石蛋糕（marble cake）[4]一樣混合在一起，而非容易分割的千層蛋糕。至於北約的擴張，前大使高爾文（John Galvin）將軍認為，北約應該接納三個新成員；然而，亨特和參謀長聯席會議主席沙利卡什維利（John Shalikashvili，以下簡稱沙利）則認為為時過早。他們偏好一種更開放的結構，稱為和平夥伴關係（PFP）。透過這種結構，即便不加入北約也能協調防禦事宜。我也這麼認為，但我不能去提倡這種想法。各方都知情，但意見紛亂。換句話說，西方前線並不平靜。

索馬利亞的崩潰

南方前線也不平靜。索馬利亞軍閥在摩加迪休（Mogadishu）不斷襲擊分發人道救援物資的聯合國維和人員，而美軍也越來越支持聯合國的行動。一九九三年九月下旬的一份情報評估提出警告，切勿讓我們與軍閥艾迪德（Mohamed Aidid）的鬥爭個人化，但在十月四日時，一架黑鷹直升機在摩加迪休遭人擊落，造成十九名美國士兵死亡，一名死去的美國中士在歡呼的人群面前被拖過街道，這一切畫面都在美國的有線電視上反覆播放。國會呼籲立即撤軍，柯林頓拒絕了，但宣布會在六個月內撤出。

某些媒體聲稱，索馬利亞會動亂，是因為情報系統失效，但實情並非如此。斯考克羅夫特後來告訴我，說老布希讀過了情報警告，卻打算撤軍並轉手讓聯合國處理。然而，這樣做是不可能的，美軍便更加深陷其中。我記得在十二月初參加了總統外國情報諮詢委員會（Foreign Intelligence Advisory Board）的事後分析，委員會得出的結論是，情報警告是正確的，但並未受到重視。國防部長阿斯平成了替罪羔羊，於十二月十五日辭去這份他夢寐以求的工作。一年半後，他去世了。阿斯平不應該被如此對待。

一週後，摩加迪休戰役的一個溢出效應出現了。向海地運送人道救援物資的美國船隻「哈蘭縣號」（*Harlan County*）在太子港（Port au Prince）街頭發生騷亂後沒有停靠，反而掉頭就走。海地軍方領導人塞德拉斯（Raoul Cedras）先前在八月份於紐約舉行的一次會議上同意讓民選總統阿里斯蒂德（Jean-Bertrand Aristide）回國，但他現在認為不再需要這樣做。這便引發了制裁，讓許多人認為將促使更多人移民。此外，根據情報分析，阿里斯蒂德似乎精神不穩定，這又讓情況變得更為複雜。

發展核武的北韓

到了一九九三年十一月，我的注意力被另一場危機吸引了。我們的分析家得出的結論是，北韓欺騙了國際原子能總署的視察員，仍在繼續發展核武。分析家在十一月中旬時估計，北韓有五十對五十的機會去提取出足夠製造兩枚核彈的鈽。我被傳喚到白宮與副國家安全顧問柏格（Sandy Berger）和副總統顧問弗斯（Leon Fuerth）會面。這兩人早已忙得不可開交，擔心前述評估若是外洩，又會帶來另一場危機。他們抱怨：「你們估計有五十比五十的可能性，這可會對我們造成重大的影響。」我說我們無法改變評估，但他們可以指出國務院情報研究局（INR）有異議。我向中央情報局局長伍爾西報告了這次談話，他支持我不改變評估，說我們可以不讓它外傳出去。然而，我們早已經向國會、其他機構和聯絡代表分發了副本，情況並不樂觀。十二月三日，《華盛頓郵報》刊登了一篇有關這項評估的報導。其後，我花了兩個半小時在眾議院情報委員會（House Intelligence Committee）的閉門會議上作證，說明情報圈內部意見分歧，而其背後的證據是什麼。

在政策方面，國務院希望透過外交來解決事端。然而，我的朋友助理國防部長阿什．卡特（Ashton Carter）認為，談判值得嘗試，但北韓放棄發展核武的可能性只有百分之十五到百分之二十。根據政策，能幹的外交官賈魯奇（Robert Gallucci）被任命為北韓核特使。這些事件在情報圈子引發了各方討論，探討民主國家該讓多少人知道分析家的評估，以及在秘密情報和政治資訊之間該如何權衡拿捏。

我們也開始研究核恐怖主義，這個問題從當年早些時候便一直受到關注，那時恐怖分子試圖擊垮紐約世貿中心（World Trade Center），並且在維吉尼亞州總部外頭槍殺了兩名中情局雇員。到了十二月，我和一個團隊前往德州阿馬里洛（Amarillo）的能源部潘泰克斯核子工廠（Pantex plant）。我們參觀這座令人驚嘆的工廠時，了解到如何拆除核武以及如何儲存可裂材料。我從來沒有見過安全措施如此嚴謹的場所！

從真理走向力量

我於一九九四年初開始在情報部門工作，但最後轉往五角大廈任職。這一年始於南卡羅萊納州的希爾頓黑德（Hilton Head），莫莉和我在那裡參加了菲利普和拉德爾（Linda Lader）籌辦的週末活動。柯林頓和希拉蕊（Hillary Clinton）也出席了。儘管特勤局安保嚴密，我仍然在海灘上與柯林頓聊天。他說他高爾夫球打出了八十四桿，我說我不會告訴別人（直到現在我才揭露此事）。

我很快又被捲入航空旅行的旋風之中，與班森一起乘坐波音707（曾是空軍一號〔Air Force One〕）環球出差。第一站是莫斯科，當時柯林頓正在當地與葉爾欽進行高峰會。我在斯帕索宅邸的招待會上與柯林頓交談，然後參加了他在克里姆林宮舉行的新聞發布會，但班森著眼於經濟及其對政治的影響。丘拜斯（Anatoly Chubais）告訴我們，說他很滿意民營化的進展。我在日記中寫道，改革成功的機率頂多為五比四，但很大程度取決於俄國的特性和歷史事件。某些與我很熟的莫斯科觀察家說我太樂觀了，他們不信俄羅斯人能夠拆分如此多的大型國營工業。他們也擔心克里米亞（Crimea）或烏克蘭核武危機可能讓改革偏離軌道。我後來參觀了新的美國大使館。由於俄羅斯興建使館時偷偷植入竊聽裝置，整個樓層都被拆毀重建。我離開莫斯科時，發現「我比一年前更加樂觀。他們經歷了比我預期還要多的危機，但一切將會如何，很大程度上取決於時程（time horizon）和路徑依賴（path dependency）[5]」。

我們從莫斯科飛往印尼。蘇米特羅將軍（General Sumitro）在雅加達告訴我們，穩定是開放政治論述（political discourse）的關鍵。他指出，韓國和台灣在人均收入超過六千美元時就變得更加開放。印尼的人均收入只有七百五十美元，但現代通訊發達，印尼也沒有外部威脅，他預計百姓的收入將會提高。他不認為中國足以構成軍事威脅，但擔心他們的影響力會日增，因此他說「只有美國才能反擊」。我們下一站抵達泰國，乃川總理（Prime Minister Chuan）似乎比較不在意中國。

我們從曼谷飛往北京。美中經濟聯合委員會（Joint US–China Economic Commission）幾乎是事先便準備好腳本，但我們與江澤民主席會面的過程要好得多。他為人老練，討論人權時比我預想的更有意思。精通中國問題的專家芮效儉（Stapleton Roy）大使後來指出，中國的集體領導層意見分歧，但希望隨著經濟益發繁榮，他們能在不抱持過多大國沙文主義[6]的情況下處理美中衝突。他預料中國將進

我與財政部長班森一起訪問上海，一九九四年

入一個快速增長、權力下放、腐敗橫行和溫和外交政策的時期，但懷疑中國能否效仿台灣或韓國模式，因為中國與這兩個地方規模差異甚大，而且治理這樣一個擁有許多落後農村地區的大國非常困難。我在社會科學院（Academy of Social Sciences）見到一位中國教授，他認為政治情況正在改善。經濟轉型也令人印象深刻。當我們訪問上海時，我對於當地從我十年前訪問以來的建設成果感到驚訝，但也對伴隨而來的嚴重霧霾感到驚訝。

東京是最後一站，我看到了以前的學生桑格夫婦（David and sherill Sanger），還見到了佛里曼（Tom Friedman），他們都在為《紐約時報》撰稿。他們說日本政局不穩，有好幾位想挑戰細川首相（Prime Minister Hosokawa）。我也在下榻的大倉酒店（Okura Hotel）會見了孟岱爾（Fritz Mondale）大使，他抱怨美國貿易律師使出高壓手段。我同意他的看法。特別貿易代表的一位律師曾對我說：「對日本施加再大的壓力也不為過。」

我從橫田（Yokota）飛往阿拉斯加的埃爾門多夫空軍基地（Elmendorf），最後抵達安德魯斯空軍基地（Andrews Air Force Base）。我發現自己花了十二天便環遊了世界一圈。我不用花八十天，但這樣還是太久了。儘管如此，幾天後，我又啟程前往達沃斯參加世界經濟論壇。身為美國的政府官員，我能打進內部圈子，會見各國領袖，譬如俄羅斯總理切諾梅爾金（Viktor Chernomyrdin）、巴解領袖阿拉法特（Yasser Arafat，他告訴我：「我們需要你。」），以及波蘭總統克瓦斯涅夫斯基（Aleksander Kwaśniewski）。克瓦斯涅夫斯基告訴我，北約的和平夥伴關係或許是「可以接受的妥協方案」。這次出訪只有四天，但當我抵達華盛頓杜勒斯國際機場（Dulles Airport）時，接送我的汽車並未帶我回家，而是直接送我去了辦公室。我的書桌上堆滿的文件被整齊地排列好，但內容全都讓人憂心，尤其是有關北韓的部分。

估計未來

在後續的兩個月，出訪行程減少了，我花更多的時間分析和規劃主要的長期問題。我們與國務院合作，一起推估中國於二〇〇〇年的情況，並且在白宮的會議上與國家安全顧問雷克討論了結果。出乎意料的是，專家們非常樂觀，預測中國經濟高速成長的可能性為百分之九十五，分裂的可能性為百分之十，威權主義加劇的可能性為百分之二十，實行非侵略性外交政策的可能性為百分之九十。國務卿克里斯多福訪問北京時試圖討論人權議題，卻被中國當局斷然拒絕。

另一個讓人很擔憂的是核武和核子擴散。人們擔心北韓蠢蠢欲動，也憂心蘇聯解體後「失散的核武」（loose nukes）[7]何去何從。寇爾特（George Kolt）將克里米亞描述為潛在的火藥桶，而許多人表示莫斯科不會允許烏克蘭保留核武。《核不擴散條約》審議大會定於一九九五年召開，而我參訪過桑迪亞（Sandia）和洛斯阿拉莫斯國家實驗室以後得知，對於低當量（low-yield）[8]爆炸來說，審定是否違反全面禁核試爆是很困難的。我還聽取了有關保障措施、衛星探測器和生物戰不同層面的簡介。我當時的猜測是，到了二〇〇〇年，將有大約十個核武國家（結果接近實際數字：九個）。

我還決定寫一篇文章，獲得許可後最終將其發表於《外交事務》（*Foreign Affairs*），標題為〈展望未來〉（Peering into the Future）。文章講述國家情報委員會的工作，並且從更廣泛的角度描述了評估（而不是當前報告）情報的重要性、局限性和前景。我認為我們沒有水晶球，也沒有單一的未來，而是有多種潛在的未來。我們的工作不是預測未來，而是為政策制訂者講述各種未來的相對可能性，解釋文本（不是註腳）中的假設和內部的差異，使政策制訂者敏於感知低機率事件和出人意外的結果。

改變我的未來

四月初，轉任國防部副部長的多伊奇給我打了電話，打亂了我的個人計畫。他轉告我，說國防部長培里希望我成為負責國際安全事務的助理部長。該局曾由傳奇人物尼采領導，號稱「五角大廈的小國務院」，負責除了前蘇聯以外的美國和所有國家的國防關係。我和莫莉討論過這點，但拿不定主意。一方面，我熱愛國家情報委員會主席的工作，但另一方面，我轉任後將可改變政策。讓我苦惱的是，當我可以實際幹點什麼的時候，為何還要撰稿討論亞洲的未來，特別是我認為美國當時對日的政策是錯的。不到一個禮拜，我告訴多伊奇，說我傾向於答應，但他提醒我，審查和獲得參議院的批准可能需要幾個月的時間（他推測的沒錯）。我向伍爾西解釋我為何想要轉換跑道，他很理解我，後來也頒給我情報圈的最高獎項。秘書阿科斯塔明很機智，提醒我在消息洩露給媒體之前先告訴國家情報官。我們的團隊很優秀，那天早上的員工會議是我主持過最困難的一次會議。阿科斯塔明說對了：《華盛頓郵報》在五月就報導了這件事。諷刺的是，大約在同一時間，哈佛大學校長魯登斯坦（Neil Rudenstine）告訴我，甘迺迪學院院長的職位即將空缺，問我是否願意接任。我回絕了他。

與此同時，我在國家情報委員會的工作仍然滿檔。在北約空襲哥拉茲德（Goražde）的炮兵後，波士尼亞塞族軍隊如預期般扣押了聯合國維和人員。我的歐洲友人反應不一：德國的內利希（Uwe Nerlich）表示要升級為全面空中打擊，但法國的蒙布里亞爾（Thierry de Montbrial）則說不要造成混亂。我與麥納馬拉談過，他當時正在寫一本探討美國在越南犯了哪些錯誤的書籍。他說這個問題看起來很熟悉；他提醒我，一旦實施大規模空襲，「這就變成你自己的問題」。

索馬利亞和波士尼亞對柯林頓政府產生了溢出效應，美國便不再跟早先一樣熱烈支持聯合國的維和行動，並於五月六日發布了一項限制性的總統決策指令第二十五號（Presidential Decision 25）[9]。一個月以後，我在日記中寫道，我認為反對維和行動的鐘擺已經擺得太遠了，而且我們可以做更多的事情來幫助聯合國阻止盧安達（Rwanda）的種族滅絕暴行。然而，「一朝被蛇咬，十年怕草繩。（twice burnt, twice shy!）」我在白宮的一位朋友後來告訴我，說在盧安達問題上的決策過於膽怯，他不記得戰情室曾經針對這項議題召開過任何首長會議。那時，單極的情況仍然讓人不舒服。柯林頓在多年之後承認盧安達是他的施政敗筆之一，但當時無論公眾或國會幾乎都沒有人支持政府採取行動。

我在國家情報委員會表現優異，獲得伍爾西授予傑出服務獎章，中央情報局，一九九四年

我在六月初飛往歐洲，於赫爾辛基（Helsinki）舉行的歐美畢德堡會議（European-American Bilderberg meeting）上發表演講。我途中在愛沙尼亞共和國（Estonia）的首都塔林（Tallinn）停留，當時的塔林看起來就像是某個蘇聯的省會，同時夾雜亮麗的斯堪的納維亞半島景色。美國大使館很小，所以我們便和英國人共用一棟大樓。愛沙尼亞人表示，他們希望最後的三千名俄羅斯士兵能夠在八月之前撤離。季辛吉在赫爾辛基的會議上批評和平夥伴關係的計畫非常膽怯，而我和亨特則為其辯護。皮克林告訴我，他認為俄羅斯正在想辦法應付情況，而切諾梅爾金總理表現得比預期更好。晚宴時，我與芬蘭總理阿霍（Esko Aho）和卡林頓勳爵（Lord Carrington）坐在一起，兩人都擔憂俄羅斯與烏克蘭的關係，但他們並不驚慌。

我回到華盛頓時，焦點再次集中於北韓。卡特先前訪問北韓，美國打消了對其制裁或空襲的計畫，但金日成在七月突然去世，由兒子金正日繼任。這是一個矛盾[10]的「共產君主制」（Communist monarchy），後來金日成的孫子金正恩繼續維繫這個體制。有人提議要透過談判來解決問題，例如提供北韓重燃料油（heavy fuel oil），要他們凍結發展核武的計畫。我曾經希望有可能推遲和限制金氏家族發展核武，但我對於要他們放棄核武從來不抱持樂觀的態度。

我利用七月四日的假期再度前往阿拉斯加荒野露營和釣魚。我們又搭乘一架水上飛機前往一處偏僻湖泊。然後充氣了兩艘橡皮筏，這將是我們接下來在無人區沿河行駛一百英里的唯一交通工具。第一天航行了二十英里，途中看到馴鹿、駝鹿、熊和老鷹，並且避開倒下的樹木或可能使我們的橡皮艇沉沒的「過濾網」（sweeper）[11]。我們在礫石灘上紮營，但浮木是濕的。當孩子們搭帳篷時，我在一旁賣力生火。我用小刀劈開許多木棍，終於得到乾燥的火絨，接著生了大火來取暖和烤牛排。起篝火這種簡單的事情會突然變得比波士尼亞或朝鮮更重要，想來真是有趣。在阿拉斯加露營讓我們對生命中的重要事情有了完全不同的看法：生存、溫暖、乾燥的帳篷和釣魚等。這種改變讓人耳目一新，適切地提醒了我，讓我知道大自然的力量比華盛頓的力量更為強大！

1 譯註：號稱一九九三年俄羅斯憲政危機。
2 譯註：白宮旅行辦公室非法解雇案或旅行門事件（Travelgate）。
3 譯註：香港民主黨創黨成員。

4 譯註：這種蛋糕被切開後，剖面帶有類似大理石模樣的深淺色混合花紋。

5 譯註：類似物理學的「慣性」，表示一旦人做出某種選擇，便是走上一條不歸路。慣性力量會不斷自我強化，讓人無法輕易跳脫出去。

6 譯註：chauvinism，指狹隘盲目的愛國主義或民族第一主義。

7 譯註：表示核武和材料可能擴散到《核不擴散條約》中沒列為核武國家的國家或團體。

8 譯註：核武的爆炸當量指其爆炸可以釋放的能量，通常用釋放出相同能量的黃色炸藥（TNT）的噸位來衡量。

9 譯註：Presidential Decision Directive 25，簡稱PDD-25。這項指令是要阻止美國以聯合國維和行動作為其外交政策的核心。

10 譯註：作者使用oxymoronic，表示communist和monarchy是互相矛盾的。

11 譯註：倒下的樹，部分或完全阻塞水流。

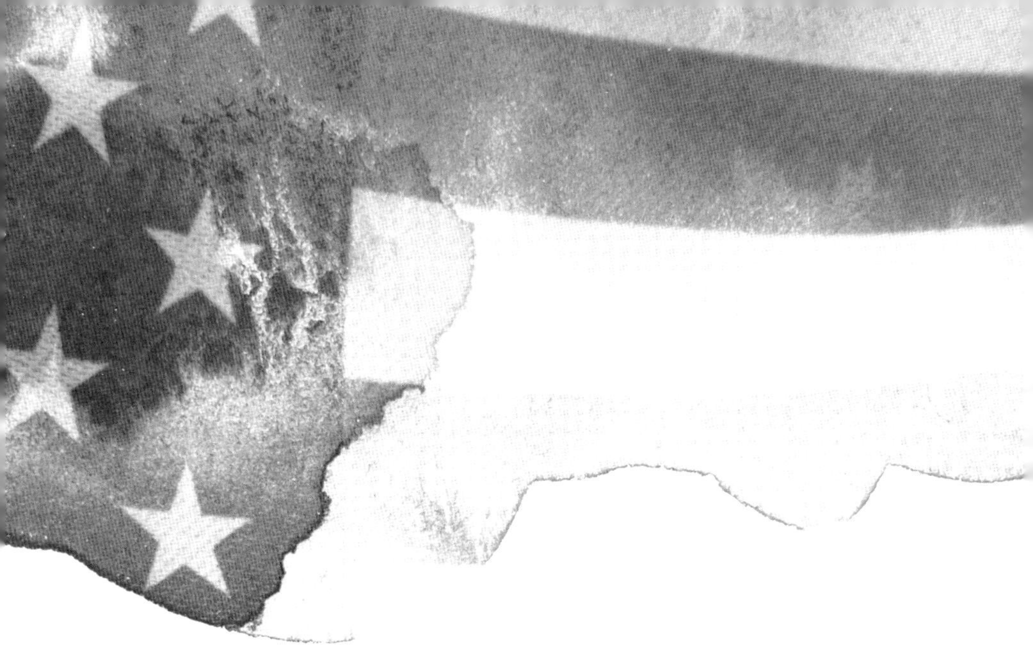

第六章

柯林頓時期

五角大廈

The Clinton Years:

The Pentagon

我返回華盛頓後，繼續管理國家情報委員會的工作，同時協助繼任者克莉絲汀．威廉斯（Christine Williams）站穩腳跟和進入狀況。我還必須為五角大廈的新職位做好準備。我會見了兩位上校，他們將是我的軍事助理，另外會見了弗雷德．史密斯（Fred Smith），他是能幹的職業首席副手，監督負責各個地區的六名副助理部長。此外，我想成立一個新的政策和分析小組來進行規劃，聘請了坎貝爾來任職。我還必須學習新的官僚術語，試著摸清楚國防部這個組織。國防部很龐大，相較之下，國務院和情報部門的官僚機構看起來很簡單。阿米塔吉（Richard Armitage）在共和黨政府中擔任過我這項職務，曾提供我寶貴的指導意見，我對此深表感激。

首先，我必須得到參議院的批准，這就需要拜訪主要的參議員，前去他們的辦公室尋求支持。這件事實在困難萬分。多數禮貌性拜訪都流於形式，但我們和馬侃（John McCain）討論北韓和國防預算的實質議題時，他顯得非常高興。二十分鐘後，一名助手打開門並探出頭，馬侃揮手示意他離開，然後我們又繼續聊了將近一個小時。九十多歲的瑟蒙（Strom Thurmond）比我父親大一歲，來自南卡羅萊納州。我去拜訪他時，情況則截然不同，因為他是看著助手幫他準備的卡片來提問。我的參議院軍事委員會聽證會由納恩（Sam Nunn）主持，一切風平浪靜；然而，參議員肯普索恩（Dirk Kempthorne）卻將國防部的所有提名喊停，直到政府接受他對愛達荷州某項環境爭議的立場才肯放行，但這件事跟五角大廈的提名毫無關係。隨後參議院休會，進入八月的休會期。最終，一九九四年九月十五日參議院一致批准我的任命，隔天我便宣誓就職。美國的體系多麼奇怪啊！

上班的第二天令我難忘，因為發生了一個彷彿出自好萊塢喜劇劇本的場景。我前往國防部長的巨大辦公室，打算和希臘國防部長阿爾塞尼斯（Gerasimos Arsenis）會面。我得知培里從國會山莊回來時遭遇了交通堵塞，我要代替他在五角大廈前的台階上一起和儀仗隊迎接阿爾塞尼斯。我走到河入口（River Entrance），站在原地等待，儀仗隊也立正站好。然而，從大門駛進一輛走錯的黑色豪華轎車。日本大使栗山（Kuriyama）下了車，一臉驚訝，大聲問道：「你在這裡做什麼？」我們都笑了。我告訴工作人員：「好吧，再來一次。」他們做到了。我們重複了這項儀式，接著我送阿爾塞尼斯前往培里的辦公室並開始會議。多麼有趣的開場啊！

其餘的工作就不那麼有趣了。正常的一天是從早上六點在岩溪公園跑步開始，這個公園靠近我們位於喬治市（Georgetown）的陳舊小房子。接著，我會反向通勤[1]，開車前往五角大廈，停在我於河入口附近保留的停車位。我每天都會和所有副手召開早晨會議，之後才開始辦公。「例行」公事甚多，包括與來訪的外國人會面、監督管理對外軍售的辦公室、參加部門間會議、前往國會作證、為國際軍事教育和培訓尋求資金（對軟實力的巨額投資）以及與國內外媒體合作。斯科比（Walt Slocomb）曾告訴我，說在上呈給國防部長的政策文件中，百分之八十來自國際安全事務部，我聽到這項消息時並不驚訝。我每個月都會與國務院同行泰德・麥納馬拉（Ted McNamara）會面一次，從中化解讓這兩個機構有所摩擦的諸多小事。我和泰德一直關係友好，而且培里是個紳士，指示我們盡量別去侵犯國務院的管轄權。

我處理的工作大致可歸類在「維繫盟友」（alliance maintenance）的標題下。例如，當總統訪問渥太華時，我是空軍一號的國防部代表，負責維繫盟友。我們還要接待來訪的英國、法國和德國國防部長，邀請他們觀看喬治亞州史都華要塞（Fort Stewart）的實彈演練，然後在杜魯門冬季白宮所在地基威斯特（Key West）舉行規劃會議（planning meeting）。除了討論北約政策，我還記得一件有趣的品嘗大會，由各國部長提供自己國家士兵的即食便當，讓眾人試吃看看，看誰的最好吃。最後法國人勝出。其後我不得不安撫義大利人，因為他們質疑召開這種會議怎麼能夠不邀請他們。

我還必須與副手合作，以滿足培里對於六個地區各自防禦戰略的要求。國防部和國務院對於歐洲問題向來意見分歧。處理歐洲事務的副手克魯澤爾（Joseph Kruzel）是優秀的甘迺迪政府學院畢業生，致力於發展和平夥伴關係的概念，將其作為可能加入北約之前的國防合作中繼站。時任歐洲事務助理國務卿郝爾布魯克在他的辦公室舉行討論歐洲安全的會議。我概述了歐洲安全的一個構想，類似於同心圓，以北約成員國為核心，受益於第五條款[2]的保障，外圍環繞著和平夥伴關係國家，這些國家將受到較弱的第四條款[3]的庇護，更外一圈是歐洲安全與合作組織（OSCE），他們可以與俄羅斯針對建立信任措施（confidence-building measure）進行談判。然而，白宮和郝爾布魯克希望更快採取行動。

日本是另一個跨部門的問題。但與國家情報委員會的「只看但不碰」不同，我現在可以去影響政策。我負責編寫東亞戰略報告（EASR）並參加跨部門會議。例如，我曾參加某次重點討論限制汽車零件進口和其他懲罰措施的代表委員會會議，我在會上提醒其他人要注意對安全的影響。當我陪同多伊奇前往白宮內閣討論日本貿易時，我以相似的語氣再次提出我對安全的觀點。我很高興柯林頓在總結中提到了它們。

我還陪同培里參加了國防科學委員會（Defense Science Board）的一次會議，他在會議上指出會優先處理俄羅斯、中歐、波士尼亞和朝鮮的事宜，但抱怨他的大部分時間都被海地這種二級問題佔據了。一九九一年海地爆發政變，推翻了民選總統阿里斯蒂德，並建立軍事政權。「捍衛民主行動」（Operation Uphold Democracy）是一項美國的軍事干預行動，目的是推翻這個軍政府。這項由聯合國安理會決議授權的行動於九月十六日取得初步的進展，當時第八十二空降師已升空執行任務，而卡特、納恩和柯林．鮑威爾（Colin Powell）組成的代表團說服了軍政府，使其願意下台。然而，這就意味著我們現在有了問題，因為美軍再次進入海地。

環遊世界出訪

華盛頓的勞心工作因出訪而中斷。我習慣到海外出訪，但不知最終能為五角大廈做多少事。根據我的統計，到了一九九五年年底，我在五十二週的期間訪問了五十三個國家，其中多數出訪都有盛大的場面和儀式。某次我和培里造訪中歐，各國皆派出機場樂隊和儀仗隊迎接，但他們外觀雷同，難以區分。過去代表國務院和情報部門出訪時，經常是獨自出行和搭乘商業航班，但現在則是跟隨大型代表團，搭乘的是大型軍用飛機及直升機。幸運的是，在某些行程中，國防部長會搭乘巨型747飛機，機上攜帶緊急通訊設備以因應核戰爆發。機腹有一卷巨大天線，遇到緊急情況時可以拖放至飛機後面，我們會坐在機組員的位置上，每個人都面對著一個螢幕。不過好消息是，我們也可以使用機組成員的臥鋪，雖然簡單，但至少可以平躺。

我接受國防部的工作兩週後，陪伴培里進行了為期十一天的環球旅行，從安德魯斯空軍基地飛往中東，再到中國和夏威夷，最後返回華盛頓。那次的中國之行計畫已久，但在海珊將兩個師調往伊拉克南部邊境後，培里決定將沙烏地阿拉伯和科威特納入行程。

結束在吉達（Jeddah）舉行的例行機場接待，車隊護送我們前往法赫德國王（King Fahd）的宮殿。國王在殿內一間長廂房等待我們，身著長袍的眾王子則坐在兩側。法赫德（透過口譯）提到沙烏地阿拉伯的歷史和安全問題，足足講了一個半小時。我經過一夜飛行，不得不捏雙腿並做等長動作（isomorphic）才能保持清醒。當我們終於有空去男廁時，我提醒培里輪到我們發言時應傳達的關鍵要點。培里笑著說：「你憑什麼認為會輪到我們說話呢？」他講得沒錯。國王又自說自話了一陣子，會議終於結束。我們被邀請參加在國防部長蘇爾坦親王（Prince Sultan）的宮殿舉行的盛大宴會。沙烏地人在宴會上明確表示他們不需要地面部隊，但確實需要空中支援。爾後，在搭車返回旅館的途中，我注意到車速表顯示為每小時一百一十五英里（約一百八十五公里）。幸好當時沒有駱駝誤闖道路。到了凌晨兩點，我終於能夠上床睡覺，簡直累得筋疲力盡。

我們在科威特參觀了美國部隊，並在餐廳試吃MRE口糧（MRE為meals ready to eat〔即食〕的縮寫）後，換上西裝去拜訪國防部長。之後我們又換回卡其褲，搭乘直升機飛往沙漠的一處愛國者防空砲台（Patriot Air Defense battery），參觀駐紮在近海的兩棲突擊艦「的黎波里號」（USS *Tripoli*），艦上載有海軍陸戰隊。我們隨後返回科威特城，再度換穿西裝去拜訪埃米爾（Emir）[4]。科威特人為我們安排了一間富麗堂皇的套房，房內擺設巨大的迎賓籃，裡面裝滿了水果和鮮花，但我無福享受。我們很快就飛往中國了。

我們在北京又接受了一次機場迎賓儀式，下榻在紫禁城附近的釣魚台國賓館，並在那裡會見外交部長錢其琛。羅德、陸士達（Stanley Roth，來自國家安全會議）和我隨後前往外交部會見外交部劉副部長，雙方討論了北韓問題。劉表達了中國對平壤的不滿，但他表示中國和北韓彼此都不滿對方，還說中國的影響力有限。接著，培里在人民大會堂一間富麗堂皇的房間會見了國防部長遲浩田將軍，討論了軍事接觸、控制導彈擴散、核子擴散和北韓等問題。池是一位脾氣暴躁的老將軍，曾在北韓對抗美軍，我很高興在當晚的宴會上和他聊到這件往事。與李鵬總理的會面則不太順利，因為參議員納恩和華納提出了人權議題。納恩遞給李鵬一封寫有名字的信函，這些人是美國關注的人士，但李鵬十分憤怒，拒絕收下這封信。我們隔天飛往武漢會見江澤民主席。當我們談到人權時，江澤民的態度丕變。他轉而論道：「東西方文化就像武漢古鐘敲出的音樂。」其後我們享受了一頓二十六道菜的盛宴，其中包括蠍子和東北雪蛤膏。江主席對文化差異的看法是對的！

接下來前往馬尼拉和雷伊泰島（Leyte），當地氣溫高達華氏一百零二度（約攝氏三十九度），人潮擁擠，計畫重演一九四四年十月麥克阿瑟將軍（General MacArthur）登島的場景。在另一個可能由好萊塢喜劇作家編寫的場景中，直升機在海灘上盤旋，將沙子灑落在賓客和宴會食物上，而重現麥克阿瑟的那個人從登陸艇上走出，卻跌入了浪潮中。為了讓拍攝鏡頭好看，他們不得不重來一遍。幸運的是，在羅慕斯總統（President Ramos）遊艇上的午宴進行得比較順利。用完午餐後，我和海軍上將馬克（Admiral Macke）一起參觀停泊在近海的貝勒森林號航空母艦（*Belleau Wood*）。艦上有二千名海軍陸戰隊員、一千名水手和一間有四百個床位的醫院，顯示美國的海軍戰力雄厚，在在提醒我們太平洋的美國世紀。

抵達首爾後，我們前去青瓦台拜訪金泳三總統（President Kim Young-sam）。我很高興受到兩名前甘迺迪政府學院學生的歡迎，其中一位是後來擔任聯合國秘書長的潘基文（Ban Ki-moon）。培里向金泳三總統保證，美國不打算減少非軍事區附近的二萬八千名士兵。賈魯奇當時正在與北韓商談協議，儘管金援細節尚未敲定，我還是在飛往東京的飛機上打電話給賈魯奇，想獲知更多訊息。

培里在東京會見了防衛廳長官玉澤德一郎和外相河野洋平，我則前往美國大使館會見日本官員，探討加強雙邊防務關係的議程。在穿越太平洋返國的途中，我們在檀香山停留，參加太平洋總司令（CINCPAC）[5]總部的會議，並參觀一九四一年沉沒且仍在緩慢滲漏石油的亞利桑那號戰艦（*Arizona*），以及出席海軍上將馬克主持的慶祝晚宴。我開始理解為什麼有人稱這個世界為「美利堅帝國」。但我認為這有些言過其實，美國的影響力的確擴及世界，但遠非涵蓋全球。各位只要問問平壤就知道了。

柯林頓的中東之行

回到辦公室只待了一天，就被告知我將作為五角大廈的代表，參加柯林頓總統一九九四年十月二十五日啟程的中東之行。總統出訪是另一回事，工作人員更多，採訪媒體也更多，排場更盛大，儀式更隆重，當然等待的時間也更長。在我們到達波斯灣之前，我的角色並不重要。在波斯灣，國防部是最有價值的，但在以色列、大馬士革和約旦等早期的停靠站，我並不比棕櫚樹盆栽更有價值。話雖如此，我還是能夠趁機從國防武官那裡蒐集訊息，同時參加一些有趣的儀式，例如在阿卡巴（Aqaba）簽署以色列-約旦和平條約，以及聆聽柯林頓在安曼（Amman）向約旦國民議會發表演講，當時總統承諾會尊重伊斯蘭教。我在耶路撒冷時於大衛王酒店（King David Hotel）的一個角落房間裡俯瞰這座古老城市，並和一群參議員聆聽柯林頓在以色列議會（Knesset）發表的另一場精彩演講。

在搭乘空軍一號前往科威特的途中，我開始在飛機前方的辦公室內簡報柯林頓。隨後，我們換好衣服，參加柯林頓在沙漠的自由站（Liberty site）對部隊的演講，然後再次更衣以會見埃米爾，接著飛往沙烏地阿拉伯的哈立德國王軍事城（King Khalid

波斯灣之行，一九九五年

City）[6]。這次周圍又有許多人在等待。凌晨一點左右，我們終於重新登上空軍一號。我那時正準備睡覺，但柯林頓回到官員和參議員坐的包間想談談政治。他對於即將到來的期中選舉[7]很樂觀，同時表示他估計民主黨將獲勝的幾場競選。然而，「即使是專業人士也可能犯錯」：在一九九四年的選舉中，共和黨不僅獲勝，而且透過「金瑞契革命」（Gingrich revolution）[8]轉向右翼。

在安德魯斯空軍基地，弗雷德·史密斯帶著需要我簽名的文件來見我，並告知我父親生命垂危的消息。我匆忙飛到奧蘭多的醫院探望父親，只見他的床上掛著「不施行心肺復甦術[9]」的牌子。在接下來的一週，我陪同培里與台灣的國防部長進行了一次「非正式會議」。由於台美沒有正式的外交關係，會議在喬治市我家附近的四季酒店（Four Seasons Hotel）的一個房間裡舉行。莫莉在那裡和我碰面，告知我父親已經去世了。一九九四年十一月四日星期五，我經歷了一件奇怪的事情，那天我拿起《紐約時報》，發現一篇有關沙烏地阿拉伯的頭版報導引用了我的話，而我父親的訃聞卻出現在第三十三頁。我當時哭了。

東亞和日本

一週之後，我再次搭飛機前往日本，但這次是由我帶團，將商議我優先考慮的議題。當時，美日關係正處於低谷，經濟摩擦頻繁，而且冷戰結束之後，東京和華盛頓的諸多人士都將兩國之間的軍事同盟視為歷史遺跡。日本的一個委員會提議日本在安全方面依賴聯合國而非美國。然而，中國正在崛起，北韓問題又尚未解決，我認為此舉是錯誤的。我判斷先修復與日本的關係，就能更順利地與中國接觸。箇中邏輯非常簡單。在三國均勢的情況下，與其單打獨鬥，不如與另一個國家結合。

我之所以轉換跑道，主因眾多，其中之一就是能夠調整美國的東亞政策，這也是我第一份區域策略報告選擇探討東亞的原因。現在初稿已經完成，我用它來安排出訪的行程。我認為我們應該在最終拍板定案前諮詢日本人。日本人先前抱怨協商不夠充分，而且當他們拿起電話要打給華盛頓時，根本不知道該打給誰。日本新任首相村山富市上任後情況變得更加複雜，因為他奉行社會主義[10]，他出身的政黨長期以來對美日聯盟一直抱持冷淡的態度。

我想繼續重中同盟關係，但又不能操之過急，以免在東京引起強烈的反對聲浪。

我邀請曾駐紮在東京且會說日語的埃卡茨伯格（Gayle von Eckartsberg）擔任五角大廈的特別助理來協助我，處理我與日本媒體的關係。當我在採訪中因應他們的政治情勢對官僚體制施加過大壓力時，她會提醒我，我便會放緩步調。否則，我會繼續推進，就像我在出訪前夕接受《日經新聞》（*Nikkei Shimbun*）採訪時所做的那樣。我還獲得了國家情報委員會經驗豐富的顧問傅高義以及國務院職業官員戴明（Rust Deming）等人的幫助。坎貝爾是我規劃和分析小組的負責人，我後來讓他取代了先前的東亞事務副手。坎貝爾那時對亞洲知之甚少，但他知道我在想什麼，而且他知道該如何把事情做好。他日後成為引領美國亞洲政策的人物。

我先與孟岱爾大使和駐日美軍司令佩斯將軍（General Peter Pace）會面，後續幾天在東京會見了日本政府內外的各界人士。我向所有人表示，冷戰之後，美日聯盟是穩定東亞的核心，而中國、北韓和俄羅斯有可能破壞這個穩定的局勢。我接受《日經新聞》的採訪時已經奠定了這個基調，其後我在東京又接受了其他媒體的採訪，傅高義告訴我一切進展很順利。我會見政府官員時討論了雙邊問題，並且提出總統訪問之前的工作計畫以及隔年秋天的宣言。我們坐在官方會議室，室內擺設綠色毛氈桌布、小面的國旗和麥克風，但日方官員考慮到東京的政治局勢，抱持著謹慎的態度。到了晚上，有幾個人帶我出去喝酒，他們轉而擔憂基本面。他們可以多麼信任我們？中國市場越來越大，美國會不會放棄日本從而轉向中國？我的回答是「不會」，因為日本是民主國家，不會威脅美國。這樣說似乎有效。

我回到華盛頓後，必須採取日本人所說的「根回し」（nemiwashi）[11]方式，以確保能在國內實施新政策。首先向我的指揮鏈（chain of command）斯科比、多伊奇和培里解釋這項政策，之後在國務院與國家安全會議的羅德和陸士達會面，報告我出訪的情況。我還拜訪了駐美大使栗山尚一，也去面見阿米塔吉，他說他的消息網絡都已經有了積極的反應。那天晚上，凱瑟琳·葛蘭姆（Kay Graham）在家裡舉辦晚宴，為以色列總理拉賓（Rabin）接風，我在宴會上順利讓幾位國會嘉賓傾聽了我的日本之行。

一九九五年開始之際，主要的任務之一就是完成日本媒體口中的「奈伊倡議」。一月份時，在柏格主持的舊行政辦公大廈代表委員會上，羅德和我提出要採取更為平衡的手段，必須更加注重安全問題。我認為，若將國防與貿易掛鉤來作為討價還價的籌碼，將無法穩定亞洲而損害美國的長期利益，而且此舉也無法降低我國的貿易赤字。商務部的代表和特別貿易代表則認為，這將會逆轉經濟優先的政策，媒體勢必會注意到。

他們說得沒錯。在我向紐約日本文化協會（Japan Society）發表演講後，《紐約時報》和《經濟學人》便引述了我的觀點，認為這是政府分裂的跡象。然而，我從來都不覺得這些分裂是不可跨越的。五月十一日，編輯法理德．札卡瑞亞（Fareed Zakaria）打電話給我，邀請我在《外交事務》雜誌上發表一篇文章，與他們已接受的一篇由加州大學教授、著名的日本貿易鷹派詹鶽（Chalmers Johnson）撰寫的文章一起刊登。問題是，我必須在兩週內將文章交給法理德。這可能嗎？我早上四點起床，口述了大部分內容，並讓人將其整理成文章後於當天早上發送出去。我必須飛往坦帕（Tampa）參加一個中央司令部（CENTCOM）的會議，但我與羅德討論了文章並接受了他的建議。接著，我與白宮國家經濟委員會（National Economic Council）的泰森（Laura Tyson）和弗曼（Mike Froman）通話。他們起初有些猶豫，但同意如果我刪除一些數據並為戰略考量調整部分評論，他們就會放行。最終，這篇文章以《東亞：深度參與的理由》（East Asia: The Case for Deep Engagement）為題發表在《外交事務》上。

隔年，台灣總統李登輝宣布將前往美國康乃爾大學（Cornell）進行私人訪問，震驚了東亞地區，引發了第三次台海危機。中國認為此舉違反一個中國政策並強烈抗議，最終朝台灣沿岸發射了飛彈。美國於一九九六年年初做出回應，向當地派遣一艘航空母艦。我在第一階段接待了上門抗議的中國武官。這些中國人表示將中斷與美方的軍事聯繫。

一九九五年九月一日，為紀念二戰結束五十週年，夏威夷檀香山（Honolulu）舉行了大型的國際慶祝儀式。培里為中國代表李希林將軍舉辦了一場精心準備的晚宴，李將軍雖在台灣問題上態度強硬，卻願意討論核子擴散和全面禁核試爆等其他議題。隔天在惠勒空軍基地（Wheeler Field），我坐在培里和沙利身後的講台上，聆聽柯林頓發表了一篇精彩的演講。柯林頓在演說時接受日本首相村山的道歉。我們觀看了七千名士兵通過檢閱台，接著到德魯西堡（Fort DeRussy）的屋頂，觀看了同樣宏偉的艦艇閱兵式（parade of ships）。因為正準備訪問日本及韓國，因此趁著儀式空檔與這兩個國家進行了雙邊會談。我在隔天飛往東京前，五點就起床，與坎貝爾、艾江山（Karl Eikenberry）和雅各布（Jo Dee Jacob）一起攀登鑽石山（Diamond Head）觀賞日出。

我在東京向外國媒體會（Foreign Press Club）發表演講，並與國防部、外交部官員共同主持一場會議。官員在全體會議上指出美國總統和日本首相不會在十一月發表聯合聲明。我宣布這個大型會議休會，接著與我的同行，亦即日本防衛省的秋山昌廣和外務省的田中均這兩位幹練官員召開了一次小型會議。他們指出，日本政府中的某些社會主義者對安全議題猶豫不決。我理解他們的困境，但我同時提醒對方，一旦會談失敗，就得付出高昂代價，之後我請他們發表聲明以解決問題。

我隔天會見了多位副大臣，其後參觀三澤空軍基地（Misawa），此處駐紮了一批美國F-16中隊。我先舉行新聞發布會和聽取簡報，在穿上加壓飛行服和頭盔後，隨即被帶到一架F-16的後座。飛行員起飛後，模擬躲避從地面發射的飛彈。坐在F-16戰機的座艙中，周圍只剩下無垠的天空，就像在空中騎馬一樣：美極了。我甚至在高空操控了一會兒戰機，發現機內的控制裝置極為靈敏，讓我印象深刻。我當時心想，如果我在十八歲時就知道開戰機這麼刺激，我的生命可能會大幅改觀！

返回地面以後我搭乘普通的C-20運輸機前往首爾，在青瓦台會見國防部長和參謀總長。對方是甘迺迪政府學院的畢業生，同時自豪地告訴我，說韓國政府中至少有三十名我們的校友。我在討論了東道國支持資金（host nation support funds）和部隊地位協議（status-of-forces agreement）之後，便在首爾論壇（Seoul Forum）上發表演講，討論北韓問題以及美國與韓日結盟作為該地區穩定力量的重要性。我隨後又被帶去參觀板門店（Panmunjom）的非軍事區。我在那裡觀察北韓，看到的只有高樓大廈和一面巨幅旗幟。其後，我搭乘直升機迅速前往金浦國際機場（Kimpo Airport），正好趕上飛往舊金山和杜勒斯的班機。

正當我以為「奈伊倡議」已經步上正軌時，發生了三名駐沖繩美軍士兵強姦一名十二歲女學生的事件。這則消息駭人聽聞，差點打亂了我的計畫。日本人被激怒了，這點可以理解，而且有人呼籲要拆除美國基地，同時修改部隊地位協議。我和培里搭機前往紐約參加日美國防和外交部長「二加二」會談時聽聞此事。培里立即從飛機上打電話給克魯拉克將軍（General Krulak），表示他要沖繩部隊解除戒備並對此事做出強烈的回應。起初，這一切都大幅減緩了我們的進展，但後來兩國政府同意我來共同主持一個「沖繩特別行動委員會」（special action committee on Okinawa），該委員會將調查美軍基地對該島造成的負擔。

一九九五年秋天，我參加了柯林頓總統和江澤民主席在聯合國期間抽空舉行的會議，這場會議旨在修復中美關係。柯向江保證，美國不想阻止中國現代化，並說兩國在國防領域有重要事情要合作。當柯林頓建議我訪問北京時，江澤民同意了。

然而，在我出訪北京之前，我們必須在十月底於東京舉行另一場「二加二部長級會談」，努力讓事情重回正軌。我們在大使館聽取情況簡介並舉行正式會議之後，便回到培里位於大倉酒店的套房，與橋本龍太郎和加藤紘一這兩位來自自民黨不同派系的重量級人物深夜飲酒會談。他們表示，由於發生了沖繩事件，他們沒有再多談美日聯盟。我指出，他們沒有挺身領導，所以喪失了年輕人的支持，對基地的反對聲浪也會增加。我訊問他們是否真的想在十年後於東亞地區獨自面對中國。這兩位政壇大老承認必須更認真看待這些問題。

「二加二會談」進展順利，培里和我不停舉行新聞發布會、四處演講和接受電視採訪。有人質疑，美國是否真的按照東亞戰略報告的呼籲，在該地區部署了十萬軍隊。對此我回應，美國在日本有四萬三千名陸軍，加上一萬四千名海軍，在韓國有二萬八千名駐軍，整個地區總共有九萬八千名士兵。我們隔天飛往韓國，在青瓦台會見了金泳三總統，並在國防部舉行了大型正式會議，聽取各委員會的報告。會議廳裡有一百多人，並未完成太多的新事物，我在日記中將其描述為「這就像官僚機構的配對」（like bureaucracies mating）。幸運的是，我們能夠在部長辦公室舉行的小型會議上完成工作。

兩週後，我與國務院的艾因霍恩（Robert Einhorn）一起飛往北京，試圖恢復有關安全議題的談判。我們在國防部進行了一整個下午的討論後，便與人民解放軍總參謀部情報部部長熊光楷將軍共進晚餐。不出所料，他在台灣問題上態度強硬，但對我提出的軍事接觸和建立信任措施則表現出興趣。艾因霍恩和我對核子擴散合作的重要性採取了同樣強硬的立場，包括飛彈技術管制協定（Missile Technology Control Regime）。

隔天我在釣魚台國賓館會見楊潔篪。楊依照慣例，抱怨了台灣，我們隨後討論東亞戰略報告以及核子擴散問題。第二天，與情報相關的戰略智庫中國現代國際關係研究院（CICIR）也提出了同樣的議題。我重申美國對台政策的簡化版本：「不支持台北法理獨立；北京不可動用武力。」他們問我，如果中國真的使用武力，美國會怎麼做。我說沒人能回答這個問題，因為這得視情況而定。例如，我若說美國不會使用武力，他們不應該相信我，因為在一九五〇年年初，更高級別的國務卿宣布韓國不在美國的防禦範圍之內；然而，到了年底，中美兩軍卻在那裡交戰。由這點可知，千萬「不要輕易涉險」。我與國防部長遲浩田在人民大會堂會面之後便結束了這次訪問。我當時指出，美國的政策是接觸而非圍堵，我們之所以和日本結盟，旨在塑造環境並讓東亞穩定以持續追求繁榮。遲浩田則提醒我，說日本曾在一九三〇年代推行軍國主義。

我從北京飛往東京，原訂的計畫是柯林頓前往大阪亞太經濟合作會議（APEC）高峰會，然後簽署一份重申美日安保條約（US–Japan Security Treaty）的宣言（柯林頓最終於一九九六年四月與橋本龍太郎簽署了這項宣言[12]）。由於與眾議院議長金瑞契的預算糾紛以及華盛頓政府的關閉，柯林頓取消了這次訪日之旅。他責成副總統高爾（Gore）接替自己的位置。在高爾和村山首相簽署宣言之前，我乘坐新幹線前往大阪，並在高爾下榻的酒店向他概述了情況。正如媒體十一月二十日報導的那樣，村山和高爾確認了安全協議，而且「兩人一致認為，雙邊安全制度不僅對雙邊關係至關重要，對地區和國際社會也極為重要」。最引人注目的是，宣言是由一位社會主義的首相簽署的。會議結束時，他走過來向我致謝。

我那天晚上寫道：「這是美好的一天。即便經歷寶蓮（Pauline）的危險[13]，這項倡議卻倖存了下來。先有鳩赤山（Hatokayama，音譯漢字。我的第一個日本同行）之死、後有強姦案、最後是柯林頓推遲訪問，但它卻落實了！」當我飛回家時，我終於能鬆一口氣，但也感到些許憂鬱——或者可能是某種戒斷症狀[14]。我很高興在回到

代表團於一九九五年十一月訪問北京並會見遲將軍

五角大廈後，聽到紐西蘭國防部長傑拉德．漢斯利（Gerald Hensley）說道：「東亞戰略報告產生了巨大影響，連李光耀都更安心了。」我一直試圖影響東亞的力量平衡，看來逐漸獲得成效。

北約問題

我當然不能只關注「奈伊倡議」。我與六名負責各區域事務的副手一起解決他們的不同問題。我們接待了來訪的盧安達國防部長卡加米（Paul Kagame），在白宮會議討論賴比瑞亞（Liberia）的戰鬥，以及我們是否可以保護蒙羅維亞（Monrovia）。我還參加了一場討論如何促進民主的白宮會議，會見了負責波士尼亞事務的J5聯合參謀[15]韋斯利．克拉克將軍（General Wesley Clark），與多伊奇、塔爾博特和柏格一起飛往海地，再前往關達那摩（Guantanamo），聽取相關情況的簡報，並且參加更多場討論北韓問題的代表會議。北約擴張是一個熱門議題，各部門對於擴張步伐各有所思，意見分歧。培里希望向俄羅斯人保證，表示進一步的擴張將緩慢進行，但正如我當時所寫下的：「我的朋友郝爾布魯克今年堅持進行磋商，他推展得太快了。」

我陪同培里參加了在布魯塞爾舉行的一場北約會議，其中最重要的談判並非在全體會議上展開，而是在為雙邊會議保留的小房間裡進行。培里向英國外交及國協事務大臣芮夫金（Malcolm Rifkind）概述了對波士尼亞的新想法，打算撤出聯合國保護部隊（UNPROFOR），並且更強而有力地使用空軍去對付波士尼亞塞族軍隊，但遭到芮夫金反對，他不希望北約介入。我單獨會見了奧曼（David Omand），奧曼是一名深思熟慮的英國國防部官員，他說英國政府擔心塞爾維亞人可能會有所反應。

我還與希臘和土耳其官員舉行雙邊會談，敦促他們制訂更好的程序來處理兩國的衝突。我們不希望這兩個北約盟友在愛琴海（Aegean Sea）起衝突。接下來，我獨自飛往土耳其首都安卡拉（Ankara），與國防部長討論美土關係，拜訪他們的參謀部，討論愛琴海衝突管理的問題。儘管他們懷疑希臘人，但表示願意在新的一年與對方會面。我身為美國政府的造訪代表，其中一項職責就是前往現代土耳其創建者阿塔圖克（Kemal Ataturk）的陵寢敬獻花圈。當時正在下雪，我得沿著那座巨大建築的大理石台階走上很長一段路。路面很滑，但我努力保持身體直立。

我剛從土耳其回到華盛頓便收到了壞消息。我必須代表國防部出席國務卿克里斯多福在日內瓦與俄羅斯外長科濟列夫（Andrei Kozyrev）的會晤。雖然我對日內瓦的生活有諸多美好的回憶，但我當時染上了感冒，只休息了一天就返回安德魯斯空軍基地，與克里斯多福、唐尼隆（Tom Donilon）、斯坦伯格和伯恩斯等人搭乘另一趟過夜班機。上午美國代表團和下午俄羅斯代表團的會議很有趣。科濟列夫是俄羅斯政府的溫和派，嘗試提出北約部分成員資格和集體安全條約的構想。科濟列夫指出，他希望我們重申這是「新北約」，而他面臨向民眾和下議院「國家杜馬」說明這一點的政治問題。克里斯多福表示，北約擴張是必然的，但同意進一步討論進程。對此我寫道：「如果做得正確——而且俄羅斯不改變立場——看起來俄羅斯會接受。」關於波士尼亞，科濟列夫對一位塞爾維亞領導人評論道：「穆拉迪奇（Mladić）正在打第一次世界大戰。他們對世界有著奇怪的看法。」在一九九五年時，莫斯科仍由溫和派控制，當時的人們對美俄的未來關係感到樂觀。

六天後，我到了倫敦，與奧曼和其他人會面討論北約問題。他似乎同意北約逐步擴張，但我在政府之外遇到的朋友，例如倫敦國王學院（King's College London）的佛里德曼（Lawrence Freedman）和國際戰略研究所（IISS）的奇普曼（John Chipman），無不抱持懷疑態度，因為擴張可能帶來稀釋效應以及東歐的民族問題。

一九九五年一月，在達沃斯世界經濟論壇上，有關北約的討論持續進行，我與北約秘書長克拉斯（Willy Claes）同在一個小組討論中。與捷克斯洛伐克的瓦茨拉夫・克勞斯（Vaclav Klaus）和德盧希（Vladimir Dlouhy）交談時，他們表示，目前對於北約擴張的期望已經足夠。我還與安南（Kofi Annan）討論了聯合國維和行動的問題。他同意聯合國維和部隊並沒有裝備來應對戰鬥，但也表示他們必須現實地看待被輿論推入灰色地帶的可能性。

結束達沃斯的會議後，我率團訪問阿爾巴尼亞、保加利亞和羅馬尼亞等巴爾幹半島國家。這些屬於和平夥伴關係計畫的國家已有一段時日沒有見到五角大廈的高層來訪了。阿爾巴尼亞極為貧窮，令人難以置信。當我們的飛機降落在地拉那（Tirana）時，我可以感受跑道已經老化，崎嶇不平，滑翔時不停地搖晃。一九七二年後，該國鄉村仍散布著由當年信奉孤立主義的共產獨裁者霍查（Enver Hoxha）所建造的數千座混凝土碉堡。政府把我安置在他住的別墅裡，裡頭有蘇聯風格的大房間，但沒有暖氣！那天晚上我睡覺時不得不多穿一件毛衣。在杜勒斯（Durres）佐格國王（King Zog）宮殿用晚餐時，我發現為我和貝里沙總統（President Sali Berisha）提供的食物，比為其他賓客提供的食物更好。與多位官員會面時，我重申了美國關於民主、穩定邊界和人權的立場。在正式的雙邊工作小組中，我們被問到提供反坦克和防空武器的問題。我當時解釋，說美國目前的政策不允許這樣做，但未來如何，將取決於我提到的措施。這些都是美國世紀的一部分。

我的下一站索菲亞（Sofia）是個迷人城市，有綠樹成排的林蔭大道，周圍環繞著白雪皚皚的山脈。商店和霓虹燈很少，前共產黨總部和格奧爾基・季米特洛夫陵寢（Georgi Dimitrov Mausoleum）仍然有火燒及污損的痕跡。我拜訪了外交部長和國防部長，我拜會了外交部長和國防部長，隨後在一個擺著小美國國旗的大廳裡主持了雙邊工作小組。在一場參與度很高的記者會上，主要的問題圍繞著北約、和平夥伴關係計劃、波士尼亞、俄羅斯以及軍事合作的前景。

我經過短暫的飛行，抵達了布加勒斯特（Bucharest）。前獨裁者希奧塞斯古（Nicolae Ceausescu）摧毀了當地多數饒富魅力的老式建築，以史達林式建築取而代之。其中一個例外是軍事俱樂部（Military Club），我們在那裡舉行了雙邊工作小組會議。這是一座仿巴洛克式建築，建於一戰之後，我們在「羅馬尼亞人與土耳其人作戰」的巨幅畫作下見面。我告訴他們，「民主市場經濟體只要與鄰國關係良好並能夠為北約防禦做出貢獻，加入北約的程序將是漸進的、透明的和個案處理。」我在伊列斯古總統（President Iliescu）華麗的總統府裡也說了同樣的話，而他應答得非常流暢。我在現場表示，美國曾經因為羅馬尼亞給俄羅斯造成問題而重視它，但這不再是我們的政策。

我從布加勒斯特飛往巴黎，與法國官員就北約和波士尼亞問題進行磋商後，前往慕尼黑安全會議（Munich Security Conference）。培里在會議上演講，我們也與其他國防部長針對常見的主題進行一系列的雙邊會談。荷蘭人表示，他們認為聯合國保護部隊執行任務順利，不應該撤出。然而，當年稍後斯雷布雷尼察（Srebrenica）爆發大屠殺，他們應該會對維和措施感到失望。

我的下一次歐洲之行是在一九九五年三月。首先從布魯塞爾開始，我在那裡向來自中歐的和平夥伴關係計畫大使發表演講，然後會見了克拉斯，討論在希臘和土耳其之間制訂建立信任措施的計畫。這兩國在希臘島嶼靠近土耳其大陸的愛琴海上有邊界爭議。我從布魯塞爾前往雅典，會見了國防部長阿爾塞尼斯，他對這個問題似乎相當開放，但在羅德島（Rhodes）舉行的一次國防磋商會議上卻遇到了希臘參謀長胡里斯（Khouris），這位老將軍脾氣暴躁，非常敵視土耳其人，根本不想與之有任何瓜葛。這場會議氣氛緊張，討論的過程讓人很不愉快。

我前往安卡拉後，會見了塔爾博特，並在奇萊爾（Tansu Ciller）總理的官邸拜訪了她。我還與土耳其軍方領袖會晤，他們同意限制飛越以及在旅遊旺季時避免自由航行行動（freedom of navigation operations）的構想。然而，即使這樣也不足以讓希臘人滿意。最終的最好結果是雙方都願意在北約海軍演習期間接受對方艦艇上的觀察員。這就是維繫聯盟必須做的瑣事。

波士尼亞的衝突和暴行在一九九五年越演越烈。七月初，波士尼亞塞爾維亞人在斯雷布雷尼察（據稱受到聯合國保護部隊守護的城鎮）屠殺了八千名穆斯林男子和男孩，並驅逐了二萬五千名平民，而這正是五角大廈政策的轉捩點。我記得培里於週六早晨召集了幾位顧問在他家議事，我們當時一致認為目前的政策起不了作用。八月初，培里和沙利與其他的白宮長官會面，柯林頓當下決定採取更為武斷的政策，包括考慮部署美國軍隊。郝爾布魯克預計領導一個團隊讓塞爾維亞人進行談判，我的歐洲副手克魯澤爾將擔任團隊中的國防部代表。

克魯澤爾從貝爾格勒（Belgrade）打電話給我，表示談判起初進展緩慢。但在塞爾維亞人砲擊塞拉耶佛的露天市場後，九月的空襲力度便大大加強。到了十二月，郝爾布魯克透過巧妙的談判達成了《岱頓協定》（Dayton Accords），此協定導致波士尼亞部分分裂，並由北約部隊取代聯合國保護部隊進行監督。有趣的是，我對美國世紀這個階段（從五角大廈的角度來看）的記憶並非冷戰以後美國狂妄自大地干預，而是派遣軍隊時會抱持謹慎的態度。

九月中旬，我隨培里回到歐洲，訪問了斯洛維尼亞、斯洛伐克、捷克和匈牙利，主要商討和平夥伴關係和北約。我們在每個國家傳達的訊息都是一樣的。培里指出，一個國家是否有所進步，將透過其民主、市場經濟、文官對軍隊的控制、與北約的互動能力，以及與鄰國的關係良好與否來判斷。我們在盧比安納（Ljubljana）很容易判斷這點，因為斯洛維尼亞滿足了這些條件；然而，我們在布拉提斯拉瓦（Bratislava）的會面卻顯得艱難無比，該國總理梅恰爾（Vladimir Mečiar）表現出獨裁傾向。培里告訴他，這將阻礙斯洛伐克加入北約的進程。面對布拉格的哈維爾（Vaclav Havel）以及匈牙利的霍恩（Gyula Horn），事情又變得更容易了。

斯洛維尼亞人帶我們去了他們與義大利接壤的北部邊境和一座第一次世界大戰博物館（記念十萬名為保衛八英里的延伸土地而犧牲的烈士），接著造訪美麗的布萊德湖（Lake Bled）。我們在布拉格和布達佩斯，幾乎沒空欣賞當地的古老建築。過了一段時間，參觀訓練基地和檢查軍事裝備開始看起來都一模一樣，如出一轍。我們總是吃得太多。有人說，外交就是「為國吃飯」。我們還會收到無窮無盡的禮物，以及時不時的敬酒，還有敬獻花圈的儀式！我們在五天內去了四個小國家，先在某國受到機場接待，看到樂隊和軍隊排隊致敬，不久就得前往下一個國家參加類似儀式，之後會開始感覺一切都似曾相識。儘管如此，此類訪問的目的是給予期望，同時建立培里所謂「通過其他方式進行防禦」（defense by other means）的聯繫。這些都是美國世紀的一部分。我們在回國前搭乘直升機飛往德國的嘉米許（Garmisch），五角大廈在當地的馬歇爾中心（Marshall Center）支援多國軍官訓練課程。我們在那裡以喬・克魯澤爾（Joe Kruzel）[16]的名字為一個房間命名。

我們再次返國，並於十月初飛往威廉斯堡（Williamsburg）主持北約國防部長會議。全體會議上午討論了北約東擴以及與俄羅斯的關係，下午討論了波士尼亞的問題。我們還舉行了常規的雙邊會談，並與四方會談（這次沒漏了義大利！）討論地中海安全問題。正式晚宴在歷史悠久的州長官邸舉行，並由「美國空軍樂隊」（The Airmen of Note）為我們演奏。第二天，我們乘直升機前往企業號航空母艦（USS Enterprise）觀摩飛行演示。三十噸重的飛機在五十碼的短距離內發射升空，或者F-18戰機低空掠過甲板後隨即拋擲誘餌彈，這些音爆都令人印象深刻。這是美國世紀的又一個例證。

北約國防部長非正式會議，一九九五年秋季

從金字塔到泰姬瑪哈陵再到波斯灣

我的出訪行程排得很滿。從一九九五年一月六日至二月六日期間，在那三十一天裡我有二十四天不在國內，共分三次出訪，總共去了十個國家。第一次是陪同培里前往中東和南亞。幸運的是，莫莉受邀協助培里的夫人李．培里（Lee Perry）履行繁重的代表職責。我們首先前往開羅，穆巴拉克總統（President Hosni Mubarak）在太陽宮（Heliopolis Palace）寬敞的辦公室接待我們。我們討論了諸多議題，包括海珊、波斯灣和中東和平進程。培里隨後向無名烈士墓（前埃及總統沙達特〔Sadat〕遭到暗殺之處）敬獻花圈，舉行軍事榮譽儀式，並會見國防部長坦塔維（Tantawi），討論了軍售細節。接著，我們乘坐直升機前往吉薩（Giza），在首席埃及古物學家的帶領下參觀了金字塔和人面獅身像，隨後又飛回開羅，出席軍官俱樂部（Officers' Club）的宴會和欣賞民俗表演。到了那時，我已精疲力盡，無法享受其中的樂趣。

我們在以色列的特拉維夫（Tel Aviv）接受例行儀式後，會見了國防部長拉賓，之後乘坐十二分鐘的直升機前往耶路撒冷（Jerusalem），培里在古城的猶太大屠殺紀念館（Yad Vashem）敬獻了花圈。我們還拜會了魏茨曼總統（President

Weizman）。培里重申美國會繼續幫助以色列保持其技術優勢。第二天，我們乘坐直升機，沿著戈蘭高地（Golan Heights）邊境順著約旦河（Jordan River）而下，去拜訪一處軍事基地，並參觀一處「箭式飛彈」（Arrow Missile）設施。與拉賓的小型會議和前一天的大型會議截然不同，我們談論了各種敏感話題，包括以色列向中國轉移技術和伊朗的問題。拉賓表示，他擔心伊朗可能在七年到十五年後會獲得核武。

下一站是伊斯蘭馬巴德（Islamabad，伊斯蘭堡），那座城市坐落於陰暗山丘之間，放眼所見，皆是灰白建築。布托總理（Prime Minister Benazir Bhutto）在白色官邸的起居室接待我們。官邸坐落於山上，下方景色一覽無遺。午餐時我們聊起了一九七〇年代她在哈佛求學的日子。她在一九八九年獲得榮譽學位時，我一直陪著她，她當時問我為何美國政治變得如此負面。我不知該如何回答。她還想知道參議員普雷斯勒（Larry Pressler）的修正案是否會妨礙銷售F-16的進展。我仍不知該如何回答她。

我們隔天飛往開伯爾山口（Khyber Pass）的白沙瓦（Peshawar）和蘭第科塔（Landi Kotal），那是一片荒涼乾燥的村野，每棟房屋都有堡壘般的高牆。我們在開伯爾步槍食堂（Khyber Rifles Mess）用餐，表演的風笛手戴著像雞冠一樣張開的頭飾，我們還觀看了劍舞和槍舞。在下午的會議上，軍事東道主聲稱他們不信任印度，但我們商定了軍事諮詢小組會議的議程。當他們造訪華盛頓時，我將擔任會議的聯合主席。

在新德里，英國遺贈給印度的宏偉政府建築設計於一九二〇年代，給人一種大英帝國千秋萬代的印象，看起來如同好萊塢的布景。包括槍騎兵在內的接待儀式也甚為壯觀。當然，培里也在士兵紀念拱門（Soldiers' Memorial Arch）[17]敬獻了花圈。在南區（South Block）與國防部長舉行的會議上，我們聽到印方對巴基斯坦基本教義派的擔憂。當我們拜訪拉奧總理（Minister Rao）時，他也是如此表達意見。我們為美印軍事諮詢小組敲定了議程。當他們造訪華盛頓時，我將擔任會議的聯合主席。接著，我們飛往久德浦（Jodhpur）觀看米格戰鬥機的模擬纏鬥（mock dogfight）並檢視俄羅斯生產的T-72主力坦克。然而，這次出訪最精彩的部分是參觀了阿格拉（Agra）和泰姬瑪哈陵（Taj Mahal）。我十八年前在卡特政府期間首度看到這棟建物，如今又再度見到它，同樣令我驚嘆不已。

到了三月底，我陪同國防部長培里進行為期一週的波斯灣之旅。我們的議程是加強對伊拉克和伊朗的雙重圍堵，向各國保證中央司令部有能力在危機中迅速返回，同時鼓勵海灣合作委員會（Gulf Cooperation Council）並強化《核不擴散條約》。我們

陪同國防部長培里參觀泰姬瑪哈陵，一九九五年

抵達吉達（Jeddah）後，在酒店裡度過了「等待期」，直到晚上十一點，法赫德國王才在宮殿裡接見我們。我們要是搭乘夜班飛機，那可就難熬了。法赫德談論著他「成為鍍金籠子裡的囚犯之前在加州的自由生活」。就實質內容而言，他抱怨卡達和阿曼並未出席海灣合作委員會會議，反而跑去會見了伊拉克人。我們隔天參觀了哈立德國王軍事城的軍事設施，接著搭乘汽車，一路顛簸，穿越沙漠，最終抵達蘇爾坦親王的「營地」。在一座巨大的開放式帳篷裡我們享受了一場盛宴。當我們坐下來喝濃咖啡時，一群白駱駝和另一群黑駱駝在面前縱橫交錯，看起來甚為有趣。這比普通的軍樂隊更棒！

從沙烏地阿拉伯飛往科威特，我們在巴彥宮（Bayan Palace）會見了埃米爾和王儲後，飛往賈比爾空軍基地（Al Jaber Air Base）觀看F-16戰機和A-10攻擊機，最後與住在帳篷城的飛行員交談。那天晚上在科威特軍官俱樂部用餐，食物豐盛，多到「足夠養活一支軍隊」。我下榻的宮殿套房很大，一張帶有天篷的床鋪上有十五個枕頭，大理石浴室擺滿了新鮮的蘭花，但我太累了，根本無福享受。

巴林（Bahrain）是個小島國，我們在首都麥納瑪（Manama）見到了埃米爾。他個頭很小，笑得很燦爛，但他擔任首相的弟弟卻比較嚴肅。他們擔心伊朗[18]（他們應該擔心，因為巴林的遜尼派統治著大部分什葉派人口），也不希望伊拉克變得太弱。我們隨後飛往星座號航空母艦（USS *Constellation*），培里在寬敞的飛行甲板上向機組人員演講。透露一件有趣的軼事：埃米爾送給我一支昂貴的手錶，但我通常會戴價格不到五十美元的天美錶（TIMEX）。由於政府雇員不得保留昂貴禮物，我的軍事助理奧德威爾（Tony Aldwell）便走過來，說我最好立即把手錶交給他，以便轉交給政府，免得我喜歡上它。我看了手錶一眼，就遞給了他。真是來得快，去得也快。

下一站是阿拉伯聯合大公國的阿布達比（Abu Dhabi），會見老埃米爾和他令人印象深刻的兒子扎耶德（Sheikh Mohammed bin Zayed）。他們也擔心伊朗擴張，我們討論了預先部署美國軍事裝備，以便能在爆發危機時有所準備。最後一站是卡達，這個半島小國的首都杜哈（Doha）有著非常有趣的現代建築。我們入住的飯店形狀像金字塔，可以眺望美麗的海景。在一座大型的白色大理石建築內，我們會見了執政的薩尼家族（Al Thani family）的王儲兼外交部長。這棟建築的天花板上雕有精美卷軸，並有著鑲嵌圖案的泰姬瑪哈陵風格石塊。他們說伊朗害怕美國入侵，但培里向他們保證，美國無意攻打伊朗。最終我們搭乘長途飛機返國，途中在培里的會議室向他彙報，我們認為此行達成了目標。

拉丁美洲

日子並未放慢腳步，那年春天，我飛往秘魯、厄瓜多和墨西哥磋商事宜，並且敦促各國派遣部長參加我們預計於七月在威廉斯堡舉行的美洲國防部長會議（DMA）。秘魯很迷人。我在利馬大教堂旁一座漂亮的殖民時期宮殿會見了藤森總統（President Alberto Fujimori）。令我驚訝的是，除了一名口譯之外，他獨自一人與我碰面，並且自己做筆記。我以前從未見過國家元首這樣做。這表明他掌控一切，但不信任屬下。我還在托雷塔格萊宮（Palacio de Torre Tagle，這是一棟頗具魅力的西班牙殖民時期建築）會見外交部長戈登伯格（Goldenberg），討論了當年早些時候秘魯-厄瓜多戰爭[19]之後的維穩問題。他指出，秘魯一直要擊垮高地的「光明之路」（Sendero Luminoso，亦即秘魯共產黨）恐怖運動，卻被殺個措手不及。（我後來到了基多〔Quito〕，厄瓜多人卻指責秘魯）

會議結束後，秘魯軍隊用飛機將我和奧德威爾上校送到海拔一萬一千英尺（約三千四百公尺）的瓦頂城市庫斯科（Cuzco），接著飛往海拔一萬二千英尺的馬丘比丘（Machu Picchu）。印加人不用灰泥便能組裝如此龐大的石頭結構，其工藝之精湛令我驚訝。我請了一位出色的當地導遊，當我們行走於建築體之間時，我問他如果沒有被西班牙殖民，神權制的印加社會是否可能演變成現代社會。他的猜測是「不會，因為內戰」。這樣說很諷刺，因為時至今日，秘魯人和厄瓜多人還在亞馬遜叢林中互相殘殺。

基多是一座迷人的城市，坐落於一處翠綠的碗狀區域，遠處環繞白雪皚皚的火山，還有迷人的殖民區。當地海拔為九千三百英尺（約二千八百公尺），但我仍然堅持跑步，也感受到空氣比較稀薄。厄瓜多國防部長很快便同意參加威廉斯堡會議，因此我趁機詢問他戰爭是如何開始，以及該如何防止再次發生衝突。他說秘魯向厄瓜多巡邏隊開了第一槍。厄瓜多不會攻擊更強大的秘魯，但秘魯若想擴大衝突，厄瓜多會讓他們付出慘痛的代價。我後來詢問美國大使館人員事情的來龍去脈，他們指出，根本原因是厄瓜多對秘魯的疑心可以追溯到十九世紀，而且該國上下無不認為他們必須涉足亞馬遜地區。礙於前述迷思，厄瓜多人便會在有爭議的地區巡邏，做出侵略性舉動。我不知道真相為何，但令我震驚的是，這種說法與我剛剛在希臘、土耳其、印度和巴基斯坦聽到的故事竟如此相似。只是名稱和地點不同而已。

我從基多飛往墨西哥城（Mexico City）。前國會議員瓊斯大使（Ambassador

James Jones）向我介紹了毒品交易，還說軍方牽涉其中。瓊斯指出，他對墨西哥的「哥倫比亞化」（Colombianization）感到恐懼。有趣的是，我在國防部開會，會議卻是由外交部主持。後來有位外交部人士解釋：「我們想要限制他們。」墨西哥人希望得到保證，確保我們不會利用這次會議來建立一股干預地區的勢力。我告訴他們，表示美國不會孤立他們，這次會議旨在強化西半球的民主。他們答應前來參加。

返回華盛頓後，我花了很多時間與眾多拉丁美洲大使籌備開會事宜。國務院的沙特克（John Shattuck）與我合作，將人權議題納入議程。美洲國防部長會議在七月於威廉斯堡順利舉行，出席人數眾多，所有軍事代表在最後的宣言中都承諾會支持民主。整體的安排都很完美。開幕晚宴是在有空調的帳篷裡舉行，白宮幕僚長麥克拉提（Mack McLarty）發表講話，之後第82空降師合唱團獻上歌藝。隔天，培里和副總統高爾發表演說。早些時候，我會見了高爾以及秘魯和厄瓜多的國防部長。在市民院（House of Burgesses）舉行的最後一次會議上，巴西宣布在調解這兩國上取得了進展；大家對整體宣言沒有異議，阿根廷宣布將於明年主辦這項會議。美洲國防部長會議足以證明，我們可以善用軍隊來發揮軟實力。人們講述美國世紀時，經常忽略軍方的角色。

非洲

另一個需要關注的地區是非洲。我先前任命了一位負責處理非洲事務的副助理國務卿，所以我得訪問非洲來支持他。來自南非的好消息是，當地在種族隔離結束後並未陷入血洗浩劫，曼德拉（Nelson Mandela）於一九九四年當選總統，情況看起來一片光明。同年的壞消息是，盧安達爆發種族滅絕慘劇，以及聯合國小型維和部隊撤離而非增援。我計畫於一九九五年夏天訪問這兩個國家。

我們選擇從波札那（Botswana）開始。對美國而言，這個小國沒有戰略價值可言，但它卻是經濟發展和民主治理成功的象徵。當然，保持同質（homogeneous）[20]和擁有良好的領袖是有幫助的。波札那的軍隊規模很小，多數士兵都加入了我們的國際軍事教育和培訓（International Military Education and Training）計畫，其中包括民生和軍事主題。下一站南非則大相逕庭。

我們在普勒托利亞（Pretoria）拜訪了國防部長莫迪塞（Modise）和參謀總長梅林將軍（General Meiring），發現他們正在努力整合以及籌組民防人員。他們詢問我們，美國國防部長辦公室是如何運作以及如何協助整合。我們與西里爾斯（Jakkie

Cilliers）共進晚餐，他是一位白皮膚的布爾人（Afrikaner），曾在安哥拉（Angola）參戰，但因感到厭惡而退出。我問他是什麼改變了白人種族隔離政府。他回答：「我們失去了道德說服力」，但西方的抵制也促成了這一點。然而，他提出警告，說未來若要維持穩定，需要高經濟成長率來吸收失業人口。關於問題的一個徵兆是我們在訪問約翰尼斯堡（Johannesburg）時，明顯感受到人們對安全的高度關注。話雖如此，莫莉和我在一九六四年從東非回國途中停留過此地，如今的南非比當年更好。

我們連夜飛往烏干達，並抽空參觀了我在馬凱雷雷的舊辦公室。我當時站在草坪上，心想在三十二年前，我就在此地收到哈佛大學聘請我的信函。我們沒有安排正式會議。前一年十月，穆塞維尼總統（President Museveni）訪問華盛頓，我當時曾與他會面。他為人聰明，令人印象深刻，可惜他逐漸變得專制獨裁。他問我「Nye」這個名字來自哪個歐洲部落。我們的小團隊像遊客一樣開車穿越烏干達，在赤道上停下來拍照，接著穿過起伏的山丘，看到安哥拉長角牛（Ankole cattle）安靜地吃草。

到達盧安達邊境時，我們遇到開著一輛配備了機關槍皮卡車的盧安達軍人護送隊，我們的小車隊經過一長排聯合國世界糧食計畫署（WFP）的卡車，慢慢穿過美麗的綠色山坡，山坡上有成排的梯田。吉佳利（Kigali）橫跨了許多山丘，不過有些建築物仍然慘遭摧毀。許多圖西族（Tutsi）官員參加了在大使館為我舉行的晚宴，他們是在一九六〇年代早期暴力事件後在烏干達長大的難民。我詢問了一位受人尊敬的美國人類學家福格斯（Alison Des Forges）關於當前局勢的根源。她告訴我，隨著部族的恐懼加劇，局勢已變成「殺人或被殺」的狀況，甚至長期為鄰的居民也互相殘殺。

雖然盧安達政府有一些胡圖族（Hutu）部長，但現在但現在主要由曾是種族滅絕主要受害者的圖西族掌控。我會見了他們的領導人副總統卡加梅（Paul Kagame）。他說他們的目的是追求正義，而非復仇雪恨。然而，彌合傷痛並非易事。我搭乘聯合國「休伊」（Huey）直升機飛往恩塔拉馬（Ntarama），當地從空中看來充滿田園風光。但是當我們降落並參觀教堂時，卻發現裡面仍滿是骨骸，以及一年前在那裡尋求庇護無果的人們所丟棄的行李箱和衣服。空氣中散發一股難聞的氣味，我發現牆上還掛著教宗的照片，另有一張法文海報，上頭寫著「自由、平等、發展」。一名躲在沼澤而倖存的圖西族婦女表示，她所在村莊被人持續殺戮了兩週，從四月六日到十九日。我們返回吉佳利後，穿過了一個擠滿了胡圖族囚犯的露天監獄。我回想起幾十年前參觀奧斯威辛集中營的情景，裡面裝滿了手提箱、衣服和頭髮。我當時心想，人怎麼會這樣對待彼此。我們真是一個奇怪的物種。

我們搭飛機飛越維多利亞湖前往奈洛比，我也曾住過那裡。我在坎帕拉可以輕鬆識別地標並找到路，但奈洛比不同，如今已經發展為人口超過二百萬的大城市。肯亞並非完美的民主國家，但它擁有相對自由的新聞界以及非政治化的軍隊。我們參觀了設施、基地和國防部。我們與國防部和外交部官員會面時氣氛非常友好，但是當我提議建立和支持非洲統一組織（Organization of African Unity）維和部隊以防止再度發生種族滅絕時，他們卻抱持謹慎的態度。

回到華盛頓後我向培里彙報出訪情況，他喜歡支持非洲維和部隊的構想，而我後來與蘇珊·萊斯（Susan Rice）討論了這個想法。蘇珊是聰明的年輕羅德獎學金學者，多年後成為國家安全顧問。許多人擔心蒲隆地（Burundi）可能會重蹈盧安達的覆轍。我在戰情室的一次會議上提議，如果非洲國家發生種族滅絕之事時建立一支救援部隊，我們將提供後勤和運輸的配套措施。不幸的是，當時沒有夠多的非洲國家對此感興趣。

個人的爆炸性消息

我的一九九五年始於南卡羅萊納州。柯林頓當時參加了一個名為「文藝復興週末」（Renaissance Weekend）的私人聚會。他和藹可親，魅力迷人，看起來很放鬆。我受邀與別人一起和他在海灘跑步。共和黨在一九九四年十一月期中選舉掌控國會後，許多人認為柯林頓連任之路困難重重。我賭他勝選的機會只有四成。結果我錯了，但其他比我更專業的人也估算錯誤。二月二十九日，《紐約時報》的阿普爾（Johnny Apple）告訴我，雖然不能排除柯林頓當選的可能性，但杜爾（Robert J. "Bob" Dole）很可能兩年後會成為總統。在四月的白宮記者晚宴上，深思熟慮的政治分析家歐恩斯坦向我表示，柯林頓不可能贏得一九九六年的總統大選。但是，政治的水晶球就是用來被打破的。

或許，所有的水晶球都是如此。一月二十三日，我辭去了在哈佛任職三十年的終身教授職務。哈佛對於休假有嚴格的兩年規定，而我的兩年期限已到，卻還沒完成我在政府中的目標。於是，我斷然決定辭職。哈佛的朋友告訴我，說校方將來很可能會再聘用我，但他們無法保證。然而，出乎意料的是，我在年底又回到了哈佛，擔任甘迺迪政府學院的院長。

第一個爆炸性消息發生於五月二日，當時的哈佛教務長卡內塞爾打電話詢問我是否願意擔任院長。我在前一年已經拒絕邀約，但這次我告訴卡內塞爾，說我會考慮一下。其中一項原因是，在四月十九日，反政府狂熱分子麥克維（Timothy McVeigh）在奧克拉荷馬城引爆安裝於某棟政府大樓的一枚炸彈，造成一百六十八人死亡，婦女和兒童都未能倖免於難。我和其他人一樣，看到人們對聯邦政府心懷敵意，既震驚又悲傷。和我一起工作的人賺的錢不多，但他們工時很長，並且致力於維護公共利益。

我忙於日常事務時，幾乎沒空思考攸關政府的更大問題，但擔任院長或許會給我一個思考和做點什麼的機會。我和莫莉以及艾利森和格根（David Gergen）等朋友交談，他們認為接任院長可為我提供一個更大的平台，讓我思考並做一些自己感興趣的事情來改變大局。我拿了一張五英寸×八英寸的小卡片，在中間劃了一條線，分別在線的兩旁寫上優點和缺點。甘迺迪政府學院的優點比我預期的要多。

儘管如此，我覺得得先擬訂好美國對日本和亞洲的政策才能離職。培里認為擔任院長是很好的機會，萬不可拒絕，但要我等到八月下旬再宣布消息。我告訴卡內塞爾，說我會在畢業後接受職缺，屆時八卦消息可能會停歇，讓我們可以推遲到八月再宣布消息。讓我驚訝的是，這樣竟然成功了。六月初，莫莉和我去阿第倫達克山脈度假，我躺在陽光照耀的岩石上，聽著潺潺河水聲，知道自己做的決定是正確的。

不幸的是，後頭發生的事情讓人悲傷。當我在八月從非洲回來後，莫莉和我去了我們位於新罕布夏州的農場過週末來恢復體力，接著我要根據預定計畫在週一前往哈佛，屆時將與卡內塞爾和校長魯登斯坦會面，召開新聞發布會宣布即將接任院長。八月十九日天氣晴朗，我一早便沿著河邊跑步，但我吃完早餐以後，就接到弗雷德·史密斯從華盛頓打來的電話，說喬·克魯澤爾和另外兩人命喪於塞拉耶佛。當時他們的裝甲運兵車行駛在危險的伊格曼山（Mt. Igman）公路，為了繞過一輛拋錨的車輛，不幸翻覆峽谷。我非常震驚，因為喬不僅是我的副手，還是哈佛時期的朋友。我打電話給蓋爾·克魯澤爾（Gail Kruzel）表示哀悼，並告訴魯登斯坦和卡內塞爾，說我必須返回華盛頓，無法參加原訂於週一舉行的儀式。他們能夠理解，但表示已經在週末向媒體發布公告，要將其挽回可能為時已晚。

八月二十一日星期一是難熬的一天。我沒有在哈佛慶祝，而是在國務卿的會議室會見了我的七十五名工作人員，告訴他們我確實要在年底離職。之後，我去了克魯澤爾的辦公室和他的員工交談。我筋疲力盡，就像沒去參加婚禮，反而去參加葬禮的人一樣。三天後，我參加了喬的葬禮。我記得地點在一處墓地，四周樹叢環繞，無人騎乘的白馬群拉著一個沉箱，蟬鳴陣陣，踢踏聲響起，折疊旗幟。我當時悲傷無比，但不得不回到辦公室，那裡還有堆積如山的問題等待我處理。僅僅一週後，我抽空去拜訪哈佛並與魯登斯坦共進午餐。

但仍有許多工作要處理：在國會山莊進行有關日本的簡報；在各大使館參加晚宴；會見我的老友休厄爾，他現在是一名少將，即將處理克羅埃西亞軍事援助的問題；與希臘人和土耳其人開會；以及處理朝鮮的核子擴散問題，諸如此類。我還得協助克萊默（Frank Kramer），他是能幹的華盛頓律師，即將接替我的職位。每當有人問我甘迺迪政府學院的事情時，我會不知如何回應，因為實在太過忙碌，以至於沒有時間去想它。話雖如此，我還是與優秀的學術院長埃爾伍德（David Ellwood）以及華盛頓特區的共和黨朋友（例如格根和達曼〔Richard Darman〕）保持了聯繫，他們在F街別墅（F Street Club）[21]為我辦了一次午餐會，與主要的保守派政治人物會面。

到了十二月，我的公職生涯只剩下最後兩週，該參加的晚宴都已參加。我開玩笑，說自己要帶著「卡路里的火焰」（blaze of calories）離職。十二月八日，培里舉行頒獎儀式，授予我帶有櫟樹葉簇的國防部傑出服務獎（Distinguished Service

與尼茲（中）和麥吉弗特（右）一起出席國防部傑出服務獎頒獎典禮，一九九五年
Source: Department of Defense

Award），並且在國務卿餐廳舉辦了四十人的晚宴。我們拍了很多照片，但最有趣的也許是與辦公室前任主管合影：尼茲（Paul Nitze）、麥吉弗特（David McGiffert，我在卡特時期的同僚）以及我的前任弗里曼（Chas Freeman）。在場人士餐後紛紛向我祝酒，我盛情難卻，說道：「這就像一場葬禮，但是聽到悼詞之後，還可以繼續活下去。」

我隔天回到安德魯斯空軍基地，與一群參議員飛往諾福克（Norfolk），參加最新的史坦尼斯號航空母艦（USS *Stennis*，CVN-74）的服役儀式。我前去國務院與來訪的韓國人會談，在馬歇爾中心工作，在亞洲協會（Asia Society）發表關於中國的演講，並和我的兒子班在五角大廈軍官體育俱樂部（Officers' Athletic Club）打了最後一場壁球（他打敗了我，三比二）。十二月十四日是最後一日。我拜訪了國際研究協會的每個部門，向眾人道別，並且在我那座巨大但現已空置的E環辦公室和員工一起吃了三明治。他們送我到車旁，而當我開車離開時，他們在河入口的台階上向我敬禮。

莫莉和我在喬治市的小房子裡收拾好行李後準備向北行駛，在我們離開之前穿過了馬路向李太太（Mrs. Lee）道別。她是一位韓國移民，不知疲倦，從早忙到晚，經營著這家街坊小商店。她給了我們一瓶酒，我們說她是「偉大的美國人」。她胼手胝足，送兩個孩子上大學。她的故事是美國世紀的另一個層面，就像我參觀過的五角大廈、航空母艦一樣重要。對我來說，新的篇章正要開始。

---

1 譯註：reverse commute，表示通勤方向是從市區到郊區，晚上再返家。

2 譯註：此條款為北約集體防禦的核心，亦即任何成員國若遭受攻擊，視同對全體成員的攻擊。

3 譯註：根據第4條的內容，當任何一個北約成員國的「領土完整性、政治獨立性或安全」面臨威脅，成員國將進行磋商。

4 譯註：科威特的國家元首及君主。

5 譯註：全名Commander in Chief Pacific。

6 譯註：全名為King Khalid Military City。

7 譯註：定期每四年舉行，日期落在總統任期的中間（第二年的十一月）。美國國會的多數成員會在期中選舉中改選。

8 譯註：當年眾議院少數黨黨鞭金瑞契領導共和黨，重新奪回眾議和參議的控制權，終結了民主黨對國會長達四十年的壟斷。這是共和黨的保守主義復興，保守派（右翼）從此成為共和黨的主流。

9 譯註：病人事先簽署意願書或家屬簽署同意書，在病患瀕死或無生命徵象時，放棄實施心肺復甦術（CPR）。

10 譯註：村山富市是首任社會民主黨的黨魁。

11 譯註：本為園藝術語，表示爲使移植的樹木能成活而剪掉鬚根，此後引申為要使談判和會議等順利進行，事前與利害關係人交涉或溝通。

12 譯註：美日安全合作宣言。

13 譯註：《寶蓮歷險記》（*The Perils of Pauline*）是一系列的喜劇電影，在每部電影的結尾，主角寶蓮都身陷險境，讓觀眾一部接一部看下去，想知道她如何脫困。

14 原註：對於奈伊倡議更客觀的描述，請參閱：Michael J. Green, *By More than Providence: Grand Strategy and American Power in the Asia Pacific Since 1783*（New York: Columbia University Press, 2017）, pp. 465–73。

15 譯註：J5聯合參謀向參謀長聯席會議主席提出策略、計畫和政策建議。

16 譯註：亦即約瑟夫．克魯澤爾（Joseph Kruzel），他在塞拉耶佛出車禍而命喪黃泉。

17 譯註：印度門（India Gate），全名為全印度戰爭紀念碑。

18 譯註：伊朗百姓幾乎百分之百是什葉派。

19 譯註：塞內帕戰爭（Cenepa War）。

20 譯註：由同類事物或人所組成的。

21 譯註：華盛頓特區一座歷史悠久的十九世紀宅邸，距離白宮僅幾個街區，是喬治華盛頓大學校長的住所。

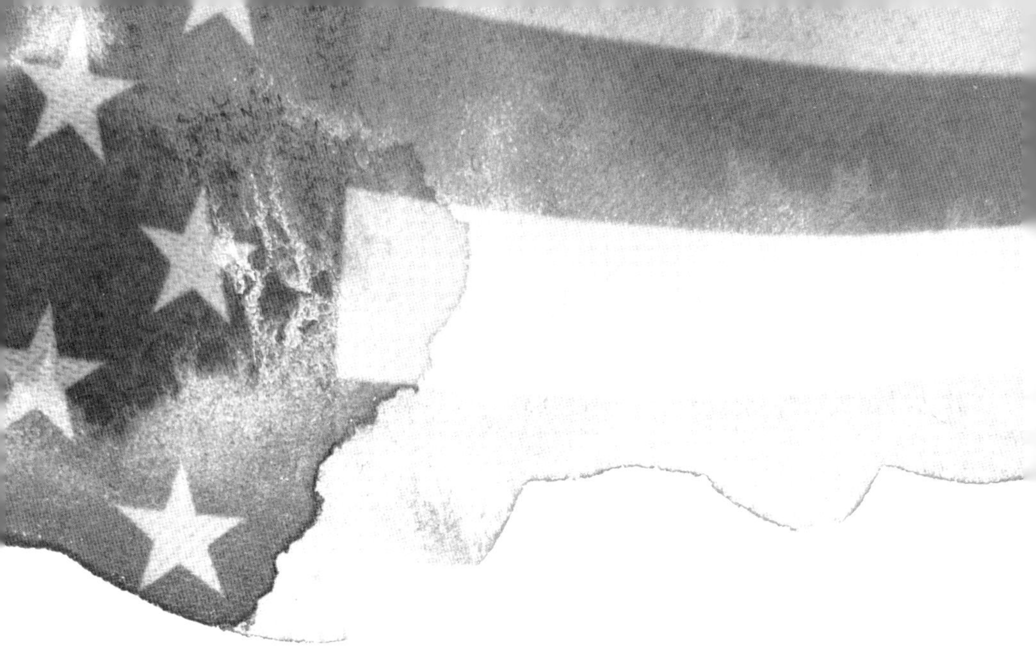

第七章

柯林頓時期

甘迺迪政府學院院長

The Clinton Years:

Kennedy School Dean

當我首度被任命為院長時，人們會問我對甘迺迪政府學院有何願景。我開玩笑說，在五角大廈任職後，我的願景是組成一支包含五架直升機的機隊。我講這個笑話就是迴避問題。我想在做出實質聲明前先諮詢過教職員和其他人的意見。我起初一直在傾聽意見，請教的人包括教職員、員工、學生、其他專業學校的院長、校友以及捐獻者等等。

哈佛大學政府學院的起源可以追溯到一九三六年，當時紐約前國會議員利陶爾（Lucius Littauer）向哈佛大學捐贈了二百萬美元，用於創辦一所公共管理學院。第一批學生是公務員，他們來此一年學習各種課程，獲得了公共管理碩士學位。哈佛大學在一九六六年決定將學院更名為約翰．F．甘迺迪來記念這位總統。同樣重要的是，學院擴大了學術項目，增加公共政策碩士學位，課程設計同等嚴格。本學院在這類學校中始終名列前茅或者說接近頂尖。

新的挑戰

我從一九九五年聖誕假期研讀的一系列讀物中發現，學院狀況良好，但我們可能忘記了過往的使命，亦即培訓公共領袖以及進行研究來解決公共問題。我們頂著哈佛品牌，總能吸引優秀的學生和教師，但這並非唯一衡量學院良窳的標準。我們還需要在學術卓越和政策相關性（policy relevance）[1]之間走鋼索。哈佛大學已經擁有優秀的文理學院和商學院。甘迺迪政府學院不想再複製其中任何一個。在耶魯大學，組織與管理學院已成為一所商學院；而在普林斯頓大學，許多人認為伍德羅·威爾遜公共與國際事務學院過於學術化。諾伊施塔特（Richard Neustadt）這位精明的政治系學生提醒我，說某些教職員並不認同平衡公共政策與學術卓越的構想，他們只想自由從事研究。我向教職員表示我重視研究，因為我自己也做過研究，但我會優先考慮對公共政策有重大的短期或長期影響的研究。

第一天上班時我會見了即將卸任的院長、現任教務長卡內塞爾。我當時告訴他我擔心學院可能會過度自信而失去專業學院的本質。我與學術院長埃爾伍德（幾年後將接替我的位子）以及新計畫創辦人艾利森和諾伊斯塔特等朋友討論了很久，最終證實了這一點。到了一月中旬，我與哈佛董事會（Harvard Corporation）的七名校董共進午餐，席間告訴他們，表示自己打算關注三大問題：一是我們的產品市場不斷變化；二是我們內部分裂；三是我們黨派色彩過於鮮明。

我很快就發現我們還有第四個問題，而且是一個大問題，那就是錢。雖然哈佛大學擁有大筆的捐贈基金，但是甘迺迪政府學院對其佔比不大。諷刺的是，我們才剛剛失去一份培訓五角大廈官員的大合約（他們沒有偏袒！），我立即面臨數百萬美元的赤字。前院長兼勞工部長鄧洛普（John Dunlop）開過玩笑，說有三件東西將哈佛聯繫在一起，分別是蒸汽輸送管、帳簿和契約。這個笑話誇大了，但哈佛是非常分權管理的大學，幾乎如同中世紀的君主政體，分別由強大的男爵（baron[2]，即院長）統治，個人要保護自己的封地。經費撥付的座右銘是「桶需有底，人須自立（every tub on its own bottom）」。甘迺迪政府學院規模較小，成立也較晚，是一個比較新的桶子。我至少花了三分之一的時間在籌款上，由一位能幹的副院長薩金特（Holly Sargent）指導。她很快就安排我進行了一連串與潛在捐贈者的會面。

我有時會開玩笑，說富人一聽到「甘迺迪、學院和政府」，在我們還沒踏進門之前，就先把我們三振了。幸運的是，許多潛在捐贈者都是住在有趣地方的有趣人物。我們的成果很不錯。我擔任院長八年半，最終籌募到大約三億美元。因此，學院的師資人數增加了一倍，也設立了經濟發展的新學位，並且成立了五個關於經濟發展、人權、非營利組織、公共領導和民主創新的新研究中心。我還為在政府和非營利部門擔任低薪職位的學生提供更多的獎學金及貸款豁免。然而，這一切都是未來才會發生的事。我現在必須仿效托缽化緣的僧侶，敲響錫杯，乞討布施。給各位講一則趣事：我曾拜訪友善的紐約房地產大亨丹尼爾．羅斯（Daniel Rose），他非常有說服力，告訴我他自己最喜歡的慈善機構在幫助哈林區學生負擔上大學的費用，我最後竟然捐錢給它，至今仍是如此。拜訪羅斯，真是所費不貲！

有人告訴我，說學院在性別方面不夠平均，女性往往將其視為老男孩俱樂部。我需要提高學生和教職員的女性比例，於是打算找一位女性來填補執行院長這個重要職位。既然學院也因為缺乏政治平衡而飽受批評，我便找了一位共和黨人，那位完美的人選就是伯克（Sheila Burke）。她畢業於甘迺迪政府學院，但她是杜爾的幕僚長，當時杜爾正在競選總統。希拉以選舉為由，雖然做出了承諾，卻是有條件的。這讓我感受到時間的壓力，但等待是值得的。希拉非常完美，我藉此向組織發出了我想要的信號。

我聘請了能幹年輕的巴德森（Victoria Budson）來啟動一項婦女與公共政策計畫，並且最終說服雪莉．威廉斯女男爵以及後來的斯瓦尼．杭特大使（Ambassador Swanee Hunt）等資深政治人物前來協助。此外，在全球化的時代，我們需要更多的外國學生，我將這些學生的比例增加了一倍，人數達到學院學生人數的將近一半。當有人批評哈佛將稀缺名額分配給外國人時，我會說我們的使命是要放眼全球，而且招收外國學生有助於教育他們的美國同學。

我擔任院長的主因是我擔心政府的施政，於是想召集全體教職員來解決這個問題。我在第一個月成立了一個教職員研究小組，名為「二十一世紀的治理願景」（Visions of Governance in the Twenty-First Century）。在兩位能幹的年輕教職員金恩（David King）和澤利科（Philip Zelikow）的幫助下，該小組在春季定期聚會。敲定計畫的形式花了些許時間，但在一九九六年夏天，我們在布列敦森林（Bretton Woods）碰面，討論了一些論文。這些文獻彙整之後，成為《為什麼人們不信任政府》（*Why People Don't Trust Government*）的章節。戰後世界秩序的某些設計是在一九四四年布列敦森林會議（Bretton Woods Conference）上完成的，酒店房間的門上仍然懸掛寫著代表名字的黃銅牌匾。當地環境完善，無論在會議室內或室外，都能長時間交談。我們之中的某些人還去爬了華盛頓山（Mount Washington）。我有一張與艾利森和埃爾伍德的合影，我稱之為「三院長高峰會」（Three Dean Summit）。很難想像教職員會在繁忙的麻州劍橋市花這麼多時間腦力激盪，因為那裡的教職員會議都

三院長高峰會，華盛頓山，一九九六年

專注於處理如何管理學院的問題。這個計畫強化了學院的使命，也幫助我實現了將人們聚集在一起來完成這項使命的目標。

我們的研究發現，在越戰和水門事件後，回答民調人員他們對政府極具信心的人口比例從四分之三急劇下降到四分之一。然而，不信任不只是美國政府的問題，其他國家和企業之類的機構也面臨信任度下降的狀況。機構普遍無法得到民眾的信任。我們發現，人們的實際行為並非像他們回答民調時的那般消極，對政府的不信任是一種中介行為（mediated behavior）。有趣的是，軍隊和郵局這兩個能夠進行廣告宣傳的大型聯邦官僚機構在民調中表現得更佳。

我擔任院長的第一年非常忙碌，要出門募款、招募教職員和籌組願景計畫，總感覺人手不足。舉一個有趣的例子：在我上班的第一週，助理拿給我一堆文件，都是關於有待解決的紀律問題。有一名學生咬傷了另一名學生，但聲稱學校無法管他，因為事情發生在畢業當天，他已經拿到畢業證書了。我告訴助理，說院長要處理比學生咬人更重要的事情，並且詢問教導主任為何不處理這件事。後來我才知道，原來沒有教導主任。我立即聘請了約瑟夫・麥卡錫（Joseph McCarthy）。我是憑直覺挑選約瑟夫的，結果他表現出色，因為他不僅讓我不必操心學生咬人的瑣事，還處理了許多更重要的事務。我此後在辦公時間面談學生時，可以討論更多有趣的議題。

我在六月參加了多年來的第一場畢業典禮。當時我穿著深紅色長袍在哈佛園（Harvard Yard）遊行，園裡掛滿了旗幟和橫幅，擠滿了學生和家長。我與校長魯登斯坦和其他院長一起坐在紀念教堂（Memorial Church）階梯的講台上。當輪到我時，我隆重地宣布，聚集在我們面前的甘迺迪政府學院的學生值得獲頒學位。當我們在學院和查爾斯河（Charles River）之間的公園舉行自己的典禮時，真正的忙碌才要開始，在我發放畢業證書時，總共握了五百五十隻手。

政府諮詢

哈佛的政策允許每週可花一天提供外部諮詢，我便以此來維繫我的公共生活。除了在國會作證和偶爾提供諮詢外，我和前中央情報局局長伍爾西共同主持了一項探討利用生化武器發動恐攻的機密情報圈研究。我們的小組在中央情報局舉行過許多次會議，並且向政府高層通報結果。時任中央情報局局長的泰內特（George Tenet）告訴我，說我在一九九四年於國家情報委員會時監督的一份早期報告，幫助政府留心了恐怖主義，但伍爾西和我認為，我們應該去提醒更多的民眾。我們在《洛杉磯時報》（*Los Angeles Times*）的專欄發表了解密版報告，警告政府體系在某種「國內珍珠港事件」發生之前，恐怕不會對恐怖主義的威脅做出反應。我們當時不知道這種比喻日後會成為現實。

我另一個未公開的公共角色是參與七月初的一次旋風式訪問台灣，警告李登輝總統不可宣布獨立。伍爾西、阿米塔吉（Rich Armitage）、伍夫維茲（Paul Wolfowitz）、柯羅夫（Ralph Cossa）、凱利（James Kelly）和我在台北的總統府與李登輝會面了一個半小時。我發現李非常聰明，他向我們保證沒有宣布獨立的計畫。（他甚至兩次指出「奈伊倡議」非常重要）

我有時會將公開訪問加入我在甘迺迪政府學院的業務。例如，當我在南韓籌募資金時，曾前往青瓦台拜訪金泳三總統，他當時說北韓政權必將垮台。接著我前往東京，在當地進行了幾次演講，同時會見皇太子妃（現在的皇后）雅子。我在哈佛讀書時就認識雅子，當年的她名叫小和田雅子，為人聰明，是我的友人小和田恆的女兒。那時她未婚，尚未被囚禁於皇室的深宮大院。很難想像還有比成為國家活旗幟更艱難的工作了。我在香港見到了普林斯頓大學的老同學胡應湘。他和其他人一樣，對香港回歸中國後的未來發展過度自信。

甘迺迪政府學院的中國倡議直接源自於我先前在五角大廈的工作。中國為了表達對於美國對台政策的不滿，停止了所有的軍事接觸和諮詢。培里問我能否用新職位來做些什麼。我們與當時在學院任教的前外交官布萊克威爾（Robert Blackwill）合作，制訂了一項為期兩週的執行計畫，打算讓中國高級上校與美國軍官聚在一起。布萊克威爾的管理風格像火焰噴射器一樣，但他能夠完成任務。我籌集了資金來支持這個在香港執行的計畫，最終私下完成政府層級無法辦到的事情。這項計畫多年來執行順利。我記得曾與某些人民解放軍軍官談話。這些人檯面上遵守黨的路線，私下卻希望中國在他們孩子的有生之年能夠發展為民主國家。可惜的是，這項計畫在一名參與者叛逃並尋求庇護後戛然而止。一直資助我們的香港寡婦輸掉了一場訴訟並耗盡了資金。

另一項倡議源自於與施瓦布（Klaus Schwab）的對話。施瓦布很有活力，創辦了世界經濟論壇，也是甘迺迪政府學院的畢業生。我們攜手合作，提出讓甘迺迪政府學院在達沃斯籌辦一系列小組討論的構想，並且派出一些教職員和捐助者參加某些會議。在我擔任院長期間，這項計畫一直持續進行。

一九九六年十二月，我加入國防政策委員會（DPB），這是國防部的聯邦諮詢委員會。我首度參加的會議主要討論北韓，這可是大家很熟悉的話題。與我在首爾遇到的情況相比，大家對北韓政權垮台比較不那麼樂觀，但也有人試圖讓中國施壓，引入市場式改革來開放北韓政權。正如我們現在所知，這僅是一種美好的幻想，但其他的好主意卻也很少。專家們經常稱呼北韓為「劣選之地」（the land of lousy options）。

國防政策委員會的會議結束後，我去了昔日的五角大廈辦公室，參加了他們的聖誕派對。我很高興能見到老朋友，但我仍然認為轉換跑道是對的。一週後，我在新罕布夏州的林場與家人一起過聖誕節，之後莫莉和我飛往希爾頓黑德參加「文藝復興週末」，在那裡我們見到了朋友，主持了一個有關國際熱點（hot spots）[3]的討論小組，並與柯林頓和希拉蕊簡短地談論了中國。並與柯林頓和希拉蕊針對中國問題簡短交換意見。總統在餐後談話中表示他有兩大遺憾：白宮人員缺乏經驗，以及低估了面對華盛頓政治的痛苦。

創新

我的目標是讓甘迺迪政府學院變得「對女性更友善」，而在新的一年（亦即一九九七年）取得了豐碩成果。伯克加入了管理團隊，我們還在五月時召開了由威廉斯女男爵主持的國際婦女會議（International Women's Conference）。在秋季學期時，冰島總統維格迪絲（Vigdis）為她與里斯伍德（Laura Liswood）共同創立的世界女性領導人理事會（Council of Women World Leaders）揭幕；我們的團隊也因為斯瓦尼·杭特大使的加入，陣容更加堅強。此外，婦女與公共政策計畫持續贊助更多的活動，招生和招募情況也逐漸改善。

我同時嘗試了其他創新手段，例如設立非終身職公共服務教授。這些人在政府中表現傑出，但學術研究背景不足，或者他們是資深講師，對學院貢獻卓越，但研究成果低於終身教職要求。我還引進了一年一度的校友頒獎典禮，藉此表彰傑出校友，例如聯準會（Federal Reserve）前主席沃克（Paul Volcker）、來自加拿大的頂尖公務員伊恩·克拉克（Ian Clark），以及來自阿拉斯加的保育人士貝蒂（Mollie Beattie）。另一項創新是增加高階主管教育計畫，並且接待十多名來自東南亞的李光耀研究員

（Lee Kuan Yew Fellow），這些人員將接受新加坡政府資助前來學習。

布萊爾、柯林頓和第三條路

「二十一世紀的治理願景」也有所進展。曾為副總統高爾管理重塑政府計畫的卡馬克（Elaine Kamarck）接手管理了這項計畫。我因為與人合著探討人民對政府信心的《為什麼人們不信任政府》，數度接受媒體和電視採訪。六月我向希拉蕊提交了一份副本。幾個月後，她邀請我加入由她率領的代表團，於十一月一日在英國首相鄉村度假勝地契喀爾（Chequers）會見布萊爾（Tony Blair）。柯林頓總統在一九九六年大選前調整了自己的一些立場。這個過程被某些人戲稱為「三角策略」（triangulation）[4]，但他並非唯一有興趣探索新領域的政治家。柯林頓與布萊爾一起探索民主政治中介於左右兩派的「第三條路」（Third Way），並請第一夫人率領第一代表團。

經過一夜的飛行，我抵達希斯洛機場（Heathrow），接著與財政部副部長桑默斯一起乘坐大使館專車前往契喀爾。那是一棟十七世紀的磚石宅邸，坐落於倫敦西北

我和希拉蕊在哈佛大學甘迺迪政府學院合照，一九九六年
Source: © Martha Stewart 1996

方契爾屯丘陵（Chiltern Hills）的廣袤田野中，周圍點綴著老櫟樹。布萊爾穿著藍色丹寧襯衫，站在巨大的前門迎接我們。他充滿活力、不拘禮節且輕鬆自在。我吃晚餐時坐在布萊爾旁邊。他邊吃邊說道英國發揮關鍵作用，維繫了美歐的良好關係。英國的與會者包括戈登・布朗（Gordon Brown）、曼德森（Peter Mandelson）、米勒班（David Miliband）、瑪格麗特・傑伊（Margaret Jay）、鮑斯（Ed Balls）和傑登斯（Anthony Giddens），以及雪麗・布萊爾（Cherie Blair），她也是一位風趣的律師。美國方面則有雷恩斯（Frank Raines）、古莫（Andrew Cuomo）、佛洛姆（Al From）、傅意爾（Melanne Verveer）和貝爾（Don Baer）。這些會議討論了政治如何轉變，以及中左翼對於吸納新想法的需求；如何因應全球化對經濟和政治的影響；如何幫助落後者和處理日益嚴重的不平等問題；以及如何重塑政府。討論非常順利，沒人故作姿態。

中國之謎

中國也佔據了我大量的時間，始於一月的中國高級上校執行計畫，終於十二月的甘迺迪政府學院美中關係（Kennedy School Conference on US–China relations）會議。我們在某次國防政策委員會（DPB）的會議上討論美國為何不完全了解中國，但是正如分析師指出，中國也沒有真正了解我們。我的同事塞克（Tony Saich）在北京的福特基金會任職多年，他說中國正在緩慢發展公民社會，但它仍將是一黨制國家，並且將在鄧小平二月去世後繼續執行溫和的外交政策。美國該如何應對呢？說句實話，美國人意見嚴重分歧。該將民主和人權擺在哪裡呢？例如，十月份時，季辛吉邀請我去他的紐約公寓參加小型晚宴，他當時說和中國和平相處非常重要，但是另一位嘉賓《紐約時報》的羅森塔爾（Abe Rosenthal）卻強烈反對。

當江澤民主席訪問哈佛時，這些分歧再次出現。魯登斯坦說有人打算抗議，想知道我們該如何應對。我說我們應該堅持讓江澤民回答群眾的提問。江回應了一些，但有數千人在桑德斯劇院（Sanders Theatre）外抗議。到了十二月，甘迺迪政府學院安排異議者在我們的某個論壇發言，當時正在訪問學院的熊光楷警告我，只要發生任何尷尬之事，中國都可能取消學院的所有計畫。我多次向他解釋，表示論壇的發言並不代表我們認可的意見，而我們將致力包容所有觀點。我提醒教職員，說我們可能會失去計畫，但這是我們無法跨越的明線。中國確實是一個謎。

俄羅斯變質

最重要的是俄羅斯，當地的情況越來越糟。我在一九九七年兩度訪問莫斯科，並在學院接待了俄羅斯人，舉行了一次討論俄羅斯經濟的會議。涅姆佐夫（Boris Nemtsov，自由派政治家，二〇一五年遭到暗殺）在當年二月的達沃斯指出，沒有人納稅，政府也在拖欠工資。到了六月，羅戈夫（Sergei Rogov）（我在一九八〇年代訪問美國和加拿大研究所時認識了他）告訴我，說俄羅斯沒有太多民主的跡象，人人都很腐敗。布爾拉茨基（我在研究古巴飛彈危機時認識了他）告訴我，俄羅斯已經返回沙皇時代，幾乎沒人敢說真話。到了九月，經濟學家亞夫林斯基（Grigory Yavlinsky）在學院的一次晚宴上表示，「俄羅斯腐敗叢生，葉爾欽缺乏遠見。」總體而言，情況非常令人沮喪，可惜這也預言了未來。總理蓋達爾（Yegor Gaidar）和外交部長科濟列夫的昇平日子到了葉爾欽執政末期都被混亂所取代。人們猜測誰將接替他，但普丁這個名字很少出現。俄羅斯仍然有能力摧毀我們。美國提供了財政援助和建議，並且成立了北約-俄羅斯理事會（NATO–Russia Council），讓俄羅斯官員得以前往布魯塞爾，但我們無法控制俄羅斯的內部狀況。即使在美國世紀的鼎盛時期，美國也有力有未逮的時候。

陸文斯基醜聞事件

我出訪台灣返美後，看到了柯林頓和年輕的白宮實習生陸文斯基（Monica Lewinsky）有染的新聞。我在日記中寫道：「如果是真的，那就太愚蠢了！」唉，結果確有其事。華盛頓在那一年裡一直被這件醜聞所苦。當布萊爾訪問華盛頓參加由柯林頓在藍廳（Blue Room）主持的「第三條路」小組第二次會議時，陸文斯基的醜聞卻佔據了頭條新聞的版面。希拉蕊和高爾都在場。柯林頓能力非凡，即便身處壓力也能分隔心思，精明評論抽象的政策議題。他顯得有些不安，喝了不少咖啡，並在休息時和政治顧問擠在角落裡但之後又回到桌子前，對教育和所得稅抵免等主題提出條理清晰的見解，作為解決日益加劇的不平等問題的方案。我懷疑我自己是否能做到這一點。

隨著時間的推移，越來越多人懷疑柯林頓能否做完總統任期。在他八月的電視解釋播出後，我當時寫道，我厭惡柯的自我放縱，但我認為他能夠挺下去。特別檢察官肯尼斯・斯塔爾（Kenneth Starr）的報告於九月發布後，我注意到其中並未提及有關白水（Whitewater）事件的原始調查目的，該事件涉及對柯林頓夫婦及其同夥房地產投資的調查；這份報告反而關注性醜聞。我認為柯林頓能在政壇存活的機會有三分之二。該月稍晚的時候，在紐約季辛吉家的一個夜晚，《時代》雜誌敏銳的編輯艾薩克森（Walter Isaacson）表示，柯林頓做完任期的可能性是四比一。共和黨想要彈劾柯林頓，結果適得其反。我當時寫道，我反對彈劾，因為肯尼斯・斯塔爾所指控的一切都是「小罪和輕罪，投譴責票比較合適」。

一年以後，我前往華盛頓參加一次討論政府創新的國際會議，柯林頓在會上致開幕詞。他進來時看似神采奕奕，還與高爾和歐布萊特開玩笑。我在艾奇遜禮堂（Acheson Auditorium）的講台上坐在他旁邊，見到他發表了非常精彩的演講。我仍然對他的行為感到憤怒，卻不禁被他的魅力和才智所折服。如果柯林頓是個損壞的貨物，他懂得隱藏缺陷。一九九八年三月，福特前總統訪問甘迺迪政府學院，我問他「莫妮卡門」（Monica-gate）的影響，他說他不認為總統受到了損害。當我參加在柏林舉行的三邊委員會會議時，歐洲盟友對美國人如此關注性醜聞感到困惑，我當時見狀，覺得非常驚訝。他們更感興趣的是即將成立的歐洲貨幣聯盟（European

我與柯林頓總統和歐布萊特，華盛頓，一九九八年

Monetary Union），同時猜測歐元是否有一天會取代美元，成為全球最大的準備貨幣。

規則和紅線

柯林頓醜聞促使我們在甘迺迪政府學院內制定了一套規則，明確界定如何處理兩名成年人之間的浪漫關係。我們認為，權力關係是不可逾越的紅線，當一方對另一方擁有直接的權力時，便不能假設兩者的戀愛完全是你情我願。因此，我們制定了政策，禁止教師與學生、或主管與員工談戀愛。這一政策的執行並非總是容易，特別是在證據僅限於雙方各執一詞的情況下。有一次，我無法完全確定情況，但因為懷疑學生是對的，便扣減了教授的薪水，並禁止他在與學生會面時關閉辦公室的門。後來，該名學生向我致謝。

曾有人告訴我，指稱一位教職員為其研究計畫籌集了大量資金，卻把太多經費花在自己身上，此時便出現另一種不同類型的問題。他否認自己逾越了任何紅線，但教職員的調查顯示，他確實跨過了紅線。我最後因為他違反財務規定而不得不解聘他。在這個過程中，我們與他和律師談了好幾個小時，他的一位捐助者還說，如果我們不開除他，他就資助我們一把椅子。還有一位來自華盛頓的前內閣官員為此曾在電話中斥責我，罵了我將近一個小時。

新舊科技

美國世紀是科技變遷最迅速的時期之一，但其對社會的影響則要許久之後才能顯現。諾貝爾經濟學獎得主索洛（Robert Solow）在一九八〇年代打趣道，除了生產力數據外，電腦在經濟中無處不在。然而，到了一九九〇年代中期，情況已不再如此。它們的影響也開始顯現於政治之中。

一九九八年，魯登斯坦在哈佛大學召開了兩場探討網路和社會的大型會議中的第一場。甲骨文聯合創辦人埃利森（Larry Ellison）預測，不到十年，網路就會覆蓋全球人口的一半。反傳統的部落客德拉吉（Matt Drudge）表示，網路是「鼓動民粹主義的完美場所」（perfect populism），光靠編輯和兩個消息來源[5]來報導新聞的時代已經過時，此後將沒有任何限制。我們至今仍在努力解決這個問題。

那年夏天，我們在布列敦森林舉行的政府願景（Visions of Government）會議上討論了這些主題。我的同事湯普森（Dennis Thompson）在標題為〈來自麥迪遜的電子郵件〉（E-Mail from Madison）的會議論文中，問道當網路對他認為之於穩定的共和國至關重要的機構去中間化時，麥迪遜的民主將發生什麼事？當時下結論尚為時過早，但仍有諸多值得擔憂之事，我們便於十二月在學院針對這項主題舉行了另一次會議。卡馬克和我後來將這些論文編輯成刊物出版，名為《*Democracy.com*》。

除了這些新的擔憂之外，我仍然對核技術抱持興趣。在日本政府召開的一次會議上我指出，如果無核世界是長期的目標，並且要以不增加風險的方式落實，我會同意這個目標。然而，印度和巴基斯坦近期都進行了核試爆，而且人們也擔心海珊是否正在研發核武。為聯合國駐伊拉克工作的瑞典外交官埃克烏斯（Rolf Ekeus）向我講述了伊拉克的迴避行為所造成的問題，認為美國繼續論述是正確的。此外，北韓讓試射的大浦洞飛彈飛越日本上空，引發了極大的震撼。五角大廈的友人後來和我交談時表示，北韓問題沒有任何進展，若平壤繼續拒絕外界檢查新的試射地址，就會破壞幾年前談判好的框架協議。有些事情終究不會改變。

回歸亞洲

我在一九九九年年初訪問東亞。熊將軍在北京告訴我，說中國在台灣問題上對美國越來越不耐煩。我在外交部與副部長（後來擔任外交部長）楊潔篪討論了北韓問題。他說平壤有興趣與我們達成協議，我則回應說中國應該敦促他們採取行動，以免爆發危機。楊說中國無能為力，也表示美國制裁伊拉克會適得其反，美國應該尋求折衷方案。

在中南海，國防部長遲浩田提出了台灣問題，我則提問了北韓和人權問題。遲的回答是，穩定必須先於開放。我從李嵐清副總理那邊也聽到了類似答覆。一位傾向自由派的退休大使告訴我，民主正在緩慢普及於中國，但所有選舉都必須限於地方，因為中國人口太多且文盲眾多，無法實現真正的民主。某位年輕的政府官員告訴我，說他和妻子經常透過VPN使用網路，她在私營部門上班來貼補他的工資。他修改了為香港訂立的口號「一國兩制」，戲稱為自己的狀況為「一家兩制」。

我在新加坡會見了友人和哈佛前同事鄺雲峰。我向他詢問政治和網路審查制度。他指出，如果言論與組織或行動無關，言論就是自由的。我在總統府與前總理李光耀會面長達一個小時，再次提出了這個問題。他說，他們務實地從英國遺留的混亂集市中建設一個國家。純粹的民主將會產生一個共產主義的華人城邦。他並不擔心網路。控制是為了「普羅大眾」（hoi polloi）設計的，任何人都可以繞過它們。「當每個人都懂電腦時，我們就不用擔心控制的問題了。」李光耀說他喜歡我的軟實力構想，新加坡正在運用它。

下一站是東京。我在當地會見了幾位官員和接受電視採訪，並且在一場討論安全的會議上演講。最有趣的是，《外交雜誌》（*Gaiko Press*）告訴我，說他們聽說我有一本未出版的小說，想用日文出版這個作品。因此，我的小說率先以日文出版，書名為《髒手》（*Dirty Hands*）。幾年之後，某位日本記者詢問，妻子是否反對我出版這本小說。我笑著說，這聽起來比事實要好得多，因為我在一九九〇年代接下了三份新工作，才將小說擱置一旁。

科索沃和俄羅斯

一九九九年最讓人震驚的事件包括塞爾維亞人對科索沃（Kosovo）阿爾巴尼亞

人的種族清洗，以及北約於三月二十三日開始轟炸塞爾維亞。歐布萊特和郝爾布魯克透過外交手段未能改變米洛塞維奇（Slobodan Milošević）的政策，俄羅斯和中國阻止了聯合國的行動，美國及其盟國便在未經安理會批准的情況下開始轟炸塞爾維亞。人權佔了上風，在六月迪奇利公園的一次事後檢討會中，受人尊敬的國際律師辯論了轟炸的合法性。大多數與會者認為，轟炸符合道德卻不合法，至於此舉是否明智，各方意見分歧。

季辛吉兩個月前在達沃斯表示，儘管他不情願，仍支持使用地面部隊，但擔心會過度擴張。我同意他的觀點並寫道，我「以五十一比四十九贊成」。在國防政策委員會三月的一次會議上，國務卿科恩解釋了為何必須採取行動。我則認為這樣讓事情變得非常混亂，而我告訴范士丹參議員，除非我們知道後續會發生什麼，否則不應該轟炸。我擔心需要派遣地面部隊。早些時候，在華盛頓舉行的三邊委員會會議上，緒方貞子（後來的聯合國高級專員）等我尊敬的人士們認為，必須使用武力來解決人道主義問題，而北約秘書長索拉納（Javier Solana）同意這點。

沙利和阿什·卡特都認為，我們應該為地面部隊擬訂計畫，北約指揮官韋斯利·克拉克（我的前五角大廈同事）也認為有必要。與此同時，沙利表示，如果我們限制目標，僅靠轟炸可能奏效。到了六月初，俄羅斯總理切諾梅爾金讓我們免於做出這項決定，因為他最終說服米洛塞維奇撤軍，前提是北約承諾三年內不會舉行獨立公投。轟炸塞爾維亞有時被認為是冷戰後美國世紀傲慢的證據。相反地，讓我震驚的是，我們只差一點就派兵了，而關鍵議題是考量人權與現實情況，而非施展帝國野心。

很快又要去面對現實了。亞斯本策略小組夏季會議的重點是俄羅斯，而會議室和非正式討論的氣氛都讓人氣餒。多數人認為俄羅斯不會崩潰，但會發展出一種腐敗的國家資本主義。爾後，在華盛頓的一次會議上，前國家情報官科爾特告訴我，說他認為俄羅斯的中央政府會逐步削弱，這在短期內是正確的，但從長遠來看卻不然。我和某些前同事交談時，驚訝地發現似乎沒有人了解普丁，也沒有人意識到他將變得何等重要。策略小組爭論西方是否錯過了一九九二年拯救俄羅斯的機會。時任國家安全顧問的斯考克羅夫特並不這麼想，但利普頓（David Lipton，後來任職於國際貨幣基金組織〔IMF〕）則認為可能性是五十比五十。

全球化的問題

我著眼於研究「全球化」，這是那十年內新的流行詞。我擔任院長時面臨時間壓力，還是決定教授一門關於這項議題的單元。我們也將願景計畫的重點放在全球化對治理的影響，著重於貿易、移民、創新、健康和不平等。當南方的貧困工人獲得幫助時，西方某些工人卻付出了代價而受到傷害。基歐漢和我早年時撰寫過探討權力和相互依賴的作品，我們後來寫了第三版，並在《外交政策》上發表了一篇文章，名為〈全球化：什麼是新的，什麼是舊的，那又如何？〉（Globalization: What's New, What's Not, and So What?）。我們認為，人們透過科技得以跨越大陸，變得更加相互依賴，但無論它是否屬於全球性的，我們早期關於相互依賴作為政治工具的許多主張仍然有效。〈全球化：什麼是新的，什麼是舊的，那又如何？〉指出必須在政治議程上討論更廣泛的議題。例如，當我們在一九七〇年代寫作時，全球氣候變遷這種生態相互依賴並非重大的國際議題。多納休（Jack Donahue）和我編輯了一本探討這個主題的願景計畫書籍。6

中央情報局總部有一個禮堂，因其形狀古怪被稱為「泡沫」（the bubble）。二〇〇〇年一月，我受邀在這個禮堂為五百人開設一場傑出訪客講座（Distinguished Visitor Lecture）。我當時談到了全球化問題。就在前一個月，反全球化示威者破壞了在西雅圖舉行的世界貿易組織（WTO）會議。我在《紐約時報》上發表了一篇溫和批評的文章，柯林頓後來給我發了一張手寫便條，說他喜歡我討論軟實力的評論，但他並未放棄支持世貿組織。（當年稍晚的時候，世貿組織總幹事拉米〔Pascal Lamy〕參加甘迺迪政府學院的晚宴時表示，西雅圖會議之所以失敗，是因為各國政府意見分歧，而非礙於抗議活動）

那年達沃斯的世界經濟論壇也遭遇反全球化的抗議活動。示威者打破了一家麥當勞的窗戶，並封鎖了這座白雪皚皚的高山村莊的街道。他們反對在炎熱的南方使用童工——這就是全球化的例證。某位印度代表承認，印度可以採取更多措施來處理童工問題，但拒絕根據他所謂富裕國家保護主義的勞工標準來強制實施措施。有些人認為，國際組織應該更關注貿易的生態標準，但有些人則認為，這是前帝國主義列強進行干涉，而正是這些列強率先造成了問題。

我與聯合國開發計畫署署長（Administrator of the UN Development Programme）馬克・馬洛赫-布朗（Mark Malloch-Brown）共同主持了一次會議，主要討論的議題是全球化是否正導致世界文化同質化（homogenize）。一位法國與會者感嘆，說法國文化很快就會只剩下十種起司。我告訴他，說我敢打賭，仍然會有三百六十五種，這正是法國前總統戴高樂（Charles de Gaulle）過去講過的。更嚴重的是，有人擔憂在全球網路時代會喪失隱私。某位矽谷執行長宣稱隱私已成過去，我們應該「放下並接受現實」。柯林頓發表了關於自由貿易的演講，引發廣泛的關注。我後來與以色列總統裴瑞斯（Shimon Peres）、前瑞典首相畢爾德和丹麥首相拉斯穆森（Rasmussen）主持了午餐討論會。他們都關心民眾的強烈反對以及全球化的治理問題。正如德國前總理施密特（Helmut Schmidt）五月份訪問甘迺迪政府學院時所說：「你若是在地區當選，很難成為全球領袖。」

到了八月，亞斯本研究院為慶祝成立五十週年，舉辦了一場千人參加的全球化會議。發言者包括世界銀行行長伍芬桑（James Wolfensohn）、前總統卡特，以及哥斯大黎加前任（和未來）總統及諾貝爾和平獎得主阿里亞斯（Oscar Arias）。我的小組討論了治理和體制。麻省理工學院（MIT）政治經濟學家蘇羅（Lester Thurow）表示，二十一世紀全球化的新穎之處在於它是由企業而非政府主導。約旦的努爾（Noor）王后認為，全球化將為穆斯林婦女增加文化多樣性，但印度外交官塔魯爾（Shashi

Tharoor）卻認為，這僅僅成立在部分人身上。昇陽電腦（Sun Microsystems）聯合創始人喬伊（Bill Joy）提出的警告更令人擔憂，他擔心技術創新會超出人類所能控制的範圍。我問諾貝爾物理學家蓋爾曼（Murray Gell-Mann）是否認為這是真的。他當時心存懷疑。這些就是在世紀之交各方對於全球化的想法。最終政府比當時許多人想像的堅持更久並擁有更大的破壞力。

當我們進入新世紀時，至少有一個潛在的全球性問題並未出現。曾有一段時間，電腦專家不斷警告「Ｙ２Ｋ問題」，說全球電腦屆時可能大規模當機。美國政府成立了一個委員會，以確保電腦程式能夠順利將日期更改到下一個世紀而非關閉當掉。幸好他們成功了。我們召集了家人和一些鄰居在自家農場聚會，當電視播放紐約時代廣場的倒數時，我們一起跳舞慶祝。當煙火在山丘上閃爍時，我的媳婦凱西（Kathy）說它是「黑色天鵝絨和登山靴」（Black velvet and hiking boots）。

政治限制

二〇〇〇年當然是總統選舉年。卡馬克請我到白宮的舊行政辦公大廈向副總統高爾介紹情況。我發現他活力十足，並且熱衷於探討全球化問題。我後來向魯登斯坦詢問了哈佛大學關於院長參與政治的政策。他表示，學校允許院長透過私人文件和提供諮詢來支持政治人物，但不能有任何官方背書的暗示行為。我請卡馬克別將我的名字列入背書者名單。當高爾競選團隊問我是否願意擔任代理發言人時，我不得不拒絕他們。前參議員納恩（民主黨）在夏天告訴我，說他認為高爾會擊敗參議員布拉德利（Bill Bradley）獲得提名，但柯林頓會在大選中拖累他。結果證明他在這兩點上都是對的。

有些消息是壞消息。七月時，全世界都得知小約翰甘迺迪（John F. Kennedy, Jr.）駕飛機失蹤，爾後證實他已經罹難。我記得他英俊活潑，政治前途一片光明。他曾請我為他的雜誌《喬治》（*George*）撰稿，而在他出事前幾週，我前往他父親的圖書館與他會面。如今，他已不在人世。甘迺迪家族又一次面臨悲痛的死亡，政治王朝的談論也隨之結束。一位潛在的領導者就此殞落。

我擔任院長時擬訂了許多計畫，其中之一是在甘迺迪政府學院成立一個新的公共領導中心（Center for Public Leadership）。公共領導可能涉及政治和政府工作，但我想制訂一個三領域領導者（tri-sectoral leader）的概念，在政府、非營利組織和私營部門發揮橋梁作用。共同點是提升公共價值而不僅是私人價值的企業家精神。我有一段時間不斷在說服慈善家萊斯．韋克斯納（Les Wexner）和艾碧該．韋克斯納（Abigail Wexner）支持這項計畫，並邀請同事格根及海菲茲（Ronald Heifetz）擔任中心的創始聯合主任。韋克斯納夫婦是很聰明的捐助者，當他們同意資助中心時，我很高興。公共領導中心多年來一直蓬勃發展。

中東僵局

新年伊始，我再次前往中東募款，首站是貝魯特。我發現這座城市很吸引人，美國大學（American University）的校園非常寧靜，但我看到在內戰中被摧毀的建築時也很震驚。黎巴嫩的政治和百姓同樣受到荼毒。遜尼派議員薩法迪（Mohammad Safadi）為我舉辦了一場晚宴，提醒我要注意認信主義政治（confessional politics）[7]的束縛。一位大使告訴我：「你可以了解黎巴嫩，但永遠無法真正理解它」，另一位大使則說，當地不同於新加坡，沒有治理概念。儘管黎巴嫩的海外僑民都飛黃騰達，但鄂圖曼帝國式的官僚體制效率低落且腐敗不堪。我在隔天早上會見了拉胡德總統（President Lahoud），他當時對和平充滿信心，就像哈里里總理（Prime Minister Rafiq Hariri）一樣。我們在他九樓公寓的防彈玻璃後面共進午餐，從那裡可以俯瞰整座城市。然而，哈里里在二〇〇五年遭到暗殺。良好的治理很重要，但美國世紀無法將其延伸到中東。

短暫訪問安曼後，我驅車前往亞倫比大橋（Allenby Bridge）。我已經忘了聖經中著名的約旦河（River Jordan）實際上是多麼狹窄，幾乎和我新罕布夏州農場的河流一樣寬。然而，我依然花了一個多小時才過關，因為需要準備好證件，才能轉搭一輛以色列汽車前往耶路撒冷。我再度入住大衛王酒店，發現很難不被這座古城城牆外的景色所震撼。這座古城在我主日學時就顯得巨大無比。以色列駐美國大使拉賓諾維奇（Itamar Rabinovich）告訴我，說他擔心和平進程陷入僵局，柯林頓必須投入更多心血（柯林頓試著這樣做，但在下台前失敗了）。另一方面，某次凱撒里亞（Caesarea）會議上的與會者告訴我，說他們認為可以在未來幾年內與巴勒斯坦人擬訂出一個框架。可惜，當時那般樂觀是沒有道理的。在個人方面，我很高興時任以色列國內安全局（Shin Bet）負責人及我的前學生阿亞隆（Ami Ayalon）向我展示了他對我一九九四年文章〈展望未來〉的希伯來語翻譯，並說他讓所有分析師都閱讀了這篇文章。

對中國的樂觀態度

我在四月於東京參加三邊委員會，發現許多人對中國抱持樂觀的態度。隨著經濟逐漸成長，中國出現了些許社會自由化的跡象。江澤民主政的時期與後來習近平的專制壓迫形成對比。亞洲集團邀請中國人「參與」——這是我三年前提出的建議，而人們對中國能否持續成長抱持樂觀的態度。一位與會者張運林（Zhang Yunlin，音譯）表示，中國不可能在十年內成為民主國家，但幾十年後有可能實施民主制度。地方選舉是邁出的第一步。有些人甚至提到中國可能會更早地遵循「新加坡模式」。還有關於全球化反彈的討論，但秘魯作家尤薩（Mario Vargas Llosa）向大家保證，文化多樣性並不會受到威脅。

五月訪問北京時，我證實了人們的確對中國經濟很樂觀，但安全問題依舊存在。當我前去中南海拜訪李嵐清時，他重申了對台灣的一貫警告，但也提到中方憂慮之事，指出美國的國家彈道飛彈防禦計畫會破壞穩定。隔天我參觀了國防部，那裡有很長的走廊，大理石閃閃發亮，鋪著深紅色地毯，我與遲部長和張將軍會晤了一個小時。除了台灣問題，他們還提出了有關國家及地區彈道飛彈防禦的問題。一九九九年時，美國轟炸了中國在貝爾格勒（Belgrade）的大使館，這兩位表示，雖然中國可將我們口中的這起誤炸事件擺在一旁，但他們認為並未得到令人滿意的解釋。另一方面，他們都對甘迺迪政府學院的高級上校計畫表示滿意，而這是在一名參與者於年底叛逃之前的事！

我這次北京之行的重點是參加《人民日報》（*People's Daily*）在人民大會堂舉辦的全球化會議。庫柏和史迪格里茲（Joseph Stiglitz）探討經濟學，我則談論全球化的治理。會上提出了許多問題，隨後我與學術界友人袁明（Yuan Ming，音譯）和楊希雨（Yang Xiyu，音譯）共進午餐，詢問他們聽到了哪些新觀點。他們提到了資訊在這個新世紀作為關鍵權力資源的觀念，以及可信度（credibility）的重要性。《人民日報》的一位編輯評論說，可信度必須來自黨，但他也表示現在的報導範圍較過去更寬。在回國途中短暫停留香港，進一步增強了我對中國適應能力持樂觀態度的看法。

歐洲是挑戰者？

足以挑戰美國世紀的並非只有中國。二〇〇〇年六月，我前往安錫湖（Lake Annecy）畔的塔盧瓦爾（Talloires）參加了一場討論歐洲的會議。我的哈佛同僚亨廷頓談到美歐之間日益擴大的分歧，會中還討論了規劃中的六萬名歐洲國防軍是否會對北約構成挑戰。海斯柏格提出警告，說美國這個超級大國會傾向於單邊主義。我比較樂觀，指出我們應該擔心歐洲太弱，而不是太強大。有人說歐洲會挑戰美國世紀，但我並不認同這點。

我與德國外交關係委員會（German Council on Foreign Relations）前主任凱澤（Karl Kaiser）和英國外交官帕利瑟爵士（Sir Michael Palliser）進行了一次關於歐洲機構的長談。擴大新成員的加入是必要的，但這也在削弱這些機構的影響力。加強聯邦制（federalism）的舊模式不再有效，我們一致認為歐洲治理是自成一類（*sui generis*），無法套用任何公式。我在返美前於雅典停留，發現希臘人很想加入歐元區。我還在一場聚會上發表演講，聚會的參加者是曾在科卡利斯基金會（Kokkalis Foundation）支持下，就讀於哈佛甘迺迪政府學院的東歐研究員。

回到學校和政治

二〇〇〇年九月是新學年的開始，也是評估我們現狀的時刻。哈佛大學在五月時慶祝其二十六億美元的募資活動順利完成，甘迺迪政府學院籌集了二點零八億美元（原訂目標為一點二五億美元）。所有的籌款之旅都有所回報！新學年開始時，我們獲得的捐款高達四點二七億美元，年度預算為一億美元，所以尚有盈餘。在我任職的頭四年裡，學院的預算和人員成長了百分之十五，包括招募了一些優秀的新教職員。更重要的是，我們正走上正軌，從事我在一九九六年為完成使命而設定的優先事項。

勞動節（Labor Day）[8]表示競選活動正式開跑，美國人民（而非政客）開始關注大選。這一年裡，人們不斷預測這場選舉將會勢均力敵。例如，在八月的亞斯本策略小組中，參議員華納表示戰況膠著，選情進入五五波。出現了「柯林頓疲勞」（Clinton fatigue），而小布希（George W. Bush）這位候選人雖然缺乏經驗，卻頗具吸引力。艾薩克森告訴我，多數報導大選的記者都會說：「如果要在酒吧喝啤酒，寧願和布希一起喝，也不想和高爾共飲。」

我礙於工作，無法參與其中，但我很高興與阿米塔吉共同撰寫一份關於美日同盟的報告，該報告概述美日同盟對美國在亞洲的未來非常重要。我們的目標是彰顯兩黨對這一聯盟的共同支持，使其超越紛亂的競選政治。十月十一日，我們在國會大廈曼斯菲爾德廳（Mansfield Room）舉行的會議上公布了這份報告，當天出席人數眾多。日後每逢選舉年，我們都會發表阿米塔吉－奈伊報告（Armitage–Nye report），以便對美日關係貢獻微薄之力。上述的報告就是第一份，自然吸引了日本媒體的廣泛關注。

當天下午，我在國家新聞俱樂部（National Press Club）舉行的甘迺迪學院政府創新會議（Kennedy School Conference on Innovations in Government）上發表演講，並會見了我們的校友。當我搭計程車前往機場時，終於能夠趕上布希與高爾辯論的尾聲。這是一次與一九八八年截然不同的經歷，當時的我是以教授而非院長身分出席，並在杜卡基斯與布希辯論後於接待間（spin room）發表講話。兩週後，我前往巴黎參加巴黎政治學院（Sciences Po）於凡爾賽宮（Versailles）舉辦的院長會議，我當時被一塊寫著「La vie est poesie」（生命就是一首詩）的塗鴉震驚。這是多麼真實啊！

十一月七日是選舉日，我把票投給了高爾。聆聽開票結果就像坐蹺蹺板一樣，忐忑不安。早些時候聽說高爾贏得佛羅里達州，結果遭到逆轉，當我上床睡覺時，高爾又領先了。我隔天一早起床查看結果，發現仍然沒有定案。高爾贏得了普選（popular vote），但選舉人團（electoral college）票數多寡取決於佛羅里達州有爭議選票重新計算的結果。後續四個禮拜就像坐雲霄飛車一般。十二月八日，當我在新罕布夏州的農場劈柴時，從廣播中得知佛羅里達州最高法院裁定重算選票對高爾有利，但第二天，美國最高法院以五比四的投票結果暫停了重新計票，一週後以同樣的票數支持布希。令人有趣的是，這項法院判決的合法性獲得了大眾廣泛接受，部分原因是高爾發表了一場體面的敗選演講。當天晚上，甘迺迪政府學院按照選舉後在學校開會的慣例，為新國會議員舉行晚宴，大家沒有互相指責。這與二十年後發生之事形成了鮮明的對比。

總結柯林頓的施政

我該如何總結柯林頓主政的時代？我很自豪能夠參與其中。柯林頓從未闡明冷戰後世界的完整願景，但他最終接受的戰略與老布希擬訂的戰略非常相似。一九九三年九月，雷克宣稱「這個時代的定義特徵，在於我們是其主導力量」；我們必須「防止有侵略意圖的獨裁者威脅冷戰後的秩序，並且……積極推動自由市場和促進民主」。柯林頓用「交往與擴大」（engagement and enlargement）這樣的描述，為自己貼上了標籤。他的意思是要與過去的敵人建立聯繫，並且更大程度地透過市場力量而非軍事力量，來擴展自由市場民主的範疇。柯林頓警告：「我們無法監視整個世界」（we cannot police the world）。在後冷戰的美國世紀中，真正的傲慢出現在柯林頓之後。

柯林頓高度依賴經濟變革。他擬訂了審慎的財政政策和提振國內經濟的措施，為美國在全球化經濟中得以繁榮昌盛做好了準備。此外，他不顧輿論（以及許多民主黨顧問）的反對，通過了他從老布希繼承的北美自由貿易區（NAFTA）立法，同時完成烏拉圭回合（Uruguay Round），削減關稅、啟動世貿組織並支持中國加入世貿。

柯林頓並未試圖擬訂遏制中國崛起的冷戰政策（這在我所描述的其他國家的態度下，幾乎不可能成功），而是希望將中國融入國際自由秩序。柯林頓過於樂觀，誤以為中國發展貿易和成長之後將會變得更為自由，但他的政策並不像表面那麼簡單。它有現實主義的傾向，重申並加強了美日安全條約作為保險政策，而這是由我協助發起的。為了締造和平，柯林頓也付出了巨大的心血。如果拉賓沒有在一九九五年十一月遭人暗殺，以色列也可能和敘利亞達成協議。柯林頓下台前的最後一搏是舉辦大衛營（Camp David）會議。他試圖當和事佬，在阿拉法特和以色列總理巴瑞克（Ehud Barak）之間進行調解，可惜沒有成功。

俄羅斯是柯林頓的另一項首要任務理，他在這方面花費了許多的私人時間。他努力與葉爾欽交好，提供援助和鼓勵投資，並將七大工業國組織（G7）擴大為八大工業國組織（G8）來納入俄羅斯。然而，俄羅斯實施共產主義七十年，既沒有經濟體制，也沒有政治體制能夠順利吸收馬歇爾計畫式的援助。在那十年之間，俄羅斯腐敗日盛，葉爾欽也日漸衰弱，更是逐漸喪失其政治實力。他已經過於脆弱，無法以他為基礎來繼續發展。

柯林頓提出了擴大北約以納入華沙公約組織（Warsaw Pact）前成員的倡議，這一倡議超出五角大廈較為謹慎的和平夥伴關係計畫。在柯林頓做出決定之前，我一直主張和平夥伴關係計畫。一九九九年，北約接納波蘭、匈牙利和捷克斯洛伐克為新成員。葉爾欽當時接受了，但普丁後來卻指出，北約東擴足以證明西方背信棄義。反過來看，假使北約擴張沒有穩定中歐，今天的世界會是什麼模樣？

柯林頓不採取冷戰圍堵之道，反而擴大市場經濟，以及透過交往與擴大推動民主演變。就他的個人動機而言，將柯林頓描述為屈從於後冷戰的傲慢並不準確，儘管他的一些官員高估了美國的實力。他執行政策時非常謹慎，更常依靠經濟變革和體制，而非軍事力量。當他使用武力進行干預時，他會謹慎小心，將其用於人道主義目的，同時促進民主。他的主要外交政策目標是維持和締造和平。

在柯林頓任期結束之際，美國及全球的經濟持續成長，與歐洲和日本加強了聯盟關係，與俄羅斯和中國等主要大國的關係相對穩定，國際機構也變得更為強大。此外，應對氣候變化和導彈擴散問題的努力也已經展開。

柯林頓是出色的政治人物，具備與人溝通和團結百姓的能力。他會恭維討好（大家都一樣），但也能給人一種真誠的感覺。例如，他某次在哈佛大學發表演講時曾向我表示了高度的讚譽，還說他的女兒正在牛津讀我的書。看著他與支持者熱情互動，即使非常疲累也能和數百人握手，讓人感到驚訝。柯林頓的缺點在於他私德不佳，造成了更廣泛的影響。他在個人事務中對真相的隨意處理，削弱了人們對他總統任期的信任。二〇〇一年一月二十日，格根從華盛頓飛來新罕布夏州，和我們的一小群朋友會合。他先前曾在白宮為柯林頓（以及此前的三位總統）提供建議。我們圍坐在桌子旁，試圖在小布希就任第四十三任美國總統前夕總結柯林頓的施政成績。我當時指出，歷史學家日後可能將柯林頓評價為「B⁺」總統，如果他更能自我克制，本來可以成為得分「A」的總統。大衛的回應說明了一切：「你說得沒錯，但他若是這樣，根本就不會成為總統。」

1 譯註：研究成果能否直接符合擬訂政策的需求。

2 譯註：男爵是歐洲封建體制下的一種土地權，表示國王直接分封的土地使用權。例如英格蘭的男爵稱爲「baron」，初期是指諾曼征服以後由國王直接授予土地的貴族。

3 譯註：多事之地或者可能發生戰爭和騷亂的地方。

4 譯註：白宮採取介於民主黨和共和黨之間的立場，與兩黨議員皆保持等距。

5 譯註：記者通常需要平衡報導，必須至少採訪兩個消息來源並報導相互衝突的觀點。

6 原註：John Donahue and Joseph Nye, eds., *Governance in a Globalizing World* (Washington, DC: Brookings Institution Press, 2000)。

7 譯註：在法律上混合宗教和政治的政府體制，通常要求在宗教團體之間按比例分配政治和制度上的權力。

8 譯註：訂在每年九月的第一個星期一，屬於聯邦法定的節日，用來紀念工人對經濟和社會的貢獻。

第八章

小布希時期

The Bush Years

我在二〇一三年出版的《總統領導力與創造美國時代》（*Presidential Leadership and the Creation of the American Era*）一書中得出的結論是，老布希（第四十一任總統）擁有美國世紀最棒的外交政策，這點足以證明我雖然先前支持杜卡基斯選總統，但在分析政治時是無黨派傾向的。然而，我也在書中寫道，小布希（第四十三任總統）擁有他父親一半的基因，卻遺傳了糟糕的基因。小布希不同於老布希，沒有外交經驗，而且上任時有許多顧問認為，美國既然身處單極世界，便可為所欲為。他們不知道美國實力的極限在哪理。

單極傲慢

柯林頓政府時期就已經出現這種跡象，但等到小布希執政時，這個「唯一的超級大國」才開始狂妄自大。伍夫維茲（後來成為國防部副部長）在加入政府之前告訴我，說只需派遣五萬名士兵前往伊拉克，軍備控制和裁軍局（ACDA）局長阿德爾曼（Ken Adelman）則公開預測，入侵伊拉克將是「小菜一碟」。國防部長倫斯斐（Donald Rumsfeld）在二〇〇三年的某次陸軍會議上（我也在會上發言）表示他不明白軟實力的含義。這種狂妄自大早在九一一事件之前就很明顯了。我擔任甘迺迪政府學院院長時曾請假三個月，在牛津大學萬靈學院（All Soul's College in Oxford）撰寫了一本書，書名概括了我的觀點。這本書名為《美國實力的悖論：為什麼世界上唯一的超級大國不能單打獨鬥》（*The Paradox of American Power: Why the World's Only Superpower Can't Go It Alone*）。它後來成為我最受歡迎的作品（除了我的教科書，該教科書已出到第十版），銷量超過十萬冊，同時躋身《華盛頓郵報》和《經濟學人》的「年度最佳書籍」名單。

二〇〇一年是美國世紀的轉捩點。在前四十年裡，我們的大戰略著眼於在兩極世界中結盟來遏制蘇聯。蘇聯解體後，美國迎來了單極時刻，柯林頓嘗試了交往與擴大民主的策略。到了二〇〇一年，這種做法突然轉變為「全球反恐戰爭」（global war on terrorism）。上一章指出，伍爾西在一九九六年作為國家情報委員會的顧問，他和我製作了一份機密報告，警告美國可能遭受大規模恐怖攻擊。我們還發表了一篇專欄文章，預測美國不可能做好充分準備，應該會遭受另一場類似珍珠港事件的襲擊事件。然而，我倆都沒想到恐怖分子會以商用飛機當作人為操控的巡弋飛彈來襲擊美國，或者會如此迅速改變美國政務的輕重緩急。在二〇〇一年九月十一日之前，布希政府並未高度重視恐怖主義，但九一一事件就像將一桶五加侖的汽油倒入茂密松樹林中的篝火之上。恐怖分子就像柔道選手，無法擊敗政府，卻能利用恐怖事件來影響政府施政，同時震撼更強大的對手，讓他們用自身的力量來自我傷害。這就是蓋達組織（Al-Qaeda）讓小布希所做之事。我們這位總統於是下令軍隊入侵伊拉克。

二〇〇〇年十一月的大選結果很接近，但隨著新年的開始，我對政治情勢感到很放心。我甚至寫道：「布希看起來像是個溫和派，還有一批優秀的外交政策團隊，讓我們拭目以待。」可惜我錯了。到了五月，我寫道：「布希以溫和派的姿態參選，卻迎合他的保守派基本選民。他口口聲聲說執行外交政策時要謙遜，卻實行傲慢的單邊主義。」甚至在九一一事件爆發前，美國就認為自己是唯一的超級大國而狂妄自大。正如法國外交部長于凡德林（Hubert Vedrine）所言，美國已經成為一個「超級強權」（hyperpower）。我後來認識了凡德林，發現他不是反美分子，而是強硬的法國現實主義者。

在二〇〇一年九月之前，各國政壇大都專心處理抵制全球化的浪潮，當時的某些批評者將全球化與美國化（Americanization）劃上等號。在當年一月的達沃斯，保羅．甘迺迪和我一起參加一次會談，他說我在十年前和他辯論美國是否已經衰落，結果我的論述是正確的。我在三月時於倫敦舉行的三邊委員會上談到全球化治理，指出國際組織欠缺民主。政治家克里夫蘭（Harlan Cleveland）曾表述這個問題時所說的：「你如何讓每個人都參與其中，卻仍然能夠有所行動？」

來自歐洲的觀點

我在甘迺迪政府學院忙於招募教師、制訂新的五年計畫和籌款，還得避免在網際網路泡沫（dot.com recession）的經濟不景氣期間出現赤字，同時要規劃探討治理願景的年度布列敦森林會議。外部訪問委員會向哈佛大學監事會（Board of Overseers）報告，指出「甘迺迪政府學院正處於最佳狀態，能夠完成其歷史使命」。

因此，到了四月，我覺得可以享受短暫的學術休假，便接受牛津萬靈學院的訪問學者邀請，打算花三個月著書論述。我很高興能夠重返牛津。萬靈學院成立於一四三八年，致力於促進高等教育。學院提供了一間公寓，讓我住在伊夫雷（Iffley）。伊夫雷是泰晤士河（Thames）河畔的一處小村莊，有一座古老的羅馬式教堂，四處可見茅草棚屋。從房舍窗戶朝外望去，可以看見牛津的尖塔。我若是不想搭公車，可穿過伊夫雷船閘（Iffley Lock），沿著泰晤士河步行，或順沿古老的曳船路騎單車，花上半小時左右便可抵達城鎮。有一次我前往倫敦，會見了《經濟學人》（我最喜歡的週刊）的艾默特和克魯克（Clive Crook），接著在ＢＢＣ電視節目《HARDtalk》上接受塞巴斯蒂安（Tim Sebastian）的訪談。塞巴斯蒂安不斷抱怨美國的單邊主義。爾後我在查塔姆研究所發表演講，題目為〈全球化和人們對它的不滿〉（Globalization and Its Discontents）。

幾週後我訪問柏林，發現當地人經常討論歐洲聯邦制以及隔年將成為官方貨幣的新歐元（Euro）。有些人認為歐洲未來可以挑戰美國世紀。英國政治家彼得·傑伊（Peter Jay）告訴我，表示歐洲聯邦制是法國的陰謀，旨在建立一個國家來抗衡美國霸權，但福格特（Karsten Voigt）和凱澤（Karl Kaiser）等德國學人向我保證，說德國並不這麼認為，他們懷疑是否真能促成歐洲聯邦。我同意他們的觀點，要將歐洲視為美國世紀的盟友而非威脅。然而，某些歐洲人卻過於自信。

二〇〇一年八月，布林肯（Antony Blinken）和前駐法國大使羅哈廷（Felix Rohatyn）在亞斯本研究院發表探討歐洲的論文，羅哈廷表示，我們不應該被法國激進分子縱火焚燒麥當勞的行徑誤導，因為年輕一代的商人是親美的。外交官多賓斯（James Dobbins）指出，看待歐洲人抱怨美國的單邊主義時，必須權衡歐洲在國際刑事法院（International Criminal Court）、關於氣候變遷的京都議定書（Kyoto Protocol）和禁止地雷條約等問題上孤立美國的單邊行動。在北約擴張問題上，團體的意見大致平分秋色，沒人認為歐洲會與美國分道揚鑣。

九一一事件及其餘波

有些事件令人震驚和激動，即便事過境遷，數十載之後依然歷歷在目，誰都不會忘記自己當時身在何處。新學年一開始情況良好，九月十一日和往常一樣，是個亮麗的秋日早晨。我當時已經跑完晨跑，正在替本書寫一些註腳，此時助手馬拉斯卡（Jeanne Marasca）打電話給我，說一架飛機撞上了紐約世貿中心（World Trade Center）。我和許多人一樣，認為第一起只是事故，但當我通勤時聽到第二架飛機又撞上世貿中心的報導時，我知道國內珍珠港事件的噩夢已經發生。甘迺迪政府學院的某些人員和大學中央行政部門要求我們關閉學校，讓學生回家，但我不同意。讓人獨自待在公寓觀看電視播放的恐怖畫面，比甘迺迪政府學院遭受攻擊的風險更為嚴重。

此外，警方也表示沒有立即受到襲擊的風險。我們反而應該努力維繫社區意識，所以我們做了最拿手的事：我們組建了一個論壇，試圖說明當下發生的事情。艾利森、格根和恐怖主義專家史特恩（Jessica Stern）加入了行列。論壇擠滿了人，我們提醒大家不要懷有刻板印象和過度反應，以免損害公民自由。我後來聽說這次論壇讓學院受益不少。

那天晚上，我和莫莉在家裡聽小布希總統聲稱美國仍是「自由的燈塔」（a beacon of freedom）。我原定隔天出訪，但所有航班都被取消，只好撰寫專欄文章和接受電視採訪。我們在學院裡多次討論情況，但局勢撲朔迷離，變數仍多。我在九月十四日寫道：「即使我們抓到賓拉登（Bin Laden），還會有其他人接手。我們是否仔細考慮過『反恐戰爭』？我們必須動用武力，但後續會發生什麼呢？」

由於飛機停飛，參議員凱瑞無法返回華盛頓，因此他邀請我、多伊奇和阿什・卡特到他位於燈塔山的家中討論反恐戰爭可能造成什麼影響。我表示自己擔心「大家開口閉口說要打仗，可能會分散我們的注意力，讓我們做不了需要處理的民生事情」。隔天我和普萊爾（David Pryor，前參議員）、坎貝爾（Kim Campbell，前加拿大總理）和阿什・卡特舉行了第三次公開論壇討論九一一事件。我們擔心大規模轟炸阿富汗可能會導致太多平民死亡，讓恐怖主義更加猖獗。我還擔心小布希將其視為軍事問題。在外交關係委員會探討恐怖主義的電話會議（teleconference）上，我提出同樣的觀點。他們正在編寫一本關於恐怖主義的著作，我替他們撰寫了其中一個章節。在學院中，我們根據凱伊姆（Juliette Kayyem）負責的國內準備執行計畫來擬訂各項措施。

沒過幾週，我又能開始四處出訪。機場安檢嚴格，隊伍大排長龍，連指甲刀等小物件都會被沒收。當飛機飛越紐約時，我看到雙子星大樓的殘骸仍在升起滾滾濃煙。在華盛頓的尼克森中心（Nixon Center），新保守派珀爾（Richard Perle）呼籲要摧毀恐怖分子的國家庇護所，必須對阿富汗和伊拉克進行精密轟炸（precision bombing）。他指出，伊朗和敘利亞等其他國家將會乖乖聽話。珀爾還建議，如果沙烏地阿拉伯不讓我們使用他們的基地，我們就該把基地放在以色列。此外，他認為我們不應該被盟友和聯盟所束縛，只需幾個國家站在我們這邊即可。他甚至表示，允許北約援引《北大西洋公約》第五條來保護美國是錯誤的。我那天晚上寫日記時只寫了一個簡短但響亮的文字：「不！」後來，珀爾承認自己先前的某些言論可能「不謹慎」，但他表示自己的立場沒有改變。他認為，無論其他國家（包括我們的盟友）怎麼想，我們都應該推翻海珊。

到了九月底，情況變得更加複雜，有人開始把致命的炭疽粉末（anthrax powder）寄給國會、媒體和其他辦公室，造成五人死亡。後來證明這是某位不滿政府的科學家對國內發動的恐怖攻擊。然而，當時威脅似乎來自四面八方，因為一旦危機爆發，謠言就會滿天飛，讓人誤以為威脅無所不在。我告訴珍妮不要打開看似可疑的信件或包裹，要把它們拿給我，進一步檢查寄件者。學院確實發生過一起事件，穿著防護服的人員將裝著粉末的一封信件帶走，幸好最終證實只是虛驚一場。

里奇州長（Governor Tom Ridge）被任命為白宮新成立的國土安全辦公室（Office of Homeland Security）的首任主任。出身自我們學院教職員的法爾肯拉斯（Richard Falkenrath）為他工作。這個辦公室運作遇到了困難。我的同事梅伊表示，里奇可能會變成輔助新聞秘書而非規劃者。《華爾街日報》的杭特（Al Hunt）擔心里奇開局不利，因為炭疽病毒郵寄事件一日三變，撲朔迷離，他在上頭花了太多時間，並未好好建立自己的規劃能力。其後麥卡夫瑞將軍（General Barry McCaffry）在甘迺迪政府學院的某次會議上，也提出類似的觀點。我在十一月底訪問法爾肯拉斯和其他人的辦公室時，試圖向他們傳達這些想法。不到兩個月，喀布爾（Kabul）和塔利班政府不是被美國軍隊佔領，就是遭到摧毀。這點很讓人欣慰，但我們在國土安全方面卻沒有展現類似的能力。

下一屆的達沃斯會議移師紐約，藉此象徵大家在九一一事件上團結一心。一年一度的晚會在「地面零點」（Ground Zero）[2]附近的紐約證券交易所（Stock Exchange）大廳舉行。然而，許多歐洲人並不滿意小布希的政策，特別是在他發表將伊拉克、伊朗和北韓歸類為「邪惡軸心」（Axis of Evil）的演講之後。我也批判他，並在BBC和CNN等電視採訪中把他的說法稱為「夸夸其談，言過其實」（a rhetorical bridge too far）。

和平問題

二〇〇一年十二月，我應挪威諾貝爾委員會（Norwegian Nobel Committee）邀請，在慶祝諾貝爾和平獎一百週年的研討會上發表論文。十四位前獲獎者、十四位獲獎組織的代表和八位學者出席了該次會議，包括我的同事沈恩（Amartya Sen），沈恩日後獲頒諾貝爾經濟學獎。我的論文探討大國的興衰。評論員魏瑟爾（Elie

Wiesel）給予了正面的評價。

然而，我對於學者和活躍的社會運動分子之間的差距感到震驚。我們有許多相同的價值觀，但看待真相的方法卻不同。我發現他們的許多想法相當鬆散。屠圖主教（Bishop Desmond Tutu）根據一條評論，指出美國黑人對九一一事件有不同的看法。他譴責轟炸阿富汗的想法，並且表示小布希、海珊和賓拉登都是上帝的孩子。我認為這只說對了一半。喬迪．威廉斯（Jody Williams）先前成功領導禁止地雷運動並推動簽訂公約而獲頒諾貝爾和平獎，她當時表示唯有民間社會才能拯救我們。我們需要對賓拉登採取法律制裁，而非動用武力。我的回答是：「好吧，但要怎樣才能抓到他呢？」她說我是一位「典型的學者」。然而，即使在這群人之中，和平主義者和像維塞爾（Wiesel）這樣的人同樣看法分歧。維塞爾當時指出，要不是為了第二次世界大戰，他是不會出席的。追求和平並不簡單，即使和平獎得主之間也不和平。

隔天在奧斯陸市政廳（Oslo City Hall）舉行的儀式上，聯合國秘書長安南就人道主義價值觀以及如何落實這些價值觀發表了精彩演講。我當晚寫道：「跟珀爾這種右翼分子相比，我的價值觀比較接近烏托邦傳教士，但我為什麼會對他們如此惱火？是他們思想馬虎嗎？我追求理性，最重要的是價值觀。但如何將它們結合呢？」

與印度的第二軌外交

二〇〇二年初，我飛往印度，打算共同主持亞斯本策略小組與印度工業聯合會（Confederation of Indian Industry）及其總幹事達斯（Tarun Das）召集的印度代表團之間的「第二軌」（Track 2）對話。

這個構想是由布萊克威爾大使提出的，他在九一一事件後一直想方設法強化美印關係。這類對話被稱為「第二軌外交」（Track 2 diplomacy），因為參與者雖與政府關係密切，仍然要加以否認。

我們在烏代浦（Udaipur）見面，地點位於某座湖中央一棟美麗的十七世紀大理石宮殿。迎接我們的是風笛音樂和玫瑰花瓣。季辛吉和實業家塔塔（Ratan Tata）宣布會議開幕。政治家蘭密施（Jairam Ramesh）指出，印度在世界上的作用日益重要，並表示美國應放棄冷戰的習慣，別再認為印度和巴基斯坦是彼此牽扯的。就在不久之前，巴基斯坦軍隊入侵了拉加斯坦邦（Rajasthan），印度也動員起來，但美印的共同利益是不希望擁有核武的巴基斯坦變得激進，或者成為失敗國家（failed state）。與此同時，某些印度人認為，巴基斯坦的戰略是透過低強度衝突讓印度受傷流血。印度若與中國改善關係，可能有助於緩和巴基斯坦人的情緒。有些演講感覺是老調重彈，但是當布萊克威爾後來在新德里的羅斯福宮（Roosevelt House）大使館接待我和季辛吉時，我們都同意有一種新的美印關係。

一年後，當這個團體在齋浦爾（Jaipur）舉行會議時，印度戰略家蘇布拉馬尼安（K. Subramanian）直言不諱說道：「印度認為自己不喜歡美國，但更不喜歡中國。」討論美印仍然緊張的核關係時，我建議達成妥協。印度表示它將如同《核不擴散條約》和核供應國集團的成員一樣行事，加入《防擴散安全倡議》（Proliferation Security Initiative），並協助我們處理伊朗問題。美國則要將印度視為《核不擴散條約》之下的核武國家。隨後十二月在華盛頓舉行的一次會議上，蘇傑生（S. Jaishankar，後來的外交部長）告訴我，說我在齋浦爾提出的建議有助於制訂一項核武協議。第二軌外交偶爾會派上用場。

削減開支

我從印度回國後，遇到了領導人要面對的尷尬情況——解雇員工。由於經濟不景氣，學院的一億美元預算面臨百分之三到百分之四的缺口，我向哈佛董事會承諾將削減二百五十萬美元的開支。我們與執行院長紐曼（Bonnie Newman，曾在第四十一任總統布希的白宮擔任高級助理）和學術院長肖爾（Frederick Schauer，他是很聰明的律師）合作，制訂了一項計畫，透過遇缺不補削減三十項職缺，並向另外二十五人支付終止合同的補償金。我決定儘快傳達這個消息，並在全體員工會議上發表講話。我承擔了責任，承認在經濟限制下允許擴張是我的錯誤。我還宣布了削減院長辦公室預算的決定。雖然不是所有人都感到滿意（包括我自己），但麥肯錫顧問（McKinsey consultant）在七月時向哈佛董事會報告時指出我們將會兌現承諾。

入侵伊拉克

二〇〇二年夏天，即將入侵伊拉克的報導甚囂塵上。專欄作家霍格蘭（Jim Hoagland）告訴我，說隔年一月就會入侵。這是人們在亞斯本研究院走廊上不斷討論的話題，我的聯合主席斯考克羅夫特不認為美國會入侵伊拉克，並於八月中旬發表他的看法。前國務卿貝克（James Baker）也在八月發表了一篇討論多邊途徑重要性的專欄文章，而我認同他的觀點。九月初，巴基斯坦領導人穆沙拉夫將軍（General Musharraf）參觀我們的學院，他當時表示賓拉登已被擊斃，入侵伊拉克將是錯誤的舉動。

我在二〇〇二年九月會見了昆林爵士（Sir Michael Quinlin），他是英國國防部前高級官員，也是虔誠的天主教徒，曾撰寫一本深思熟慮的書籍，探討正義戰爭（Just War）的議題。昆林表示他支持空襲，但反對入侵伊拉克。我同意要耐心處理和採取多邊途徑，但不排除在核武即將擴散時使用武力。我反對佔領伊拉克並將其轉變成民主國家的想法。

我越來越擔心美國反恐時會自我傷害。十月二十一日我在《金融時報》（*Financial Times*）發表一篇專欄文章，標題是〈關於伊拉克，貓頭鷹比鷹派更聰明〉（Owls Wiser than Hawks About Iraq）。這篇文章講述為何要耐心採取多邊的理由。季辛吉打電話給我，說他同意我的看法，但他認為波斯灣地區氣溫過高，必須在冬天才能採取行動，同時也可避免這項議題捲入美國政治，影響二〇〇四年總統選舉的氛圍。幾週後，我在全國公共廣播電台（NPR）的一個節目中提出同樣的論點，但顯然沒有造成任何效果。九一一事件發生後，小布希在十一月的期中選舉贏得了參議院和眾議院。我們的八名甘迺迪政府學院畢業生當選了國會議員，讓人稍感寬慰。

學院在十二月舉辦了討論伊拉克問題的公開論壇。英國左傾公共知識分子希鈞斯（Christopher Hitchens）指出，海珊政權壓迫人民，發動戰爭是正義之舉。然而，我的朋友天主教神父、赫希爾（Brian Hehir）說道，根據正義戰爭理論（Just War Theory），還沒必要去發動戰爭。接著我去了新罕布夏州度過我們平常的家庭聖誕節假期，期間也讀了一些書籍。庫克昌（Charles Kupchan）的《美國時代的終結》（*The End of the American Era*）高估了歐洲的軍事力量，也低估了美國的持續戰力（staying power）；巴塞維奇（Andrew Bacevich）的《美帝國》（*American Empire*）提出了重要的批判，但誇大了自己的論點；里夫（David Rieff）的《過夜的床》（*A Bed for the Night*）講述失敗的人道主義干預，真情流露去闡述良好意圖，但並未回答我們在力所能及時應該做些什麼的問題。我在篝火前閱讀並聆聽聖誕頌歌時，想知道有組織的宗教（organized religion）能造成的影響，因為有數百萬人因其名義慘遭殺害。然而，如果不是宗教，會是別的什麼東西呢？我在睡前漫步於明亮的星空之下，憂心忡忡，疑惑難解。看到群星無限光彩，深感自己的渺小。康德（Kant）[3]是對的！

二〇〇三年的多數時間都被伊拉克消耗掉了。我在年初時判斷，爆發戰爭的可能性是七十比三十，但我認為戰爭只有在多邊合作的情況下才是合法的。我在達沃斯主持了一個由參議員拜登（Joe Biden）、國務院的理查．哈斯（Richard Haass）和人權觀察（Human Rights Watch）組織的肯尼斯．羅斯（Kenneth Roth）組成的討論小組。與會者提出了質疑，但正如某位人士所言，這讓反美情緒顯得不那麼高漲，因為美國人對這項政策看法嚴重分歧。

柯林．鮑威爾發表了精彩的演講，認為伊拉克有責任證明自己沒有大規模毀滅性武器；坎特伯雷大主教（Archbishop of Canterbury）詢問鮑威爾，美國推行的政策對其軟實力有何影響。達沃斯會議結束後，我前往羅馬，在梵蒂岡（Vatican）的一次會議上發表演講，指出將伊拉克問題置於基地組織或北韓威脅之上是個錯誤。許多事情將取決於布利克斯（Hans Blix）的聯合國核查報告，以及干預是否為多邊行動。到了二月初，鮑威爾在聯合國安理會作證時理由不足，無法讓聯合國做出支持的第二次決議案。

幾天後，我在紐約與安南共進晚餐。安南指出，他預計安理會將做出含糊的第二次決議，但重要的是要著眼於裁軍而非政權更迭。美國駐聯合國大使尼格羅龐提（John Negroponte）認為，與前一週相比，第二項決議的可能性似乎較小。我的朋友羅傑（John Ruggie）曾在聯合國任職，他認為如果我們再給聯合國檢查員六個星期的時間，法國可能會支持第二次決議。然而，法國外交官格戈林（Jean-Louis Gergorin）表示，總統席哈克（Jacques Chirac）將否決該決議，因為干預有可能導致新一輪的恐怖主義浪潮。我們永遠不會知道事情將如何演變，但無論如何，這可能並不重要。在紐約舉行的另一次會議上，一名副國家安全顧問被問及如果海珊同意解除武裝，美國政府將會如何回應。他回答道，他們會尋求其他決議來執行，包括有關人權的決議。理查·哈斯後來寫道，小布希早已下定決心了。[4] 動機林林總總，除了擔心伊拉克擁有大規模毀滅性武器，某些政府人士也抱持幻想，希望透過民主化來改變中東。

公開辯論仍在繼續進行。《紐約時報》發表了一篇文章（附上我的照片），標題為〈支持戰爭的自由主義者〉（Liberals who support the war）。然而，我對於多邊主義和迫在眉睫的核武擴散威脅所採取的立場，其中的諸多細節並未在這篇文章中被提到。諷刺的是，就在同一天，《華盛頓郵報》發表了我的專欄文章，我在文內主張美國應該花更多時間讓聯合國視察員進行報告，否則我們將在錯誤的時間以錯誤的方式捲入正確的戰爭。三月十九日，小布希總統宣布敵對行動開始。我們的想法根本無關緊要。所謂公共知識分子的影響力，也不過如此而已。

領導力和軟實力

我在七月參加了羅德信託基金會成立一百週年的紀念活動，柯林頓、布萊爾和曼德拉都在倫敦古老的西敏大廳（Westminster Hall）發表演講。塞西爾．羅德（Cecil Rhodes，一八五三年到一九〇二年）是一個帝國主義者，也是一個奇怪的人（我的朋友羅特伯格〔Robert Rotberg〕寫過他的傳記，他就是這麼描述的）。[5] 羅德活到四十八歲就去世，感嘆仍有許多未竟之事。

一個月後，我在甘迺迪政府學院接待了華勒沙（Lech Wałęsa）。華勒沙說他從未打算擔任領袖，但他在波蘭的危險時刻領導了一場罷工，其他人便紛紛跟隨他。他當時覺得革命已經結束，波蘭不再需要或不想要他的領導風格。這點與土耳其領導人艾爾段（Recep Erdogan）形成鮮明的對比。我應艾爾段的要求在達沃斯與他會面。他一心一意想讓我相信他是個非極端的溫和伊斯蘭教主義者。多年以來，我與他有三次這樣的會面，包括二〇〇四年他兒子從甘迺迪政府學院畢業時，我和他在辦公室一起吃過午餐。我必須承認，我沒想到他後來會變得如此獨裁。也許答案在於權力，而非伊斯蘭教。阿克頓勳爵（Lord Acton）曾說：「權力使人腐化，絕對的權力絕對使人腐化。」艾爾段越來越有權力時，就變得越來越獨裁。

我曾與達曼討論過小布希的領導能力。他說小布希迥異於老布希，而且總想和父親一爭高下。（我曾詢問斯考克羅夫特這對父子關係如何，他說必須讀莎士比亞才能理解箇中滋味）無論如何，達曼說過：「柯林．鮑威爾並未迎合德克薩斯州的偏見。」我在卡內基國際和平基金會時曾與金瑞契辯論過戰略（金瑞契素以夸夸其談聞名，但他在這次活動上表現得很親切，讓人驚訝），他對軟實力的經典評論是，「德州人怎麼能輕聲細語說話？」在美國近代史上，沒有哪兩位總統比這兩位布希總統享有更多的基因，但也沒有哪兩位總統的領導風格會如此不同。我想解開這個難題，因此在我辭去院長職務並重拾教鞭後，便寫一本探討領導力的書籍。

與此同時，我花了整個夏天總結自己的想法，打算寫一本關於軟實力的書。我認為美國人低估了軟實力，這是我們會在伊拉克遭遇問題的其中一項因素。我們無法吸引恐怖分子，而恐怖分子則試圖招募搖擺不定的人，我們必須去贏得這些人的心和思想。正如我們的情報機構後來所證實的那樣，在美國入侵伊拉克後，當地的恐怖主義問題變得更為嚴重。到了八月，恐怖分子在伊拉克聯合國總部引爆了一枚炸彈，殺死了負責領導任務的巴西外交幹才德梅洛（Sergio de Mello）。

柯林．鮑威爾在九月邀請我和一小群局外人於國務院八樓參加晚宴。他在晚宴上明確指出他知道軟實力是何等重要。與此同時，他的副手阿米塔吉嚴厲批判倫斯斐，說他傲慢無比。我們憑藉著優越的硬實力，毫不費力便擊垮了海珊的軍隊，但我們的軟實力卻深受影響，因此陷入泥淖，不禁讓人想起越戰。我試著在《軟實力：世界政治成功的手段》（*Soft Power: The Means to Success in World Politics*）中闡明這一點。

辭去院長職務

二〇〇三年九月，我宣布將於隔年六月辭去院長，重返教學和研究崗位。我開玩笑地對教職員說：「我想再次享受作為教授的那種不負責任，就像你們其他人一樣。」我不僅喜歡教書，還想重新拿回百分之四十的時間，那些時間都被我用來四處代表院方露臉和籌款。我認為自己把學院整頓得不錯。擔任院長八年，我讓師資規模擴大了一倍，執行專案增加了兩倍，同時成立了五個新的研究中心，更讓收支達到平

院長辦公室，二〇〇四年
Courtesy of the Harvard University Archives

衡。在後續的幾個月裡，法國大使萊維特（Jean-David Levitte）頒給我一枚獎章，使我成為學術棕櫚勳章騎士（Chevalier des Ordres de Palme Academiques）。甘迺迪政府學院舉辦了一場盛大的晚宴慶祝我退休，並且播放了卡特和柯林頓總統的祝賀影片。我也很榮幸在普林斯頓大學獲得表彰，並被授予年度伍德羅·威爾遜獎（Woodrow Wilson Prize），表彰我作為校友的傑出貢獻。除了政府服務之外，普林斯頓大學校長夏皮羅（Harold Shapiro）還引述了我的「大思想」，這些構想牽涉跨國關係、權力、相互依賴和軟實力。然而，正如我當時所指出的，即使在受到表彰時，人類似乎仍然從未感到完全的安全感。當莫莉和我參加在美術館舉辦的高更（Gauguin）展覽開幕時，這一點讓我感觸頗深。她是該美術館的高級助理。我對高更在他描繪大溪地原始生活的巨幅畫作底部所寫的問題印象深刻：「我們從何處來？我們是什麼？我們將往何處去？」這些都是很好的問題。

二〇〇四年的總統大選

選舉年開始時，小布希在民調中僅獲得百分之四十八的支持率。伊拉克的情況很糟糕。美國公共廣播電視公司（PBS）的一部紀錄片稱這場戰爭是戰術上出色，但戰略上有缺陷。剷除海珊不難辦到，治理伊拉克卻困難重重。新關將軍（General Eric Shinseki）先前估計美國需要派遣大量部隊而遭受批評，但事實證明他沒說錯，倫斯斐和伍夫維茲卻是大錯特錯。然而，倫斯斐看到民眾抱怨伊拉克局勢混亂卻傲慢無比，加以駁斥，並且輕率說道：「自由就是雜亂無章」（freedom is untidy）。三月時，麥納馬拉於甘迺迪政府學院論壇上談論他在越南所犯的錯誤。他批評伊拉克戰爭，但私下告訴我，說由他去點名抨擊小布希不合適。我對這種對總統職位的尊重感到困惑。麥納馬拉告訴我，倘若甘迺迪獲得連任，他將會從越南撤軍。到了一九六五年，他（麥納馬拉）提醒詹森，說獲勝的機率不到百分之五十。然而，詹森在收到太多負面的備忘錄之後，便不再聽信他的建言。

幾週後，聯合國視察員凱伊（David Kay）在另一個甘迺迪政府學院論壇上表示，他認為海珊假裝擁有大規模毀滅性武器，藉此提升自己在國內外的力量。我們的領導人——特別是錢尼——並不是在說謊，而是他們所相信的內容被大幅誇大，遠遠超過情報實際表達的內容。最終導致了一場災難。我後來在BBC電視節目《新聞之夜》（*Newsnight*）接受廣播員派克斯曼（Jeremy Paxman）採訪，他問我是否認為美軍在阿布格萊布監獄（Abu Ghraib prison）以酷刑虐待戰俘的照片削弱了美國的軟實力。當然，他說得沒錯。我五月去華沙出席三邊委員會時，發現人們會用陰沉的眼光看待美國，甚至連友邦都不例外。我七月時發表迪奇利年度演講，英國前首相梅傑（John Major）介紹我入場時，情況也是如此。伊拉克正在破壞美國世紀的基礎。

我一直從旁協助凱瑞競選總統，但是我辭去院長後覺得可以做得更多。我在劍橋為凱瑞舉辦的一次活動中告訴他，說他應該盡快宣布從伊拉克撤軍的計畫。阿什．卡特也提出類似的構想。在普林斯頓大學公共與國際事務學院（School of Public and International Affairs）院長斯勞特（Anne-Marie Slaughter）主持的會議上，季辛吉批評小布希未能將佔領行動變成多邊行動，但他也表示，派軍是必要的，如此可以展示美國具備威懾他人的力量。我認為美國可以訓練伊拉克人一到兩年，然後就離開。我向蘇珊．萊斯和貝爾斯（Rand Beers）表達了同樣的觀點，這兩人當時在凱瑞的華盛頓競選總部擔任顧問。我告訴他們，我那年春天在奧賽碼頭拜訪法國官員，他們聲稱不會讓法國軍隊駐紮在伊拉克。

那年夏天，民主黨在波士頓舉行提名大會。我透過為各種團體進行代理演講、參加活動和會見外國訪客，扮演了一小部分角色。卡馬克給了我一張前往艦隊中心

（Fleet Center）會議樓層和後台的通行證，我很高興看到許多過去的學生停下來跟我打招呼。我看了凱瑞的演講，他的表現極佳，講述了美國政治的中間立場。我不免再度感受到大會帶給我的興奮，於是興高采烈開車返家。話雖如此，我那天晚上寫道，我認為勝選機率是五五波。當亞斯本策略小組在八月開會時，我們從民調專家庫克（Charlie Cook）和佐格比（John Zogby）那裡得知，凱瑞可能會贏得大選。他們表示，美國已經兩極化，百分之五尚未決定投給誰的選民毫不在意，而且對伊拉克的看法早已「根深蒂固，牢不可破」。

當然，選舉日揭曉了答案。我隔天早上六點醒來，打開收音機，得知凱瑞輸了。我感到悲傷，但並不震驚。坎貝爾在選前曾告訴我，說凱瑞若是獲勝，他預計我將擔任一項重要的職位。那並沒有發生。美國現在又得背負四年小布希的外交政策。我前一陣子讀了朋友弗格森（Niall Ferguson）的《巨人：美國帝國如何崛起，未來能否避免衰落？》（*Colossus: The Rise and Fall of the American Empire*），書中探討為何美國人不擅長推行帝國主義。我想知道他為何認為我們應該要這樣做。

領導力的難題

二〇〇五年，我以威南特客座教授（Winant Visiting Professor）的身分前往牛津大學，並獲得貝利奧爾學院（Balliol College）的研究資助，但我不確定自己該在那裡做些什麼。我才剛讀了古貝爾曼（Sidney Guberman）為我們的普林斯頓同學史帖拉（Frank Stella）撰寫的迷人傳記。史帖拉當年很快便成名，但從未停止重塑自身的藝術。這是十二年來我首次沒有設定目標。在牛津研究的結果會如何？我還有創意嗎？我能跟史帖拉一樣重塑自己嗎？我不應該擔心牛津才對。我那一年在牛津度過了兩個愉快的學期，接著在後續的六年裡陸續返回牛津，在第三學期（Trinity term，亦即夏季）[6]擔任客座教授。我作為院長和公共領導中心創始人的經歷，激起了我對何謂良好領導以及如何教授領導能力的好奇心。我還想探索如何將軟實力、硬實力和巧實力的概念應用於個人和國家。當我在二〇〇八年出版《領導力》（*The Powers to Lead*）時，做的就是這件事。我得出的結論是，影響領導力的變數太多，無法支持一個強有力的領導理論，但就像愛和權力一樣，領導力的重要性也不容忽視。

我當時仍在試圖理解兩位布希總統截然不同的領導風格。領導力需要具備情緒智力（emotional intelligence）——即管理自己情緒並與他人建立聯繫的能力——以及情境智力（contextual intelligence）——即根據不同的追隨者和不同的情境調整自己技能的能力。我得出的結論是，領導力是一門藝術，而不是科學，但像彈鋼琴等其他藝術一樣，它可以被教導和學習，而且會有不同程度的熟練度。音樂理論或許可以幫助一個人成為出色的鋼琴家，但教學和練習的作用更大。不過我有些跳躍思維了。首先，我得深入領導理論這片渾濁的水域，學會如何在其中游泳。

待在牛津真是一種享受。即使時值一月，我在基督堂草坪（Christ Church Meadow）晨跑時也能看到綠草、報春花和雪花蓮。貝利奧爾學院院長格雷厄姆（Andrew Graham）和我的朋友資深教授羅伯茲（Adam Roberts）歡迎我參加資深教師休息室（Senior Common Room）的第一次會議。與我們的教職員會議相比，這些教授討論的行政細節多不勝數，讓我非常驚訝。副校長胡德（John Hood）是令人印象深刻但頗具爭議的領導人。他問我是否願意簽訂一份合約，替他們在牛津建立一所類似甘迺迪政府學院的機構提供諮詢。我說我願意免費提供諮詢，於是在後續幾年裡，我經常與伍茲（Ngaire Woods）會面。伍茲是紐西蘭羅德學者，為人聰明，辦事極有效率，後來成為牛津大學布拉瓦特尼克政府學院（Blavatnik School of

Government）的創始院長，我後來也加入該學院的顧問委員會。總體而言，我認為甘迺迪政府學院不應該在外國成立分支機構，反而應該分享智慧財產權和經驗，幫助他國發展自身的公共領導學校。我們在牛津、新加坡、柏林和杜拜都這樣做了。

教授領導力

二〇〇五年秋天，我在哈佛大學教授一門探討總統領導力的課程，上課時談到威爾遜、兩位羅斯福總統和尼克森等複雜人物。當我們談到小布希時，我提醒全班同學要避免政治成見，試著根據他的資訊和學習系統去評判他。布希在承擔風險和堅持不懈方面表現強勢，但在情境智力方面則較為薄弱。他的遠見比診斷問題的能力更強。有一名學生說他認為布希很邪惡，我說他不是，但我們可以指責他的過失。

至於性格和情緒智力，作者伍德華（Bob Woodward）向我形容布希的性格時，說他是「變革型」（transformational）[7]；儘管伯恩斯（James MacGregor Burns）和其他領導理論家稱讚這種特質，但它可能有好有壞。泰迪・羅斯福（Teddy Roosevelt）是變革型並且成功了；威爾遜也是變革型，但由於缺乏情緒智力，因此失敗了。伊格納蒂夫（Michael Ignatieff）是一位深思熟慮的加拿大人，同時也是我們卡爾人權中心（Carr Center for Human Rights）的負責人。在哈佛學期即將結束時，伊格納蒂夫說要辭職返回加拿大，試著去爭取總理大位。他知道其中的風險，但覺得若不去嘗試，人生就不完美。最終他失敗了，但他勇於嘗試，令我欽佩。

那一年在達沃斯，我被邀請向全球青年領袖講述「成功」的意義。在現場我說道，成功需要在同心圓的目標之間取得平衡。對我來說，核心是家庭和朋友，外圍是自然與創造力，最外圈是公共服務。相較之下，像甘地（Gandhi）這樣的偉大領袖，他的核心是服務他人。每個人都必須自行選擇優先事項，否則就會成為事件的囚徒。

伊拉克問題上意見分歧

二〇〇四年總統選舉後，麥卡夫瑞將軍（General Barry McCaffrey）對甘迺迪政府學院的一群人說道：「我們距離在伊拉克失敗，只有一步之遙。」然而，小布希卻向《華盛頓郵報》保證，十一月的選舉結果證明他的伊拉克政策是正確的。他隨後發表第二次就職演說，強調他要促進民主，才會入侵伊拉克。我聽到他的說法時覺得很沮喪。

在迪奇利舉行的一次會議上，英國人和美國人討論了伊拉克情報工作的失敗和成功。一位重要的美國官員表示，美國的情報已經被沙拉比（Ahmed Chalabi）這種流亡者污染了，而這些人在新保守派中擁有自己的政治網絡。英國人則指出，他們在過去兩年制止了四起重大的恐怖陰謀。雙方均表示，美英兩國情報聯絡仍然有效，不因事件而受阻，而且他們也沒有感受到情報工作層面的壓力。英國國防專家昆蘭（Michael Quinlan）告訴我，說布萊爾早在二〇〇二年春天就決定支持入侵伊拉克，但這並非因為情報，而是因為小布希。

入侵伊拉克是情報工作失敗嗎？前中情局局長多伊奇指出，他認為過度的政治壓力和期望破壞了這個過程。在我看來，分析師並未刻意造假，但分析情報時需要整理大量未經證實的資訊。正如我的一位前國家情報委員會同事所說：「想像一下，分析師面對成堆的原始情報報告，其中一堆指出海珊擁有大規模毀滅性武器，另一堆則說他沒有。如果政策制訂者不斷向你施壓，要你提供有關第一堆報告的詳細訊息，你花在另一堆的時間就會更少。」這就是為何優秀的情報管理者必須制訂程序，以確保分析師會關注第二堆報告。此外，二〇〇二年關於伊拉克的國家情報評估是在時間壓力下完成的，即使查看第二堆的機構在該主題上擁有最專業的知識，也會將異議的分析細節降級為註腳。

然而，這一切都沒有阻止政府。二〇〇五年六月初，萊斯邀請我參加國務院的一場晚宴，出席者包括多位外交政策專家，譬如蓋迪斯（John Gaddis）、克里斯托（Bill Kristol）和斯勞特（Anne-Marie Slaughter）。萊斯強調小布希領導層的轉型目標，並詢問我們希望外交政策上有哪些改變。克里斯托和蓋迪斯說要消滅世界上的暴君。我說自己最期待的是恢復美國軟實力的政策。我還參加了外交關係委員會的會議，剛從伊拉克回來的拜登參議員表示他很悲觀，但也並非毫無希望。不久之後，副總統錢尼針對我們如何在伊拉克取得勝利發表了重要演講。當我去費城參加美國羅德學者聚會時，阿什．卡特指出，美國應該從伊拉克撤軍，但韋斯利．克拉克則說要將軍隊縮編至五萬人，這樣才更能支撐下去。

二〇〇六年一月，我和蓋迪斯、穆拉夫奇克（Joshua Muravchik）受邀前往白宮，與三位深思熟慮的工作人員討論外交政策：韋納（Peter Wehner）、格森（Michael Gerson）和菲耶（Peter Feaver，我以前教過他）。他們自然會替府方的伊拉克戰略辯駁；格森指出，小布希堅信該政策的民主要素，並且經常敦促要在伊拉克舉行選舉。我擔心說得比做得更多，同時認為他們應該更關注崛起的亞洲。

八月時我去了沙烏地阿拉伯首都利雅德（Riyadh），會見一些官員後，在閃亮的白色大理石文化中心（Cultural Center）演講。我後來接受招待，在戶外吃晚餐，當時有一群王子圍坐成一圈。他們都認為美國把伊拉克搞得一團糟，但我們不該撤軍。隔天，薩勒曼王子（Prince Faisal bin Salman）為我安排了一次遊覽，參觀舊利雅德及其露天市場（souk）和博物館。有人告訴我，在一九三九年（我出生後不久），這座宮殿是用泥土建造的，水是放在樓梯下的駱駝皮袋中冷卻的，而外交部只是一個房間。這個國家在美國世紀裡變化甚大！

在美國國內，越來越多百姓批評小布希的伊拉克政策。在某次甘迺迪政府學院的會議上，多伊奇和他的前老闆施萊辛格辯論，後者希望在伊拉克留下三萬名士兵來訓練當地人和維持和平。在亞斯本策略小組的夏季會議上，扎克海姆（Dov Zakheim）談到伊拉克即將發生內戰，但我們無法化解衝突。中東問題專家瓦特伯利（John Waterbury）表示，當下的美阿關係是他四十年來見過最糟糕的情況。克倫普頓（Hank Crumpton）是一名中央情報局官員，他在二〇〇二年善用機巧，擊垮了阿富汗的蓋達組織。克倫普頓告訴甘迺迪政府學院的一個小組，若是欠缺某種程度的軟實力，根本不可能擊敗恐怖主義。

布萊克威爾指出，小布希在九一一事件之前一直是個現實主義者，但這起令人震驚的恐攻事件改變了他。如今，布希已失去了九一一事件後全國上下團結的人心。十一月七日，選民在中期選舉中通過將國會交還給民主黨，來表達對他的不滿，隨後，布希解雇了國防部長倫斯斐。年底，貝克主持了一個關於伊拉克問題的委員會，該委員會得出的結論是：「訓練（當地部隊）然後撤出」。但布希選擇了另一條路。次月，他拒絕了該委員會的建議，反而宣布增加部隊的「增兵計劃」。這是大膽的一步，雖然在他任內避免了災難，但只是將問題留給了下一任總統。

美國政治升溫

人們在二〇〇六年逐漸開始將目光聚焦於二〇〇八年的總統大選。我在三月時參加了波士頓的一場小型午餐會，聽取了印第安納州民主黨參議員貝依（Evan Bayh）的演講，他年輕積極，已經在這個共和黨州贏得五場選舉。他主張花六個月從伊拉克撤軍。分析師凱伊姆在四月時邀請我會見馬克・華納（Mark Warner），這又是另一位年輕積極的民主黨人。其實，我曾經寫道，我之所以驚訝於他們如此年輕有為，可能是認為自己年紀太大了吧！小布希的民調因伊拉克問題下滑，一般人認為希拉蕊很可能成為民主黨的候選人。在四月於東京舉行的三邊委員會會議上，前眾議院議長福利（Tom Foley）表示，他打賭馬侃將在總統選舉中擊敗希拉蕊。在那個階段，還沒有人提到另一位嶄露頭角的年輕參議員歐巴馬（Barack Obama）。

我認識希拉蕊，但不認識歐巴馬。這兩人讓我左右為難。然而，我讀到有關歐巴馬的報導後便喜歡上他。我認為歐巴馬可能更適合推展美國的軟實力。然而，正如特勞布（James Traub）在《紐約時報》引述我的話，我擔心歐巴馬缺乏處理國家安全危機的經驗。萊斯問我是否願意和歐巴馬會面，我表示自己仍在觀望，暫時不想選邊站。當年稍晚的時候，一位我教過的學生舍伍德（Liz Sherwood）問我，說她是否可以將我列為希拉蕊的支持者。我表示同意，但她和歐巴馬勢均力敵。歐巴馬的民調支持率不斷上升，我也很高興看到他獲勝。對我來說，該選誰涉及到經驗與新鮮感：要選擇第一位非裔美國人當總統，還是擁有第一位女性總統？我「全部都要」。誰能贏得大選，誰當總統會更善於處理危機？我希望歐巴馬獲勝，但我認為希拉蕊更擅長處理危機。

二〇〇八年三月，我決定在麻薩諸塞州初選中把票投給歐巴馬，因為我感覺美國需要跳脫柯林頓／小布希／柯林頓（希拉蕊）的循環週期，但直到希拉蕊在六月初認輸之前，初選的結果都不明朗。當時我認為歐巴馬當選總統的機率是五十一比四十九，因為美國的經濟正在下滑。然而，我過去曾預估錯誤，而且錯的人並不只有我。一位著名的共和黨民調專家在前一年的年底告訴我，說他認為二〇〇八年的結果將是北卡羅萊納州的民主黨參議員愛德華茲（John Edwards）擊敗麻薩諸塞州的羅姆尼（Mitt Romney）。就像我一九六八年錯誤預測洛克斐勒對決「博比」．甘迺迪一樣，他的預測也完全不準確。謙卑應該是首要的，但在涉及政治時，這種情況很少見。

俄羅斯與戈巴契夫

二〇〇六年冬天，我在莫斯科度過了愉快的一週，並在公共管理學院（Academy of Public Administration）、莫斯科國立大學（Moscow State University）、斯帕索宅邸（美國駐蘇聯大使館）和其他地方發表演講。和我交談的人大多對俄羅斯的未來抱

艾利森（左）和戈巴契夫（中）在甘迺迪政府學院舉辦的研討會，二〇〇七年
Source: © Martha Stewart 2007

持悲觀的態度。有人說，一九八〇年俄羅斯人的平均幸福感比現在更高，自由主義思想並非適用於所有的地方。一些人認為一九九一年的革命摧毀了體制，現在權力被個人掌握，而且腐敗猖獗。還有一位提到，雖然他們現在擁有私有財產和某種程度的言論自由，但他們沒有真正的民主。另一位則將他們的制度描述為「被管理的民主」（managed democracy）。伯恩斯大使（Ambassador William Burns）告訴我，儘管俄羅斯一直協助處理伊朗問題，但俄羅斯人對於遭到忽視感到不滿，並且對我們在烏克蘭的活動抱持懷疑的態度。這一切都發生在普丁入侵烏克蘭的許多年以前。

我這次訪問的亮點是在戈巴契夫基金會（Gorbachev Foundation）發表演講以及與這位前蘇聯總統互動。我在新音樂廳參加了一場紀念他的音樂會，藝術家、音樂家和舞者合唱了〈生日快樂〉歌，最後上台感謝戈巴契夫，讓他們重獲藝術自由。儘管如此，一名助理告訴我，戈巴契夫不久前在斯塔夫羅波爾（Stavropol）發表演說時，人們大聲辱罵他，說他摧毀了蘇聯。戈巴契夫當時回嗆：「我給了你們叫喊的權利。」

我坐在旅館房間裡思考這些想法，看著陽光照在克里姆林宮的金色圓頂上閃閃發光，順道修改〈冷戰的教訓〉（Lessons of the Cold War）的講稿。戈巴契夫其後表示他喜歡我的演講，他當時表現得風度翩翩且外向主動。我如此寫道：「他說話時會傾身靠近你，像政客一樣抓住你的肘部。」他說自己不後悔。戈巴契夫是讓人驚嘆的歷史人物，真正有所變革，即便他並未完全按照自己的意圖（亦即拯救蘇聯）來完成變革。話雖如此，我仍然十分佩服他。

不幸的是，美國與俄羅斯的關係持續惡化。戈巴契夫後來參加甘迺迪政府學院的研討會。他的一些團隊成員（譬如羅戈夫）表示俄羅斯考慮退出《中程飛彈條約》（INF）[8]，因此軍備控制正在瓦解。與此同時，甘迺迪政府學院正在為一群俄羅斯將軍舉辦一個高級管理課程。

會見格達費

二〇〇七年二月，我再次前往牛津，當時艾林拜訪了我。艾林曾在甘迺迪政府學院讀書，那時正為波特（Michael Porter）的摩立特集團（Monitor Group）工作，該集團簽訂了一項合約，打算擬訂改變利比亞的計畫。艾林為我提供了一筆酬金，邀請我在的黎波里（Tripoli）講課並與政府官員會面，甚至提出了可能與格達費

（Muammar Qaddafi）會面的可能性。格達費在先前的訪問中曾會晤民主理論家巴伯（Ben Barbour）。我正在撰寫一本探討領導力的書，若能與這位善變的領導者會面真是太棒了，實在不容錯過。在的黎波里待了兩天之後，我原定要飛往英國。我當時已經見過格達費的兒子賽義夫（Seif），也進行過好幾場公開演講，但沒有看到格達費本人。在我預定出發的那天下午，艾林敲了敲我飯店的門，要我快點出來。一輛疾駛的汽車帶著我們穿過幾堵堅固的城牆，進入市中心的一處巨大公園，只見駱駝、馬匹和山羊在吃草。格達費當時在一個巨大的貝都因（Bedouin）帳篷裡主持會議。從帳篷可以俯瞰一九八六年遭美國轟炸的辦公大樓廢墟。整個場景非常超現實。

格達費在帳篷裡穿著樸素的傳統長袍，旁邊有一張桌子，他的工作人員將我的五本書攤開擺在上頭。我們接著討論發展議題、阿拉伯世界、瓦哈比派（Wahhabism）、人權和民主。格達費堅持認為他「自下而上」（bottom-up）的直接民主比美國代議制民主更有效。他給了我一本他簽名的「小綠皮書」，書中闡述了這項理論。我們交談了兩個半小時，害我差點錯過飛往倫敦的班機。抵達機場後，我接受警衛盤查，也要辦理手續，耽誤了時間，因此我拿出那本綠皮書，給他們看了格達費的簽名，他們便揮手讓我通過。不久之後我抵達倫敦，在李德·哈特中心（Liddell

Hart）發表與權力的未來相關的演講，接著被國王學院授予榮譽博士學位。當我與偉大的英國戰爭歷史學家霍華德爵士（Sir Michael Howard）一起搭車返回牛津時，我心想這幾天可真是一段十分奇怪的日子。

軟實力和巧實力

返美後，我參加了一場在華盛頓舉行的會議。那場會議討論民主和阿拉伯世界，專欄作家克勞薩默（Charles Krauthammer）語帶樂觀，指出小布希的戰爭是符合道德的舉動。我不同意他的說法，指出此舉是在破壞美國的軟實力。有兩位歐洲議員，分別是德國的費雪（Joschka Fischer）和西班牙的帕拉西奧斯（Ana Palacios），他們說讀過我的書並認同我的看法，讓我感到欣慰。

小布希政府在結合硬實力和軟實力方面仍然做得不夠好。為了解決這個問題，戰略與國際研究中心（CSIS）主席哈姆雷（John Hamre）建議阿米塔吉和我共同主持一個跨兩黨的戰略與國際研究中心委員會來探討「巧實力」。所謂「巧實力」，就是順利結合軟實力和硬實力。委員會成員包括一些前國會議員。參議員弗利斯特

（Bill Frist）對於非洲（小布希政府功成領導的區域）衛生援助的軟實力效益印象特別深刻。經過幾次會議後，我們在十一月時於國家新聞俱樂部發布委員會報告，接著阿米塔吉和我在國會作證。不久之前，史塔伏瑞迪斯海軍上將（Admiral James Stavridis）講述了他的南方司令部（Southern Command）如何重組以提升軟實力，隨後，國防部長蓋茲發表講話，敦促美國加大投資軟實力，並且向國務院挹注更多資金。我感覺自己提出的概念開始產生實用和分析效果。

四月時，阿米塔吉和我在參議院外交關係委員會（Senate Foreign Relations Committee）上作證。當共和黨參議員沃伊諾維奇（George Voinovich）說他讀過我的書並希望美國對軟實力投資更多時，我聽了當然十分高興。民主黨參議員梅南德茲（Bob Menendez）也詢問了有關軟實力的問題。共和黨參議員盧加爾（Richard Lugar）和海格（Chuck Hagel）則詢問該如何更有效地重組外交政策。

中國也對軟實力越來越感興趣。胡錦濤在二〇〇七年宣稱中國應該加大投資軟實力，但我認為，他們堅持共產黨領導，要嚴格掌控一切，因此才會受到限制。前一年，我在復旦大學講授軟實力，深感此一概念的發展，同時也在看到一座巨大的毛澤東新雕像時，感到遺憾，我認為他是一位糟糕的領導者。學生們提出的問題很有見地，我詢問了他們對民主的看法。他們回答說，民主是可取的，但對於當前中國來說，帶來的不穩定風險太大。與此同時，他們表示需要更多自由以進行創造性的思考，並且補充道：「看看我們現在所說的內容。二十年前，這會讓我們鋃鐺入獄。」諷刺的是，他們的一位教授王滬寧後來成為政治局的首席意識形態專家，更利用這一職位協助習近平壓制創造性的思想。

整個夏天我都在寫探討領導力的書籍，打算將硬實力、軟實力和巧實力的概念應用到個別領袖身上。我重新發現自己非常喜歡打造想法、卻永遠不知道它會在何處結出果實的工作。有一刻，我問自己：「我為什麼要這樣做？是出於好奇心？想要一個新挑戰？渴望創造力？會有人閱讀它嗎？還是，就像寫小說一樣，我只是想做這件事？」

歐洲的氛圍

二〇〇八年年初，我去了俄羅斯、法國、英國和瑞士。道達爾顧問委員會（TOTAL advisory board）在聖彼得堡舉行會議。我當時指出，美國轟炸伊朗的可能性已經降到百分之一。關於歐洲的未來，大家的共識是幾年前的聯邦夢想已經破滅；然而，諷刺的是，即便幾年後英國會透過公投脫歐，當時的英國前內政大臣布列坦（Leon Brittan）對歐洲的看法卻比法國內政部長魏德林（Hubert Vedrine）更為樂觀。這次訪問的亮點是在十八世紀的尤蘇波夫宮（Yusupov Palace）享用晚餐，並在私人劇院欣賞芭蕾舞表演，場面美麗無比，令我熱淚盈眶。這是俄羅斯的軟實力在在發揮作用！

我在巴黎時轉往奧賽碼頭的華麗餐廳參加一場會議，討論歐洲在世界上所扮演的角色。法國外交和歐洲事務部長庫希內（Bernard Kouchner）表示，法國在北約的角色必須與強大的歐洲防禦能力相互結合。庫希內後來和我在花園裡散步，他告訴我美國應該從伊拉克撤軍。一位印度代表表示，歐洲正在失去影響力，因為它不像美國那樣融入亞洲的精英網絡。這就是美國軟實力的來源，而且它還與經濟硬實力結合。我在前往達沃斯的路上，閱讀了《國際先驅論壇報》（*International Herald Tribune*）的一篇報導，文章把美國描繪成一個殘廢的巨人。然而，當我抵達世界經濟論壇時，我發現他們的年度競爭力指數將美國排在第一位。在下個月的迪奇利會議中，普遍的共識是歐洲無法齊心協力來行動。

三邊事務

另一個讓我花時間處理的問題是關於三邊委員會的未來。大衛．洛克菲勒於一九七〇年代成立這個委員會，以此因應全球化，同時將日本納入第二軌討論，當時主要討論跨大西洋的議題。三邊委員會旨在從非正式的第二軌層面將歐洲、日本和美國聯繫在一起。某些成員如今認為，既然冷戰已經結束，日本也經濟繁榮，應該結束這個委員會。我認為討論很有價值，所以反而應該擴大委員會來納入其他亞洲國家，包括中國和印度。我在四月時和前北美主席沃克、歐洲主席薩瑟蘭（Peter Sutherland）及大衛．洛克菲勒等人商談。他們說服我去接替福利（他生了病）擔任北美主席，接著我在華盛頓主持了我的第一次國際執行委員會會議。經過長時間討論，我的觀點終於被接受。我因為拯救這個機構而被許多人稱讚。現在的問題是，我能否讓它發揮作用。在後續的十年裡，我們納入更多的國際成員，同時追求性別和世代的平衡。二〇一八年，在我擔任主席十週年之際，我將主席職位移交給奧沙利文（Meghan O'Sullivan），我當時感覺自己做得不錯。

網路衝突

我越來越關注網路衝突（cyber conflict），認為這是涉及安全和世界事務的新層面。我參加了馬勒里（John Mallery）針對這個主題籌辦的一場會議，地點位於麻省理工學院。他和中央情報局前副局長斯圖德曼（William Studeman）海軍上將要我花更多時間關注網路議題。我說我太老了，學不了新把戲。然而，斯圖德曼認為，這將成為外交政策的一項主要問題，我既然身為外交政策專家，就不該把它留給技術官僚。他的預測是正確的。從國家情報總監（Director of National Intelligence）發布的年度安全挑戰清單來看，網路在二〇〇七年時根本榜上無名，但只過了幾年便躍居榜首。我同時還擔心氣候變遷的狀況。在牛津馬丁學院（Oxford Martin School）的顧問委員會會議上，斯特恩爵士（Sir Nicholas Stern）提出了令人信服的論點，即無法光靠市場力量和適當折現（discount rate）來解決這個嚴重的問題。然而，我無法同時涉足兩個新領域，所以我選擇了網路。

我知道自己還得學習很多東西，但我喜歡接受挑戰。我永遠不可能像我的孫子一樣成為網路原民（cyber native），但我可以成為網路移民，將傳統的政治概念導入網路世界，即便我傳達時口音很重。二〇一一年出版《權力大未來》時，我在書中加入了一章關於網絡權力的內容，與軍事權力、經濟權力和軟實力並列。後來，我撰寫了關於核武器對網絡安全的啟示、網絡威懾以及治理網絡活動的制度複合體的學術文章。兩年來，我擔任由瑞典前總理畢爾德主持的全球網路治理委員會（Global Commission on Internet Governance）的成員。之後，又在由謝爾托夫（Michael Chertoff）和雷迪（Latha Reddy）主持的網絡空間穩定委員會（Commission on Stability in Cyberspace）任職。作為網絡世界的移民，我的濃重口音從未消失，但從未感到厭倦。

二〇〇八年大選將近

距離總統大選越來越近，人們討論的議題主要是伊拉克和阿富汗的戰爭。歐巴馬批評伊拉克戰爭，說美國本可不用捲入，但也承認發動阿富汗戰爭是公正且必要的。二〇〇八年稍早的時候，斯圖爾特（Rory Stewart，未來的英國保守黨內閣大臣）加入甘迺迪政府學院，負責管理我們的人權中心。斯圖爾特曾經在伊拉克四處遊走，他告訴我，說他認為美國應該撤出伊拉克，並縮減在阿富汗的目標。我在新美國安全中心（Center for New American Security）的一次會議上提出了類似觀點，但克里斯托不同意，說我們不夠自信，退役將軍基恩（General Jack Keane）和共和黨參議員葛拉漢（Lindsey Graham）也同意這點。

在普林斯頓舉行的一次會議上（這次會議恰逢我的五十周年同學會），波迪尼大使（Ambassador Barbara Bodine）表示，我們應該在未來兩年陸續撤出伊拉克。在亞斯本策略小組，布萊克威爾告訴我，伊拉克總理馬里奇（Nouri Al-Maliki）無能，而且對伊朗過於依賴，伊朗在當地的影響力比我們更大，撤軍需要幾年時間。

似乎這還不夠棘手，美國與俄羅斯的關係也在逐漸惡化。俄羅斯在四月時對愛沙尼亞大舉發動阻斷服務（denial of service）網路攻擊，隨後更在八月時入侵喬治亞（Georgia）。

到了九月份，房地產投機投資泡沫破滅，爆發了金融危機，國際情勢更加嚴峻。九月十五日，美國金融服務公司雷曼兄弟（Lehman Brothers）破產，導致道瓊工業指數單日下跌百分之四點五。某些經濟學家預測經濟將重挫且陷入長期衰退。前財政部長桑默斯告訴我，他認為這種可能性只有四分之一。經濟學家費爾德斯坦（Martin

Feldstein）表示，必須推出五兆美元的刺激計畫，而沃克則將這場危機歸咎於聰明過頭的華爾街金融專家。

我在總統大選中扮演次要角色，只是偶爾發表代理演講。然而，當馬侃慷慨發表敗選演講而歐巴馬在十一月四日宣布獲勝時，我感到非常高興。我當時寫道：「對美國來說，今天是光榮的一天！我們選出了一位非裔美國總統。我沒想到自己能看到這一天降臨。即使我們無法時時刻刻都能實踐美國理念，但它仍然存在。這讓我想起了『布朗訴托彼卡教育局案』（Brown v. Board of Education）[9]令人感受到的喜悅。」

我隔天飛往倫敦，英國貿易委員會主席曼德森（Peter Mandelson）表示，軟實力已在一夜之間恢復，而這只有在美國才會發生，伊辛格大使（Ambassador Wolfgang Ischinger）告訴我：「歐巴馬將會像甘迺迪一樣影響德國。」我在三邊委員會的歐洲地區會議上發表了關於歐巴馬的演講，唯一語帶酸意的評論來自於卡拉加諾夫和丘拜斯。這兩位俄羅斯人指出，西方越來越不信任俄羅斯。對阿富汗的評論則是意見分歧。多伊奇敦促我們要縮減目標，但國務院的紐蘭（Toria Nuland）表示，我們正邁向成功的道路。

我的朋友斯坦伯格即將擔任副國務卿。他在聖誕節前夕打電話給我，問我是否願意擔任駐日大使。我說必須先和莫莉討論此事，但莫莉其實並不希望我接下這份工作，她喜歡住在離孫子更近的地方。在這一年裡，我們的九個孫子都來探望過我們。我喜歡帶他們去撿雞蛋、釣翻車魚、把垃圾送到垃圾場，讓他們坐在我的腿上，在我割草時「駕駛」拖拉機，或者在工作一整天後泡在冰池裡游泳。高更提過一連串的問題「我們從何處來?我們是什麼?我們將往何處去?」，沒想到在孫子們身上就能找到很好的臨時答案，而東京則顯得遙不可及!

評估小布希

二〇〇二年九月，前第一夫人芭芭拉·布希（Barbara Bush）訪問甘迺迪政府學院並在論壇上發表演講，我發現她為人熱情且充滿活力。我問她是否想過她的兒子會當上總統，她回答是的，但不知道是哪一位。在我看來，那個錯誤的孩子當了總統。小布希意圖良好，值得讚揚。在震驚全美的九一一事件發生之後，他告訴美國人民，不該將憤怒發洩在無辜的穆斯林身上，而且他也真誠希望讓中東實施民主。然而，全世界都認為他在對伊拉克一事上說謊，而且他夸夸其談，謊稱美國武力強大，但其實狀況已經超出美國力所能及的範圍。如此一來，結果往往與他想做的恰好相反。

美國身處單極世界，已經不像冷戰時期那樣在外交政策上受到限制，幾乎沒有任何力量足以制衡我們。然而，我們卻在此時傲慢自大。柯林頓通常是心不甘情不願才出手干預（或者像在盧安達的例子，美國根本不介入）。他的「交往與接觸」策略更強調經濟全球化和體制。柯林頓是透過市場力量促進民主，而非使用武器強制實施民主。小布希在伊拉克的增兵行動中展現了道德勇氣，對非洲的政策是世界主義[10]式的，並且在與印度的關係中顯示出遠見的現實主義，但這一切都被他在伊拉克犯下的錯誤所掩蓋。他的情緒和情境智力不足，削弱了目標實現的可能性。前唐寧街幕僚長喬納森·鮑威爾（Jonathan Powell）曾告訴我，說布萊爾會多方打聽消息，但他認為小布希好奇心不夠，影響了他的執政成績。鮑威爾認為，布萊爾在派兵進入伊拉克之前應該先與更多人結盟，但他們擔心小布希最終會獨自行動。事實證明，入侵伊拉克根本大錯特錯，這兩位領袖因此聲望重挫。小布希在事件發生後使用威爾遜式的言論來證明自己的行動合理，此舉引起的民眾反應與威爾遜本人在將近一個世紀前所引起的反應沒有什麼不同。對美國世紀而言，小布希不是個稱職的總統。

1 譯註：也可譯為「武器管制暨裁軍總署」。

2 譯註：又稱原爆點或歸零地，此為軍事術語，狹義上指原子彈爆炸時投影至地面的中心點，此處特指在九一一襲擊時被摧毀的區域。

3 譯註：康德說過，有兩種東西，我思考它們越是深沉持久，它們在我心靈中喚起的讚嘆和敬畏就越歷久彌新，一是我們頭頂浩瀚燦爛的星空，二是我們心中崇高的道德法則。

4 原註：Richard Haass, *War of Necessity, War of Choice: A Memoir of Two Iraq Wars*（New York: Simon and Schuster, 2009）。

5 原註：Robert I. Rotberg, *The Founder: Cecil Rhodes and the Pursuit of Power*（Oxford: Oxford University Press, 1988）。

6 譯註：從四月中旬到六月底。

7 譯註：變革型領導比較樂觀和具有遠見，但容易忽視實際情況和潛在風險。

8 譯註：美國與蘇聯在冷戰期間簽訂的一項公約，促使雙方銷毀中程彈道飛彈。

9 譯註：該案於一九五四年五月十七日由美國最高法院做出判決，認定種族隔離屬於不平等。

10 譯註：認為所有人類都是同一個共同體的成員。這種信念就是認同來自不同邊界、文化和群體的人的尊嚴與權利。

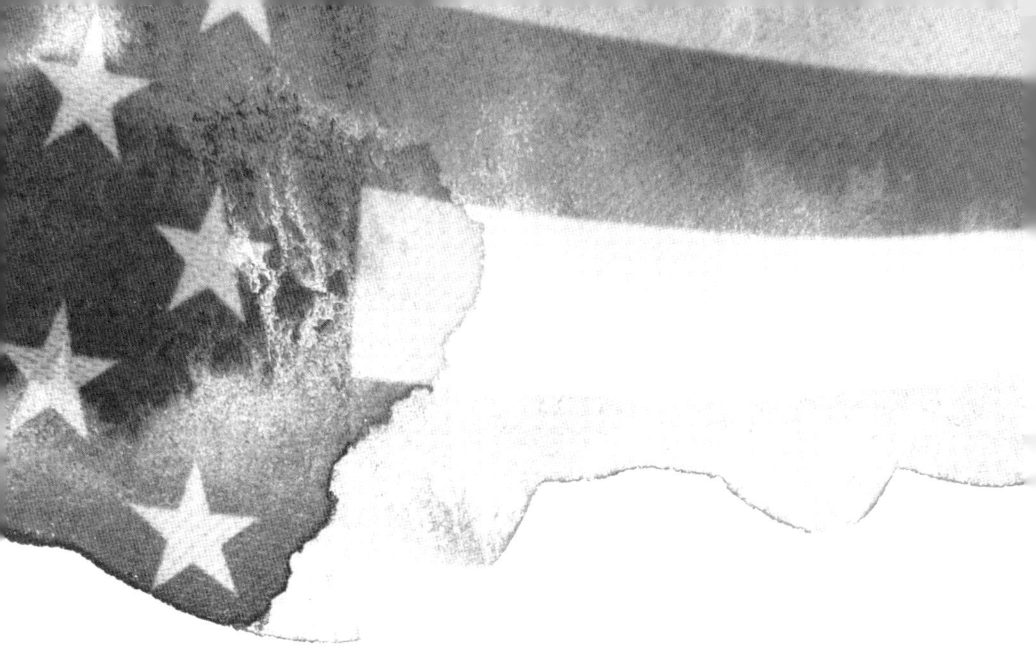

第九章

歐巴馬時期

The Obama Years

歐巴馬初就任總統時，我對其領導能力頗具信心。他年輕有活力，可以促進種族融合，這一切都有利於美國的軟實力。然而，他也面臨嚴峻的問題。二〇〇八年到二〇〇九年時經濟衰退，可能會演變成經濟蕭條，伊拉克和阿富汗戰爭也尚未結束，而且恐怖主義盛行，中東局勢混亂，都將持續帶來威脅。這些年來，我擔任國防政策委員會和國務院政策諮詢委員會（State Department Policy Advisory Committee）的顧問，偶爾也以專家身分提供意見。我關注強權之間的關係、亞洲、聯盟、軟實力和網路議題，同時參與各種非政府組織。

虛驚一場

二〇〇九年一月上旬，東京的主要報紙《朝日新聞》（*Asahi Shimbun*）在頭版刊登了一篇報導，說我將成為下一任的美國駐日大使。霎時大量的祝賀電子郵件如雪片般飛來，媒體也不斷詢問我，我只能回答「無可奉告」或「一切都是傳聞」。回答朋友的詢問有點尷尬，因為我內心矛盾，並且告訴了斯坦伯格，說我更喜歡地點離我的孫子近一點的職務。他說我被列在華盛頓國務次卿的名單上，但我是男性白人，此事就變得很困難。朋友艾利森建議我不要去東京，說我待在國內可以貢獻更多。三月初，斯坦伯格打電話告訴我，提名將在兩週後公布。當我去東京參加三邊委員會會議時，首相麻生太郎問我：「你什麼時候要來？」

然而，我沒被任命為大使，這讓莫莉鬆了一口氣。根據《紐約時報》的報導，我陷入國務院和白宮政治人員之間的較量，後者認為自己已經向希拉蕊做出了太多讓步。最終選中了約翰．魯斯（John Roos），他是一位加州的律師和慷慨的捐款人，他成為了一位出色的大使。每次我去東京時都會拜訪他。結果總算是好的，但美國的政治過程有時可能相當混亂。

社會科學的局限

相較之下，我將注意力轉向學術研究並學習網路知識。我同時著手一本新書，將網路與我先前在軍事、經濟和軟實力方面的工作結合起來。二〇〇八年，一份針對數千名國際關係學者的民意調查報告出爐，將我列為過去二十年中最有影響力的學者第六位，並且是對外交政策方面最具影響力的學者時，真是令我喜出望外。

「大衰退」（Great Recession）[1]起源於華爾街，那時經濟情勢黯淡，有人認為這表示美國世紀已經結束。但誰能取代我們？二〇一五年，我在政體出版社（Polity Press）出版了《美國世紀的終結？》（*Is the American Century Over?*），書中檢視了可能的競爭者。歐洲（當時包括英國）作為一個實體，其經濟規模大於美國，中國則以兩位數的速度成長。我的同事法蘭科（Jeffrey Frankel）推測，歐元可能會在二〇一五年取代美元成為準備貨幣。在六月的三邊委員會執行委員會上，某些與會者認為經濟危機重創美國的威望，將有越來越多貿易通過美元以外的貨幣結算。我認識不少經濟學家朋友，其中的費爾德斯坦（Marty Feldstein）認為中國經濟將在二〇二五年超越美國，但庫珀不同意這點，認為根據實際情況，除了美元之外，別無選擇。事實證明，庫珀的推測更接近事實。現在我們知道，中國領導人的想法更趨近費爾德斯坦，將金融危機視為美國衰落的證據。他們放棄了鄧小平韜光養晦[2]的做法，轉而採取更有自信的外交政策。

眼見這些相互矛盾的經濟預測，我不禁思考社會科學是否有其局限。總體經濟學家自詡為從事科學研究，但他們在預測方面並不比政治學家好多少。要假設的東西太多。我寫道，社會科學善於理解數據小島，但必須在理論-信念上巨大飛躍，才能從一個數據島跳到另一個數據島。我納入自己對美國不會衰落的預測，這是基於對我們的創業文化和擁抱變革的假設。然而，這種情況會持續下去嗎?企業家逐漸開採越來越多的頁岩氣（shale gas）和頁岩油（shale oil），讓美國開始減少依賴進口能源，而在二十世紀的前十年，許多人說我們已經過了「石油頂峰」（peak oil）[3]。社會科學很重要，但必須保持謙遜。二〇〇九年五月，當我在牛津參加副校長對社會科學的審查時，我想起了這一點。牛津當時正從一個中世紀學院聯盟發展為一所中央專業部門日益強大的大學，但它還有很長的路要走。

美國礙於金融危機而實力受損，但它在亞洲仍然至關重要。中國可能將這場危機視為美國衰落的證據，但亞洲大部分國家希望既能進入中國市場，又能有美國的存在來平衡中國的力量。這一點在我訪問河內時得到了體現，我當時會見越南總理阮晉勇（Nguyen Tan Dung），並且參觀了胡志明（Ho Chi Minh）的簡樸故居。越戰期間，胡志明還是美國政客口中的惡棍。從表面上來看，越南似乎與中國關係發展得順利，但在阮英俊（Nguyen Ahn Tuan）家中的一次晚宴上，某位貴客問了我一個耐人尋味的問題：「你知道為什麼我們的國家是S形的嗎?」我回答：「不知道。」他說道：「這是幾千年來中國壓在我們脊椎上的結果。」

阿富汗

除了經濟之外，二〇〇九年最懸而未決的是阿富汗的問題，當地的「正義之戰」進展得極為不順。我在二月的慕尼黑安全會議上聽到卡爾扎伊總統（President Hamid Karzai，披著他標誌性的翠綠披肩）發表了絕佳的演講，但我懷疑他是否能付諸行動。我在走廊上與希拉蕊任命負責「阿富汗／巴基斯坦」（Af/Pak）地區的郝爾布魯克交談時，發現這位素日熱情洋溢的朋友顯得非常謹慎。

專家們意見不一。斯圖爾特表示，最佳策略是以較輕的軍事存在，長期駐紮約兩萬名士兵來防守喀布爾。布萊克威爾也這樣認為，說我們應該讓塔利班控制南部的普什圖（Pashtun）地區。在十月的外交關係委員會董事會會議上，軍事專家比德爾（Stephen Biddle）表示，他支持麥克里斯特爾將軍（General McChrystal）以九萬名軍隊平叛的做法。他看不到折衷的選擇。十一月五日，國家安全顧問瓊斯將軍（General James Jones）召集了一群局外人討論阿富汗問題，並且告訴我們，歐巴馬已經針對這個主題召開了十八個小時的會議。全面平叛的代價「太大了」，用三到四年「縮減兵力」（build-down）較為可行。

歐巴馬的演講打破了分歧意見，他打算採取折衷方案，一邊有限度地增兵，一邊訂出撤軍日期。我對此表示懷疑，認為將諾貝爾和平獎頒給歐巴馬「為時過早」。國防政策委員會於六月召開時恰逢歐巴馬把麥克里斯特爾將軍解職，並由裴卓斯（David Petraeus）接替他在阿富汗的軍職。但正如我們中的一些人所指出的，當沒有政府架構時，誰能進行反叛亂作戰？「肅清、佔領、建設」（clear, hold, build）的口號假定可以建立某些東西。在後來舉行的迪奇利干預政策會議上，艾江山大使和斯圖爾特都表示，歐巴馬犯了錯誤，絕不可對阿富汗增兵。

當我們舉行亞斯本二〇一一年夏季會議時，歐巴馬發表了講話，宣布撤出一萬名士兵，目標是在隔年夏天再撤出三萬名士兵。布雷默大使（Ambassador Paul Bremer）表示，這將使得阿富汗的國家建設窒礙難行。多賓斯指出，雖然應該謹慎看待國家建設，但有時不得不這樣做。

另一方面，我的某些學生曾在阿富汗服役，他們認為美國應該將目標限制在保留一萬名士兵，只用於訓練和反恐。

幾年之後，亞斯本策略小組再次關注阿富汗。幾乎沒人相信美國能夠維持全面平叛行動所需的四十萬軍隊，但這對於人權有何影響，眾人看法分歧。如果我們撤軍，阿富汗婦女會怎麼樣？歐布萊特認為，我們不應該屈服於文化相對論（cultural relativism），人人都享有平等的權利。我說我同意人在這個意義上是平等的，但每個人所處的文化不同，差異很大且變化緩慢。所謂外交政策，就是權衡各種目標，同時評估代價和時機。白宮負責阿富汗政策的盧特將軍（General Douglas Lute）表示，沒有人在談論「熄燈」的情景，而是在討論如何在「燈亮著」的情況下逐步離開。我們必須確保美國的資金和援助不會僅僅使一個充滿宗教社群主義（communalism）和腐敗的社會更加不穩定——正如一些人所說，那是一個「犯罪化的庇護網絡」（criminalized patronage network）。儘管盧特表示，我們的討論比他在華盛頓聽到的更讓人耳目一新，但是依舊沒有結論。在歐巴馬主政期間，這個問題一直沒有解決。

歐洲分裂

金融危機之初，有人認為歐元將取代美元，但事實恰好相反。二〇〇九年，當我參加都柏林三邊委員會會議時，薩瑟蘭接待了我和未來的義大利總理蒙蒂（Mario Monti）。他當時承認，金融危機後希臘經濟疲軟，猶如「烏雲」籠罩，因此他對歐元感到擔憂。在全體會議上，許多人擔心希臘的經濟問題是否會蔓延到其他的地中海國家。人們已經不再樂觀，不認為歐元將取代美元。換個輕鬆一點的話題，愛爾蘭總統麥卡利斯（Mary McAleese）招待我們晚宴。我那晚在日記中寫道：「我貧窮的愛爾蘭祖母會如何看待⑴愛爾蘭總統；⑵女人竟然當選了總統；⑶她的孫子竟然和她一起吃飯？世界變化真大啊！」

然而，歐洲的情況並未改變。二〇一二年，有人對歐元和歐洲整合感到不安，我對此甚為震驚。我與索拉納（前北約秘書長）和米勒班（前英國外交大臣）談論這個話題時發現，已經沒人在談論歐洲可能取代美國世紀了。米勒班擔心歐洲會出現上等和次等成員的雙層結構。索拉納也有此擔憂，但認為可以透過「歐洲雙速發展」（two-speed Europe）[4]來緩和緊張局勢。我參加了倫納德（Mark Leonard）的歐洲外交關係委員會（European Council on Foreign Relations）在瑞典駐倫敦大使館舉辦的晚宴，與會者包括鮑威爾、前英國外相赫德（Douglas Hurd）、經濟學家奧尼爾（Jim O'Neill）和人權活動家瑪貝爾王妃（Mabel van Oranje），這些貴賓都擔心歐洲會喪失軟實力。鮑威爾認為可以控制這種不良情況，其他人卻擔心萬一南歐銀行發生擠兌，事態恐將一發不可收拾。

土耳其外交部長達夫托葛魯（Ahmet Davutoglu）在早先訪問甘迺迪政府學院時，講述了土耳其在歐洲扮演的角色。他讀過我的書，說土耳其地理位置特殊，是介於歐洲與中東和突厥中亞（Turkic Central Asia）之間的民主橋梁，如今正因此獲得軟實力。稍早於九月間，國防政策委員會花了一天的時間討論土耳其。大家取得的共識是，該國由於城市化以及擁有虔誠的下層中產階級，所以阿塔圖克歐洲化的精英統治已經結束，轉為伊斯蘭民族主義興起，而艾爾段便據此大興民粹主義。民主化並不表示能夠帶來自由民主，土耳其將是很難相處的盟友。艾爾段解雇了達夫托葛魯，證明委員會的預測是正確的。

後來在二〇一五年，我前往柏林參加三邊委員會會議。當我清晨在布蘭登堡門（Brandenburg Gate）附近跑步之際，想到昔日在這般狹小的空間裡竟然發生了許多可怕的事件。在這次會議上，凱澤和蒙布里亞爾預測正確，認為歐洲將以歐元穩定的內核來發展，英國則在外環循著獨立軌道運行。德國總理梅克爾（Angela Merkel）在德國國會大廈（Reichstag）向我們發表講話。正當我要介紹她時，音響系統卻壞了。我為了緩和氣氛便打趣道：「德國工藝總是給我留下深刻的印象。」梅克爾毫不猶豫用完美的英語回諷：「例外總能證明規則的存在（The exception always proves the rule）。」

普丁的問題

對付俄羅斯是日益棘手的問題。經濟學家尤爾根斯（Igor Yurgens）於二〇一四年在甘迺迪政府學院舉行的一次會議上提出警告，說普丁對西方感到幻滅，早已被權力沖昏了頭腦。國防政策委員會會議指出，俄羅斯經濟衰退和人口減少；普丁對這一說法心懷不滿，並會採取策略性行動來擾亂國際局勢，這其中也包括對烏克蘭的干預威脅。但考慮到與中國的競爭，我們希望將俄羅斯孤立到什麼程度？在華盛頓舉行的三邊委員會執行委員會會議上，關於是否將俄羅斯納入我們的會議，展開了長時間的辯論。最終決定允許歐洲組別邀請他們認為合適的俄羅斯人參加會議。芬蘭前總理埃斯科·阿霍提醒我，千萬別指望普丁的繼任者會比他好。

到了二〇一四年九月，俄羅斯明顯要介入烏克蘭了。當時在學院的一次論壇上，畢爾德和蒙蒂建議向烏克蘭提供經濟和非致命軍事武器援助，而弗格森提出警告，說制裁將會無效，而且不要疏遠俄羅斯。印度與會者明確表示，他們不會孤立俄羅斯。一位國務院官員告訴我們，政府在是否向烏克蘭提供致命武器援助的問題上，存在分歧。斯考克羅夫特指出，也許我們可以做得更多，但他認為這樣恐怕也是無濟於事。

布林肯告訴我，歐巴馬一直和普丁定期溝通。當凱瑞與外交事務顧問委員會會面討論敘利亞亂局時指出，若未能納入俄羅斯和伊朗，這個問題就無法解決。外交政策可真是不簡單！

在二〇一五年年初，大西洋理事會主席肯普（Fred Kempe）問我，在我看來，什麼是理事會在新的一年面臨的重大安全問題。我如此回答：「俄羅斯滿懷怨恨且國力衰退，中國靠民族主義崛起，還有現在以伊斯蘭國（Islamic state）原始政府為代表的伊斯蘭恐怖主義。」英國軍情六處（MI6）前處長索爾斯（John Sawers）告訴我，普丁在二〇〇四年認定改革派的「顏色革命」（color revolutions）是西方的陰謀，必須予以抵制。在慕尼黑安全會議上，俄羅斯外交部長拉夫羅夫（Sergei Lavrov）一如既往，在烏克蘭問題上撒謊，而我在一九八〇年代結識的卡拉加諾夫則指責西方在科索沃、伊拉克和利比亞違反了規則。北約副秘書長佛希保（Sandy Vershbow）提出警告，說偏執的民族主義如此氾濫，根本無法安撫俄羅斯。參議員葛拉漢敦促要向烏克蘭提供致命武器援助，但梅克爾拒絕了。當我前往巴黎時，法國外長法比尤斯（Laurent Fabius）邀請我去他的奧賽碼頭（外交部）精緻辦公室討論烏克蘭的問題。普丁已經同意簽訂某種停火協議，稱為「明斯克進程」（Minsk Process），但尚不清楚這是否可行。到了二〇二二年，答案就會揭曉。

阿拉伯之春

在二〇一一年初的慕尼黑安全會議上，大家討論的主要話題是所謂的中東「阿拉伯之春」。事件始於突尼西亞，之後蔓延到利比亞和埃及等國。示威者在埃及使用網路集結群眾，於首都開羅的解放廣場（Tahrir Square）發起抗議活動。德國政治學家珀斯（Volker Perthes）表示他感到樂觀，因為三十五年來第一次有可能在獨裁者和伊斯蘭主義者之間找到中間道路。威斯納大使（Ambassador Frank Wisner）透過視訊在會議上發表演講，表示美國尋求「有序過渡到民主」（orderly transition to democracy）。然而，在一週之內，埃及穆巴拉克總統退位，讓軍隊接管政權。我當時寫道，對於非暴力抗議來說，這是一次非凡的表現，但「我不認為這真的能帶來民主。讓我們抱持希望吧！」當然，這些希望都破滅了。美國的力量是有限的。當國防政策委員會於三月開會討論局勢時，人們樂觀看待突尼西亞和埃及，但對葉門和利比亞則抱持悲觀的態度。有些人將其與一八四八年歐洲的民主革命進行類比，但那些事件也讓人失望了。

三月十七日，聯合國安理會根據「保護責任」（R2P）新主張授權設立禁航區，以保護利比亞東部的平民。我寫了一篇文章支持歐巴馬加入行動的決定，但擔心這樣還是不夠。格達費最終於二〇一一年十月被捕後處死，但「保護責任」決議遭到嚴重破壞，利比亞仍飽受內戰之苦。

中東一片混亂

那年夏天，亞斯本策略小組討論了中東問題。美國外交關係委員會主席哈斯預測，中東將持續動盪數十年，但能影響當地局勢的手段卻寥寥無幾。曾為共和黨和民主黨總統服務的中東問題專家丹尼斯．羅斯（Dennis Ross）比較沒那麼悲觀。有人對穆爾西（Mohamed Morsi）領導的穆斯林兄弟會（Islamic Brotherhood）贏得埃及大選而失望，也對他採取的某些措施感到沮喪。最大的問題是敘利亞，總統阿薩德（Bashir Assad）竟然使用化學武器對付叛亂分子。我覺得歐巴馬應該動用巡弋飛彈懲兇，偶爾謹慎使用硬實力是至關重要的。隨著事態發展，歐巴馬於二〇一三年決定尋求國會授權，但尚不清楚能否獲得足夠的贊成票，當時的英國議會也是如此。當普丁建議派遣聯合國視察員進入敘利亞時，歐巴馬終於得以從噩夢中解脫，但普丁後來操縱局勢，使其對俄羅斯有利，讓歐巴馬的信譽受損。

沒有人能對敘利亞問題提出好的解方。安南在慕尼黑表示，我們應該將俄羅斯和美國軍隊整合到聯合國的維和行動之中，但現在為時已晚。馬侃指責歐巴馬未能執行他在二〇一二年禁止使用化學武器的「紅線」。有些人認為普丁永遠不會離開，因為阿薩德是個有用的棋子。俄羅斯前外長科濟列夫在哈佛大學研討會上證實了這點，他說普丁是個「只懂得用武但缺乏軟實力的KGB街頭鬥士」。既有敘利亞的問題，加上歐巴馬與國會就政府關閉問題互鬥，因此記者伊格納茲（David Ignatius）之類的明智評論家為歐巴馬貼上「過於膽怯」的標籤。

伊朗戰爭？

二〇一二年伊始之際，中東又出現另一個讓人頭痛的國家：伊朗。某些觀察家認為，直到該年年底之前，以色列發動攻擊的可能性為百分之二十五。二月初，在華盛頓特區外交關係委員會的董事會會議上，哈斯和吉迪恩・羅斯（Gideon Rose）認為可能性更高。我希望不會如此，因為這可能導致伊斯蘭主義在該地區更為盛行。所幸我們後來發現，歐巴馬政府早已開始靜悄悄施展外交手段來磋商核武協議。

二〇一五年，我在紐約出席了一場會議，與伊朗外長扎里夫（Mohammad Javad Zarif）會晤，雙方的交流是理性且合理的。到了七月，美國政府宣布達成一項限制伊朗核計畫的協議，但要放寬對伊朗的某些制裁。魯爾斯大使（Ambassador William Luers）擬了一份前官員對這項協議表示支持的信，我簽署了，因為我沒看到其他可行的替代方案。然而，以色列表示反對。前以色列總理巴瑞克訪問甘迺迪政府學院時，表示美國應該轟炸伊朗。八月時在亞斯本研究院，多數亞斯本策略小組的成員支持這項協議；范士丹告訴我，說她對參議員舒默（Chuck Schumer）等人不支持這項計畫而惱火。然而，川普（Donald Trump）後來退出這項協議，最終這一切都化為泡影。

轉向崛起的亞洲

我在九一一恐攻十週年之際主持迪奇利會議時表示，過去的十年是失落的十年，正如恐怖分子所預期的。這起事件改變了全世界（和美國）的政治議程，更損害了我們的軟實力。儘管如此，不知未來的歷史學家是否會將它視為一個影響更廣泛的轉捩點。我認為中國的崛起和俄羅斯的衰落對於美國世紀的未來更為重要。歐巴馬想把重心轉向亞洲，但朋友告訴我，戰情室的會議大都陷入討論中東的泥淖。

在歐巴馬執政期間，我個人關注的焦點主要在亞洲。二〇一〇年十二月，亞斯本在北京中共中央黨校（Central Party School）舉行戰略對話。中國外交部副部長傅瑩當時表示，他們對於美國是要合作或圍堵意見分歧。當我方詢問中國是否聲稱南海是「核心」利益時，他們說自己內部對此也看法不一。然而，當我們提出網路竊取智慧財產權或中美合作限制北韓等議題時，他們並不大願意說出想法。到了上海之後，我在某間公共管理學院和上海國際問題研究院演講，接著搭船遊覽黃浦江並享用晚餐，欣賞洋溢歐洲風情的老派外灘和浦東櫛比鱗次的現代摩天大樓，一新一舊，隔岸相望，形成鮮明的對比。其後，我前往台北，在大王椰子成蔭的總統府會見了馬英九總統。馬當時指出，他認為他們的策略奏效了。台灣的軟實力是一項資產，但他們也想購買F-16戰機來增強硬實力。我返回華盛頓後，發現美國官員看到中國日益高漲的民族主義而憂心忡忡，並且抱怨中國不願意合作。

二〇一一年，我前往北京參加盧邁為中國發展研究基金會舉辦的會議。印象特別深刻的是中共中央財經委員會辦公室副主任劉鶴，他畢業於甘迺迪政府學院，後來成為制訂經濟政策的關鍵人物。中國朋友私下向我透露，說胡錦濤是個軟弱的領導人，而習近平也是如此，因為中央政治局常委會不想要強勢的領導人。我的中國朋友擔心民族主義會高漲，中國將會變得傲慢自大。他們顯然低估了習近平。

亞斯本策略小組在德里舉行第十五次戰略對話。我們拜訪了曼莫漢・辛格（Singh）總理，他和國家安全顧問梅農（Shankar Menon）一樣，希望討論與中國的關係。我建議推行不冷不熱的「金髮女孩政策」（Goldilocks policy）[5]。國際氣候會議討論時要求全球二氧化碳濃度必須低於450ppm（parts per million，百萬分之一）[6]，蘭密施在會議上指出印度為了滿足這項要求所面臨的各種困難。經濟學家阿魯瓦利亞（Montek Singh Ahluwalia）說道，印度需要維持高速的經濟成長來因應人口成長。此外，沒有印度人對阿富汗局勢抱持樂觀的態度。

我在十二月時於德里共同主持了亞斯本「第二軌」對話。印度人希望我們在阿富汗保留一萬至二萬名士兵，也對巴基斯坦感到擔憂。他們之中的一個人稱巴基斯坦是「核武太多而無法失敗的國家」。印度人同時認為中國利用巴基斯坦來圍堵他們。梅農表示，以色列或美國若空襲伊朗核設施將會犯下大錯，並且將點燃該地區的火藥庫。另一方面，他們非常樂觀，認為印度能夠維持百分之七左右的高經濟成長率。事實證明這是可以實現的。然而，我從入住的現代酒店步行去參觀胡馬雍陵（Humayun's Tomb，一座紅砂岩和大理石打造的傑作）時，卻對看到的場景感到震驚，因為貧困的百姓會在距離古馳（Gucci）和愛馬仕（Hermes）奢侈品商店不遠處的垃圾堆裡撿拾垃圾維生。印度正在進步，但仍有很長的路要走。

習近平於二〇一二年春天訪問華盛頓，當時所有人都對這位新領袖感到好奇。早些時候，前新加坡總理李光耀告訴我，說即將上任的中國國家主席將是一位更強勢的領導人，但仍無法完全控制解放軍。我和一群專家小組向國務院副國務卿伯恩斯進行報告，但眾人都並未達成共識。習近平在吃午餐時講話十分得體。當副總統拜登批評中國在人權方面的表現時，習回應道：「我們並不完美，但正在進步。」後來，國防部長潘內達（Leon Panetta）在國防政策委員會告訴我們，說他曾與習近平私下談話，對他印象深刻。可惜的是，雖然早期希望滿滿，後來的結果卻並不好。有趣的是，在習訪問期間，高級官員問我是否有意願在魯斯大使離職後接替他。我當時回答：「不！」

我在訪問澳洲麥考瑞大學（Macquarie University）並協助其啟用軟實力倡議與研究中心（Soft Power Advocacy and Research Center）後，繼續飛往北京，受邀前往北京大學馬克思主義學院講授軟實力。吃午餐時我詢問院長，既然中國正在發展資本主義市場，為何還想研究馬克思主義。他如此回答：「市場是為了經濟，馬克思是為了政治。」後來，在我的演講結束後，院長告訴學生，說我對軟實力的定義太政治化了，中國偏好更文化的說法。不久之後，我在宴會上與某位中央委員探討了這個主題。他幾杯黃湯下肚後承認：「我們是披著馬克思主義外衣的儒家分子。」我離開北京時，乘坐令人印象深刻的現代高鐵前往濟南和山東大學，我在那所大學又再次講授軟實力。有些學生很大膽，問我對網路審查制度和「中國防火長城」（Great Firewall of China）有何看法，這點讓我印象深刻。有一個人說道：「如果我們如此自信，為什麼還要進行審查？」當我回到哈佛時，薄熙來的兒子來我的辦公室找我，他的父母當時已經遭到逮捕。他想知道回去是否能夠幫助他們。我建議他不要陷入中國政府的掌控中。

釣魚台衝突

我在十月時被捲入釣魚台的爭端。日本和中國均聲稱對這些無人島嶼擁有主權，中國說日本在一八九五年的戰爭[7]中非法佔領這些島嶼。美國對這些歷史性主權主張不抱持任何立場，但這些島嶼被納入美國於一九七〇年代歸還日本的沖繩領土，因此受到《美日安保條約》（US–Japan security treaty）的保護。美國最不想捲入無人島之爭，但這兩國的民族主義者卻總愛挑起事端。二〇一二年，日本政府從一名普通公民手中購買了其中三個島嶼，據稱是為了防止民族主義團體購買它們。然而，中國反對改變現狀，開始頻繁涉足這個地區。希拉蕊要求四位前朝官員（阿米塔吉、哈德利〔Stephen Hadley〕、斯坦伯格和我）訪問東京和北京來平息紛爭。我們先在東京會晤日相野田佳彥，解釋為何美國在主權主張上保持中立，但不會忘記我們對安保條約承諾。我們也向大使館召集的一些輿論人士闡述美國的立場。

我們後來在北京會見了李克強總理和國務委員戴秉國。他們表示，日本右翼勢力正在崛起，而中國希望與美國建立新型態的強權關係，以便遏制這類力量，還說這些島嶼應該由中日共同控制。我們解釋這為何是不可能的，接著返回東京向野田佳彥和日本官員報告，同時要他們保持冷靜。阿米塔吉和我留下來參加更多會議。我們更新了牽涉美日聯盟的阿米塔吉-奈伊報告，以便在美國大選前維持兩黨團結。我們後來在東京的多處地方討論了這份報告。我倆返回華盛頓後，便向國務卿希拉蕊和其他官員報告了會談情況。釣魚台的爭端無法解決，但也沒有升級到失控的地步。我們無法知道這次訪問是否起到了作用，但在外交上，有時就像伍迪・艾倫（Woody Allen）曾經說過的：有時候，光是人到現場就已經很重要了。

年終

無論如何，當二〇一二年接近尾聲之際，我感覺事情進展順利。在十二月時，四十五名新科國會議員抵達甘迺迪政府學院，接受關於新職責和重大問題的課程。《金融時報》的盧斯（Edward Luce）和我概述了美國實力衰退論的利弊。

我還沒準備完全退休，但已經開始考慮此事。我在秋天參加了聖地牙哥舉行的國

在拉法葉學院與帕斯特、吉米和羅莎琳・卡特（Rosalynn Carter）合照，二〇一三年

際研究協會（International Studies Association）年會，與一群出色的年輕學者參加資訊革命和網路力量的小組討論。我後來告訴基歐漢，說我感覺自己應該退出這種會議，但他卻說：「不，年輕人需要明智的前輩作為榜樣，而你從未享有這麼崇高的地位。」當某項民意調查將我列為「過去五年中做過最有趣工作的學者」亞軍時，他的建議得到了進一步的支持。我說自己被高估了，我無法跟上這個領域的年輕人，但又不想放棄，而且在我重拾教鞭後，又重新有了活力。然而，什麼時候該退出呢？令人難過的是，我隔年和卡特一起去了拉法葉學院（Lafayette College），向我過去教過的學生帕斯特（Robert Pastor）致哀。他罹患癌症，已經到了末期。帕斯特熱情洋溢，但命運就是如此，人只能認命。

重返亞洲

正當歐巴馬於二〇一三年再度就職之際，我回到亞洲進行更多的「第二軌」對話。在德里會談的印度人和美國人一致認為，由於中國的關係，印美關係必然友好，但兩國不會正式結盟。我們基本上同意在阿富汗保留少量的殘餘部隊。然而，變數也很多。印度是「擁有二十二種語言的土地」，他們關心該如何統一，也在面對不斷增長人口的同時，要將經濟成長率從百分之五提高到百分之七。不用超過十年，印度的人口將超越中國。

之後我前往北京，發現當地霧霾嚴重，濃度高達500ppm，簡直讓人窒息，人人都戴著口罩。朋友在北京大學的一次會議上提醒我，說胡錦濤和戴秉國一直對局勢保持控制，但習近平則更加民族主義，較不自由，對網絡上的意見進行打壓，而社交媒體正在蓬勃發展。何亞非副主任表示，南海衝突是「面子」問題，他們必須找到化解衝突的辦法。陳剛畢業於甘迺迪政府學院，時任北京市委常委，他說自己頂住保守派批判的壓力，拯救了創新的798當代藝術區。

我在日本時有人告訴我，說習近平正朝著民族主義的方向改變政策，讓他們感到憂慮。我和首相安倍晉三會面時指出，如果日本想威懾北韓，使其不敢動用核武，就需要改善他們與南韓的關係。多年以來，韓國人仍然記得日本在二十世紀的入侵行徑，這限制了雙方的國防關係，而近期試圖解決雙方僵局的計畫又失敗了，因為日方堅持韓國必須拆除在日本大使館附近建造的慰安婦紀念碑。安倍表示他願意嘗試，但他的追隨者最看重日本人的自尊。日韓皆是美國的盟友，可惜雙方都祭起民族主義大蠹，導致太平洋防禦計畫頻頻受阻。

同年稍晚時，我再次前往日本向防衛大學的學生演講，參加了三菱顧問委員會會議，並出席由《日經新聞》編輯委員會所召集與國會議員共同舉辦的戰略與國際研究中心晚宴。我與哈姆雷、斯坦伯格和阿米塔吉一起再次拜會安倍首相。安倍表現得很親切，但日韓的關係沒有任何改變。我的日本友人岡本行夫是位深思熟慮的前外交官。當我在他家吃晚餐時，他告訴我日本的民族主義蠢蠢欲動，安倍將前往靖國神社參拜戰爭死難者，因為這是他的追隨者們想要的。

二〇一三年十二月，中國外交部長王毅在北京邀請我參加私人晚宴，當晚只有一位資淺的記錄員在場。王問我中國該如何增強軟實力。我當時指出，中國想提升軟實力，就要讓數億人擺脫貧困、弘揚燦爛的傳統文化，如同前幾年上海世博會所展現的那樣，這些都是吸引外人之處。然而，只要中國與鄰國爆發領土爭端，只要共產黨繼續嚴格管控公民社會和打壓人權，中國在亞洲和西方的軟實力就將受到嚴重的限制。

我在二〇一四年年初於達沃斯參加強森（Boris Johnson）的派對。強森時任倫敦市長，是個古怪的領導人。他講話時滿口雙關語，就像他的亂髮一樣不受拘束。我早在牛津時就認識他的父親史丹利（Stanley）。我那晚寫道：「好奇怪的傢伙啊！他倆都是這樣。」很難相信強森後來會當上首相！我隨後參加了中國電視座談會，與會者有高盛集團〔Goldman Sachs〕高級董事長貝蘭克梵（Lloyd Blankfein）、英國聯合政府副首相克萊格（Nick Clegg）以及據稱是中國首富的王健林。當我指出領土爭端限制了中國的軟實力時，王健林批評我「傷害了中國人民的感情」。後來，中國電視採訪者向我道歉，說王的言論反映了習近平最新的民族主義方針。另一位中國人表示，除非日本像德國一樣為二戰道歉，否則中日關係不會改善。當我後來與王毅主持一個小組時，他私下問我安倍最近類比一九一四年的文章是否是認真的[8]。局勢逐漸變得不樂觀了。

二〇一五年，出訪日本再次列入我的行程。中國已經放棄鄧小平的溫和外交政策，安倍則說要修改日本的和平憲法[9]。正式修憲在政治上是不可能的，但他與國會合作，明確指出「集體自衛」符合憲法的自衛概念。當我們幾個人在七月十四日前往安倍的辦公室拜訪他時，安倍看起來很平靜，而他才剛剛結束在國會針對這個主題進行的七小時辯論。他的方法似乎奏效了。

我下一次的日本之行是在秋天，情況非常不同。我參加美日關係富士山對話（Mt. Fuji Dialogue）以後，受邀前往皇居接受天皇頒發旭日勳章（旭日重光章）。

我租了一套正式的早禮服，乘坐豪華轎車前往皇居，向安倍晉三和內閣官房長官菅義偉鞠躬後，在一個大房間裡與一百名日本人和另外兩名外國人（一名科學家和一名國會議員）一起等待。最後，一個小個子男人現身，用日語簡短說了幾句，然後沿著沿著拉起來的繩子邊走邊跟大家鞠躬，而非握手。這是一場非常日式的儀式。

在此之前，我主要是在關注中國。二〇一五年夏天，我接受新華社採訪時指出，我在中國很有名，有人爭論我究竟是鷹派或鴿派，我說我是一隻貓頭鷹。澳洲專家懷特（Hugh White）在紐約伯格魯恩研究院（Berggruen Institute）的會議上表示，美國應該問中國想要什麼，以便兩國能夠共同領導世界。我當時指出這樣作是錯的，因為它會削弱對我們地位至關重要的聯盟。澳洲前總理陸克文（Kevin Rudd），他了解習近平，形容習是一位民族主義的威權領袖。

我以另一次的中國之旅結束了這一年。在亞斯本策略小組與中央黨校開會前，我搭乘子彈列車前往孔子的出生地曲阜，當地有佔地一平方英里的孔氏家族墳墓，其歷史可追溯至七十七代之前。我看到了紅衛兵在一九六〇年代反儒運動中的破壞痕跡[10]。我問護送我的中國人，儒家思想目前有何作用。他說道：「它是我們文化的一部分，但並非意識形態或宗教。」就這樣，過了兩個小時，火車又把我從西元前四七八年帶

出席二〇一五年的白宮招待會，面見了歐巴馬總統，旁邊是日相安倍晉三

回到二十一世紀蓬勃發展的大都會北京。

各方在會議上提出了數種合作構想。我當時指出，如果中國接受美國在西太平洋永久駐軍，我們可以接受中國崛起。我問他們，在有美日同盟和沒有美日同盟的情況下，他們會在哪種情況下感到更安全。他們非常矛盾，承認美國不會撤離，但氣氛就不如前一年那般融洽。一位朋友私下告訴我，中國政府出於政治理由，壓制言論和打擊貪腐，而解放軍正在南海吹響民族主義，以便在國內官僚鬥爭中自我保護。

那年早些時候的二〇一五年四月，安倍首相訪問了美國。我在甘迺迪政府學院舉行的論壇上接待了他，接著一起前往華盛頓參加慶祝活動。拜登和凱瑞在國務院為他舉辦了午餐會。我當時很驚訝，發現自己竟然和季辛吉、歐布萊特和鮑威爾坐在主桌。更令我驚訝的是，安倍過來並（用英語）感謝我提供幫助。那晚是白宮舉行的國宴。大廳裡擺滿了櫻花，穿著猩紅色夾克的海軍陸戰隊樂隊演奏著音樂娛樂賓客。我站在接待行列中，告訴歐巴馬我剛才出版了一本新書。他打趣說道：「大家都知道奈伊的軟實力。」

網路衝突

除了亞洲力量平衡外，我還試圖關注網路安全這項新主題。我第一次的國防政策委員會會議著眼於網路安全的威脅，國防部長蓋茲當時指出，五角大廈需要重組以應對威脅。委員會的一個小組後來前往密德堡（Fort Meade）的國家安全局（NSA），局長亞歷山大將軍（General Keith Alexander）向我們展示他們一些出色的能力，但也提醒我們：「如果我們能做到，別人也行。」

二〇一三年六月，我在倫敦東西方研究所（EastWest Institute）的網路安全會議上發表了一篇論文。會議上提出的警告讓人害怕，因為某些專家預測，網路攻擊可能比美國和以色列為癱瘓伊朗核離心機計畫而發動的震網（Stuxnet）病毒[11]還要嚴重。國防部長潘內達曾提出警告，說可能會發生「網路珍珠港事件」（cyber Pearl Harbor）。美國首席網路外交官佩因特（Chris Painter）告訴我，我們制訂網路規範的時間不多了，必須在為時已晚之前迅速行動。我在那年夏天於亞斯本研究院發表演講，主題是網路專家可以從半個世紀前引入顛覆性核子技術的社會反應中學到什麼。我指出，要發生數次危機且過了將近二十年，才能簽訂第一項國際協議。

二〇一四年一月哈佛大學開課時，我在克林伯格（Alexander Klimberg）的幫助下，開了一門討論網路科技如何影響國際局勢的課程。我還開始撰寫探討這項主題的學術文章，以便在當年稍晚發表。那年五月，我以畢爾德的全球網路治理委員會委員的身分前往斯德哥爾摩。正如布萊爾在訪問甘迺迪政府學院時所言，網路讓人更難去領導民主國家，因為政治邁向極端的趨勢最為強烈。網路方面的國際合作仍在萌芽階段。我和學生一樣，有很多東西要學，但我很高興這門課程在期末評估中獲得了高分。

二〇一三年，當吹哨者史諾登（Edward Snowden）披露大量國家安全局的機密通訊時，我們與盟友之間出現了嫌隙。美國以「大家都在暗中監聽」（everyone spies）來回應，但仍然無法澆熄盟友的怒火。這句話說得沒錯，但美國人的監聽能力更強。一週後，前國家安全局局長海登（Mike Hayden）在哈佛大學的一次小型會議上討論了這個問題。改革程序可以解決國內問題，但如何恢復國際對美國的信任？國家安全局做事魯莽，竟敢竊聽梅克爾的手機，只因為他們辦得到，而且風險似乎為零，除非出了像史諾登這種圈內叛徒才可能走漏風聲。當年稍晚時候，在休利特基金會（Hewlett Foundation）召開的全國網路會議上，許多人提出建議，要透過公眾教育提高網路安全，但沒人對該如何處置不忠誠的內部人員給出答案。

我在二〇一四年前往倫敦時被邀請到內閣辦公室討論網路安全問題。有趣的是，當我打算穿過林蔭大道時，發現該處被封鎖了，因為女王要為議會開幕。當時一群人正在等待這位小個子老嫗乘馬車經過，害我錯過了會議。二十一世紀的問題竟然被十八世紀的遊行耽擱，這種事只有在英國才會發生。然而，至少這是一樁好事，而且有助於提升英國的軟實力！

我在倫敦期間還參加了畢爾德全球網路治理委員會的會議。我們討論了網路的碎片化（fragmentation）、信任的條件，以及爆發網路戰的可能性。來自香港的黃品達（Pindar Wong）試圖說服我，區塊鏈技術將成為比目前用於比特幣更重要的安全手段。然而，橫亙在眼前的問題是，網路攻擊不可避免，我們是否要在冗餘（redundancy）和韌性（resilience）方面進行投資，以減輕受攻擊時的損害。然而，網路早期強調連接而非安全，且商業模式是「快速行動，打破陳規」（move fast and break things）[12]，這使得實現此一目標變得困難。當委員會在當年稍後於海牙（The Hague，我當時還訪問了歐洲刑警組織〔Europol〕以了解他們如何打擊犯罪）、阿克拉（Accra）和邦加羅爾（Bangalore）舉行會議時，這些問題仍在討論中。畢爾德是出色的主席，但他卻很少能提供答案。

我在二〇一五年夏天開始撰寫一篇討論「網路空間的威懾和勸阻」（deterrence and dissuasion in cyberspace）的學術文章。某些分析人士表示，威懾在網路領域起不了作用。我不同意，認為威懾會以不同的方式發揮作用，也不同於核威懾的門檻。我發表了一篇文章，主張我們無法確定沒有發生「網絡珍珠港」事件的原因是否是威懾起了作用，但我們確實知道，對於戰爭等級以下的行動，威懾有時有效，有時會失敗。

二〇一五年有很多起有趣的網路事件，其中之一是馬勒里（John Mallery）在麻省理工學院籌辦了一次會議，邀請七名中國官員和一名俄羅斯官員與會。令人驚訝的是中方非常坦率地表達了他們對尋求規範性限制（normative limits）的興趣。歐巴馬和習近平簽署了一項協議，限制為商業目的進行的網絡間諜活動，中國最初遵守了這項協議。俄羅斯和中國也同意一套限制網路衝突的聯合國規範，但俄羅斯卻立即違反了這些規範，因為它干擾了烏克蘭電網並介入二〇一六年的美國總統大選。歐巴馬等到大選後才宣布將實施懲罰性制裁，但即將上任總統的川普卻認為這是個假議題。要各方妥協的前景是越來越黯淡了。

即將落幕

我此時的個人生活也是多采多姿。《權力大未來》於二〇一一年二月出版，《經濟學人》對其評價甚高。哈斯在外交關係委員會主持了一場辯論會，討論了這本書，也探討了我和《金融時報》的拉赫曼（Gideon Rachman）關於美國是否衰落的爭論。幾週後，《華盛頓郵報》稱「奈伊英氣風發，乃是所屬領域的宗師」，而《外交事務》則寫道「奈伊是當今全球事務中傑出的權力理論家」。這些是好消息。壞消息則是，出版商要巡迴推廣新書，所以我得馬不停蹄，前往數十個城市演講。我統計了一下，二〇一一年五月時，我人在英國，在短短十天內就發表了十七場演講，以及接受三場BBC訪談。我對於四處出訪和談論這本書感到筋疲力盡。

我名列《外交政策》的「全球百大思想家」名單，於是我在二〇一一年年底前往華盛頓參加這場列名儀式。有一個德國部落格將我列為第二十八位最具影響力的國際知識分子（高爾、哈伯瑪斯〔Jurgen Habermas〕和彼得・辛格〔Peter Singer〕高居榜首），我也感到很高興。其後，《外交政策》將我列為最能影響政策的知識分子和最具影響力的學者第五名。很少人能夠同時名列這兩個榜單的前段排名。我當時寫道：

「這意味著什麼？」既要講求學術誠信，又要發揮政治影響力，有時是魚與熊掌難以兼得，但我似乎辦到了。即便如此，我在面對七百人發表十八分鐘的TED Global演講來討論權力的未來後捫心自問：「即使我努力求取平衡，我是否過於樂觀了？」後來我和基歐漢一起在新罕布夏州白山山脈（White Mountains）徒步旅行時問他怎麼想。我們走了幾英里路，邊走邊討論，得出的結論是，我們在美國是否衰落問題上的分歧並不嚴重，但他稍嫌悲觀，而我則是有點樂觀。

我在二〇一一年春天很榮幸地獲得了一本紀念文集（*Festschrift*），這是德國的學術傳統，將某位教授的論文彙整後出版，以此讚揚他。但在美國學界，有些人發展出一種活的紀念文集形式，或者以舉辦會議來代替。我昔日的學生費弗（Peter Feaver）和韋爾奇在甘迺迪政府學院籌辦了為期兩天的「奈伊節」（Nye-fest），參加者有一百多名以前的學生和同事。觥籌交錯，酒過三巡，康乃爾大學國際研究系教授卡贊斯坦（Peter Katzenstein）在席間說我加深了對權力的研究；基歐漢說我「出身農民，卻是不折不扣的世界主義者」；斯勞特和薩金特說我貢獻良多，讓更多女性融入學院；澤利科引述了我對理性的啟蒙信仰，也提到我如何建立政策網絡和亞斯本策略小組之類的「實驗團體」；羅斯說我樹立了榜樣，讓人知道該如何認真對待別人與嚴肅檢視構想。我真是受寵若驚！我唯一的遺憾是，由於書籍宣傳巡迴活動，我幾乎沒有時間好好享受這個榮譽。

我決定將自己的教學時間（和薪水）削減一半。我喜歡教書，但不喜歡評分。我發現良好的回饋對於學習至關重要，並認為教授應該親自執筆評論每位學生的考卷。我同時將不缺課視為原則。我想挪出更多時間旅行和寫作，但仍希望能與學生持續接觸。這便促成了我後續七年的安排。

我涉足過政治。當我過去教過的學生納恩（Michelle Nunn）表示她將競選喬治亞州參議員時，我認為她非常勇敢，便贊助了一場募款活動，而前來參與的人士包括麻州州長派屈克（Deval Patrick）、參議員馬基（Ed Markey）和國會議員喬．甘迺迪（Joe Kennedy）。之後，我又參加了新罕布夏州參議員沙欣（Jeanne Shaheen）的另一場募款活動，參與者有派屈克、新罕布夏州州長哈桑（Maggie Hassan）和麻州國會女議員凱瑟琳．克拉克（Katherine Clark）。唉，在十一月的選舉中，美國參議院被共和黨掌握，但至少沙欣贏了。此外，當新科國會議員於十二月前往甘迺迪政府學院參加迎新培訓時，我很高興看到其中有兩位是學院的畢業生，譬如我以前教過的莫爾頓（Seth Moulton）。

在歐巴馬執政期間，我有好幾個夏天待在蘭格爾（Wrangell）以東五十英里的阿拉斯加亮麗的通加斯（Tongass）荒野，當地離我在一九五六年打工的銅礦礦場也不遠（以阿拉斯加的距離來看）周圍是巨大的老樹，如鐵杉和雲杉，上面掛滿了苔蘚，遠處是加拿大邊境上積雪覆蓋的山脈。我們每天駛上滾滾的泥濘冰川斯蒂金河（Stikine River），前往清澈的支流，接著徒步上游釣魚。我們釣到了無數的魚，最大的是一條是用一根僅五盎司重的飛蠅釣竿釣到的帝王鮭，重達四十七磅（約二十一點四公斤）。所有魚都被放回河裡，讓牠們洄游返回出生地產卵。這次旅行不僅釣魚體驗極佳：有一天，我們坐船靠近一座冰川，從一座崩解的小冰山上削下了一些冰塊。當天晚上，我喝了一杯用萬年歷史冰塊製作的琴通寧（Gin and tonic）！我在一條河裡釣魚時，還遇到一隻狼走近身邊，我的朋友甚至為我們拍了張合照——當時真不知道我和那隻狼，誰感覺更驚訝。

二〇一五年十二月七日，這一切幾乎要劃上句號。當天莫莉和我沿著93號州際公路開車，打算從新罕布夏州返回波士頓。她突然對我尖叫，因為我當時正在開車，時速約為七十英里，然後瞬間失去知覺。我們的車順著陡峭的路堤衝進樹林裡。失控的車子撞上幾棵大樹，接著翻覆過去。重擊聲響結束後，我喊了莫莉的名字，隨即解開安全帶，從車子後頭爬了出來。我發現她時，側座車門已被衝撞開。莫莉的頭部和腿部都有傷口，並且折斷了三根肋骨。我被劃傷了，也有點瘀傷，所幸有安全氣囊的保護和速霸陸（Subaru）極佳的造車工藝，我才能夠坐在救護車前座，被送進康科德醫院（Concord Hospital）。

醫生後來發現，我先前開車時心跳太慢，所以才會暈厥。最終我安裝了心律調節器（pacemaker）解決了這個問題。當莫莉還在醫院休養時，我給在波士頓工作的兒子班打了電話。我們父子倆回到現場搶救私人物品，包括為莫莉的畫廊朋友運送的藝術品。我隔天渾身痠痛，身上仍有瘀傷，還是忍痛去上課。一週後，我在教職員研討會上發表了我的網路論文。這場車禍真是可怕，幾乎結束我的一切，包括這本書在內。我差一點就害死了生命中最重要的人，心裡非常難過。這起意外讓我有所感悟，方知人有多麼脆弱，生命又何其短暫，而我們的命運，有時是出於偶然。

川普崛起

二〇一六年是歐巴馬在任的最後一年，但大家可能更記得川普是在那一年崛起，因為新聞無時無刻不報導他。在共和黨的總統初選中，德州參議員克魯茲（Ted Cruz）在愛荷華州擊敗了川普，有些人認為川普已經到頂了，但他後來竟然贏得新罕布夏州的初選。我在新年沉思時寫道，美國正經歷一段極為糟糕的政治時期，但在一九三〇年代和一九六〇年代發生過更糟糕的情況，而我們有可能恢復正常。我在那個月稍晚於里約舉行的道達爾顧問委員會會議上向巴西前總統卡多索（Cardoso）說了這番話。他表示，巴西正在經歷類似打著民族主義大纛的民粹主義浪潮，他同時提醒我，說「需要數年才能擺脫這個困境」。當時，我看著為狂歡節（Mardi Gras）舉辦的遊行，行伍整齊有序，氣氛歡樂，很難相信巴西遇到了麻煩。然而，事實證明，卡多索對美國和巴西的看法都是正確的。總統羅賽芙（Dilma Rousseff）於二〇一六年八月遭到彈劾，繼任者是效仿川普的右翼民粹主義者波索納洛（Jair Bolsonaro）[13]。

川普在二月底贏得南卡羅萊納州初選，傑布・布希（Jeb Bush）退選。到了三月初，川普和希拉蕊分別贏得了各自政黨的七場初選。謝爾托夫（Mike Chertoff）對我說：「我們將要進入美國政治的新時代。」川普的言論愈加離譜，但仍然一路過關斬將。共和黨顧問墨菲（Mike Murphy）在甘迺迪政府學院的一次會議上說道：「口無遮攔可吸引人們關注，讓媒體整日跟風報導，這就等於打免費的廣告。搞政治難免得演戲，但政客現在裝腔作勢，越來越懶得談政策。」我擔心的是，如此一來便會消滅自我克制的重要規範。古羅馬共和國昔日衰敗之前，所發生之事也如出一轍。我當時雖然參與政治，但僅限於偶爾與希拉蕊的競選外交政策團隊通話，而我身為美國公民，對這種墮落情況深感憂心。

美國保守派聯盟（ACU）主席施拉普（Matthew Schlapp）在三邊委員會北美會議上發言時指出：「許多人預估會出現民粹主義浪潮，但沒有人預料川普會竄起，也不知道他能夠駕馭民粹主義浪潮。」凱悅酒店集團（Hyatt Hotels Corporation）董事長普立茲克（Tom Pritzker）告訴我，川普在商界素以撒謊欺瞞而惡名昭彰，迥異於商業巨擘兼慈善家巴菲特（Warren Buffett），因為巴菲特會讓人信任。然而，在兩極化的政治環境中，川普的策略是有效的，即便事實查核網站《PolitiFact》報導，川普的說法有百分之六十是假的，希拉蕊說謊的比例只有百分之十二。此外，川普發表了反聯盟和重商主義言論，更遑論他還惡劣誹謗較貧窮的國家，在在表示他要顛覆美國的外交政策。民調專家波普金（Sam Popkin）對我說，即使川普當選的機率只有六分之一，選情仍像在玩俄羅斯輪盤，誰贏誰輸還不一定。

八月在亞斯本研究院時，我們的共和黨成員中沒有人為川普辯護。此外，五十名共和黨外交政策專家組成的小組簽署了一封信，聲稱川普太危險了。我當時每個月會替《辛迪加計畫》（*Project Syndicate*）撰寫專欄，便在那個月專門討論川普，指出他在控制情感需求以及和別人共感方面缺乏情緒智力。然而，這一切都無濟於事。到了十月，有人披露一段錄音，指出川普曾吹噓自己猥褻女性，但他很出名，所以能夠逃脫。但即便如此仍無法重挫他。我將這種情況描述為電視真人秀和社交媒體文化所引起的一種病症。

十一月八號是選舉日，《紐約時報》預測希拉蕊的勝選機率為百分之八十五，而她確實以二百萬票的優勢贏得了普選，但川普卻斬獲較多的選舉人團選票。諷刺的是，如果三個州的十萬張選票發生變化，希拉蕊就會成為美國第一位女總統。她慷慨地讓步，歐巴馬則呼籲要和解。仍有某些外交政策精英還在抱怨。斯考克羅夫特辭去與我一起的聯合主席職務（由萊斯接替）後，亞斯本策略小組在華盛頓舉辦活動讚頌他。斯考克羅夫特在這場活動上說道，雖然不幸讓川普當選了，但共和黨成員如果被邀請入閣，就應該為國服務。然而，有些人不同意，說他們絕對不會替這種人工作。

評估歐巴馬

如何總結歐巴馬的主政時期？他就任之初形勢一片大好。美國的軟實力因為伊拉克戰爭受損，但歐巴馬的言談舉止讓它恢復不少。他並非成就斐然，但成果卻是紮實的。諷刺的是，儘管歐巴馬努力減少美國介入陷入困境的中東，並將注意力重新集中在正在崛起的亞洲地區，但他發現，涉及外交政策時，緊急之事往往會擠壓重要之事。他無法說服以色列放棄約旦河西岸的屯墾區，也無法讓巴勒斯坦人深入參與和平進程。他眼見伊斯蘭國在伊拉克日漸壯大，不得不改變立場。然而，敘利亞是讓他最頭痛的問題。

二〇一二年八月，他隨口宣布使用化學武器將觸犯「紅線」。但是一年之後阿薩德使用化學武器，歐巴馬卻無法獲得盟軍或國會支持去發動空襲，他此時只能接受俄羅斯提出的國際清除和檢查敘利亞化學物品的妥協方案。此後便有人經常引述此事，批評歐巴馬軟弱。歐巴馬提供武器給阿薩德政權的溫和反對派，但他拒絕了設立安全區或禁飛區的壓力，因為當時不確定這樣做是否會讓伊斯蘭國受益。某些務實者讚賞這種謹慎的態度，但有些人則批評他，說他謹小慎微，造成了不良後果，包括導致伊斯蘭國的崛起。

歐巴馬沒有處理好中東問題，但在全球議題上仍取得多項外交政策成就。首先是順利處理全球經濟危機，在危機爆發初期有效利用二十大工業國（Group of 20）。此外，歐巴馬致力於推動全球氣候變遷協議談判，最終於二〇一五年巴黎會議上獲得些許斬獲。他也透過談判，簽署了新的《削減戰略武器條約》（Strategic Arms Reduction Treaty），以此減少了美俄的戰略武器庫。他還召開了核安全峰會，但無法讓北韓放棄核武。

與這些全球問題密切相關的，是歐巴馬處理美國與日益強大的中國的關係。他與中國國家主席胡錦濤和習近平進行了二十四次面對面會談，且成功彌合了在氣候變化和網絡規範方面看似無法解決的分歧。此外，歐巴馬與日本、韓國和澳洲密切聯盟，並改善了美印關係，以維持勢力平衡。

歐巴馬也試圖與俄羅斯重修關係，並與梅德維傑夫互動良好。然而，當普丁於二〇一二年重返總統寶座時，歐巴馬便遭遇更多的阻礙。普丁認為美國支持前蘇聯的顏色革命、二〇一一年的中東革命以及二〇一四年鄰國烏克蘭的叛亂[14]，這些都在威脅他的獨裁政權。普丁後來在烏克蘭東部發動戰爭並奪取克里米亞，導致美蘇關係嚴重惡化，俄羅斯因此受到歐巴馬政府的制裁，但制裁力道不足，難以起到有效的嚇阻作用。

歐巴馬有時因為過於謹慎遭受批評，但他在這一點上更像老布希總統，而不像小布希總統。革命時期可能會產生機會，但也可能導致令人討厭的意外和意想不到的後果（正如歐巴馬在利比亞和敘利亞所發現）。他關注無人機襲擊和網路攻擊等新技術的影響，尊重自由價值和程序，並且努力利用和發展國際體制。最重要的是，歐巴馬講究事實真理，會在國內外針對重大的全球議題提出更多道德論述。這一點與他的繼任者形成鮮明的對比。

1 譯註：雷曼兄弟於二〇〇八年九月十五日申請破產倒閉，美國次貸危機擴大為全球金融危機，爾後全球經濟陷入大衰退（Great Recession）。

2 譯註：這是鄧小平於一九九〇年提出的外交方針，全句為「冷靜觀察，穩住陣腳，沉著應付，韜光養晦，善於守拙，決不當頭，有所作為」。

3 譯註：這是一種假設的時間點，屆時石油開採將達到最大量，然後產量會開始下滑且不可逆轉。

4 譯註：歐盟成員應依照各國的政治局勢，以不同的層次和速度來整合。

5　譯註：金髮女孩原則（Goldilocks principle）出自英國童話故事《三隻小熊》。講述一名金髮女孩誤闖熊屋，她偷吃粥、偷坐椅子和偷躺床以後，認為粥不太冷或太熱的好、不太大或太小的床和椅子最舒適。因此，這項原則就是指「恰到好處」。

6　譯註：根據聯合國的說法，在二十一世紀結束前，二氧化碳濃度必須低於這個數值，才可能將全球平均氣溫的升幅控制在2℃以內。

7　譯註：作者應指甲午戰爭。

8　譯註：安倍晉三曾將中日關係與一九一四年一戰前夕的英德比較，指出英德當年既是競爭對手，也是互相依賴的經濟體，但最終難免一戰。

9　譯註：《日本國憲法》第九條指出，日本不會發動戰爭來解決爭端，也不會維持可征戰的武裝部隊，因此這部憲法又稱為「和平憲法」。

10　譯註：在瘋狂的「破四舊」運動中，狂熱的紅衛兵曾衝到孔子故里曲阜，砸孔廟和毀孔林。

11　譯註：「震網」病毒曾變更工業控制程序，讓生產濃縮鈾的離心機異常加速，於二〇〇九年上半年導致納坦茲的一千部離心機損毀，重挫伊朗的核武計畫。

12　譯註：臉書先前的宗旨。

13　譯註：他被外界稱為「巴西版川普」。

14　譯註：作者指烏克蘭危機，時任總統亞努科維奇打算凍結為落實與歐盟簽署歐盟烏克蘭聯合條約的準備工作，導致反對者舉行大規模抗議示威，最後亞努科維奇被趕下台，然後逃往俄羅斯。

第十章

川普、拜登和更遠的未來

Trump, Biden, and Beyond

川普擔任總統四年，對我、對美國和對世界來說都很煎熬。他很難相處，因為他對國際事務的情境智力很低，而且他高度自戀，限制了他的情緒智力。他從未經過美國政壇的洗禮，當總統之前是個政治素人。川普從一九七一年以來一直經營紐約的家族房地產生意，並於二〇〇三年至二〇一五年主持電視真人秀節目《誰是接班人》（*The Apprentice*）。《富比士》（*Forbes*）估計他的淨資產為三十一億美元。

川普有獨特的背景，政治風格迥異於傳統。他的電視真人秀很成功，遂能持續受到媒體關注，而要能吸引鎂光燈，往往得不顧現實，語出驚人，還要打破傳統的行為準則。川普也學會如何利用推特（Twitter）這個新興的社群媒體平台來主導議題，以此繞過傳統媒體的屏蔽。無論你喜不喜歡他，他都是出色的溝通者，而且比普通的政治家都更有創意。

這位新總統也感受到民眾——特別是未接受大學教育的年長白人男性——對於全球貿易在部分地區造成經濟影響不均的不滿，以及對移民和文化變遷的怨恨，並且鼓動了這股負面情緒。其民粹主義、保護主義和民族主義言論使他獲得了遠超過傳統付費政治廣告的免費媒體報導。許多人預期，在這場差距不大的選舉之後，川普會向中間靠攏，以擴大他的政治支持度——正如大多數政治家所做的那樣。相反的，他繼續迎合自己的忠實支持者，並利用此一基礎來威脅那些與他意見相左者的初選競爭，這使得共和黨國會議員不敢公開批評他。許多公開反對他的人在初選中落敗，而在競選期間簽署反川普信件的主流共和黨外交政策專家，也被排除在新政府之外。

川普最初任命主持外交政策的是出色的非政治保守派人士，譬如聘請艾克森美孚前執行長提勒森（Rex Tillerson）擔任國務卿、馬提斯將軍（General James Mattis）擔任國防部長、麥馬斯特將軍（General H. R. McMaster）擔任國家安全顧問，以及凱利將軍（General John Kelly）擔任白宮幕僚長。我一開始還很放心，但川普最終仍將這些人都撤換掉了。他按照競選時的方式執政，成為十足非傳統的總統，撼動了美國外交政策和美國世紀的根基。

川普與眾不同，特立獨行，讓有些人高興，也令某些人擔憂。他經常透過推特宣布政策，甚至解雇內閣部長。如此一來，政府高層異動頻繁，猶如五日京兆，政策訊息更是相互矛盾，損及高級官員威信。川普因此與議會、媒體和美國盟友之間發生嫌隙。他未能團結下屬，使其齊心一致，卻幾乎掌控了施政步調。川普的政治手段眾多，其一就是他會不按牌理出牌。他的前幕僚長蒲博思（Reince Priebus）在新加坡舉行的三邊委員會會議上指出，川普不關心程序，只想透過推文、給人驚喜和表達極端立場來自行做決定。

川普反覆無常，政治立場不拘一格，各色皆有，絕非傳統的共和黨觀點。他長期表達貿易保護主義的立場，還抱怨盟友佔美國便宜，藉機煽動仇恨，鼓吹民族主義。他在競選時成為首位挑戰一九四五年後自由國際秩序共識的主要候選人。我曾對此發表文章探討，刊登於二〇一七年初的《外交事務》上。川普就任總統後，軟化了一些反傳統的安全思想，但仍然依據許多競選主題施展外交政策。他建議日本和韓國發展核武，不必與美國結盟。他還退出了《巴黎氣候協定》（Paris Climate Accords），拒絕歐巴馬談判達成的跨太平洋夥伴協定（Trans-Pacific Partnership）貿易協議，削弱世貿組織，重新談判北美自由貿易協定，對盟國進口的鋼鐵和鋁徵收國家安全關稅，對中國徵收各類關稅，退出歐巴馬和美國盟友談判達成的限制伊朗的核子協議，批評北約和七大工業國組織，並讚揚侵犯人權的獨裁領袖。川普於二〇一七年十二月發布了第一份《國家安全戰略》（National Security Strategy）[1]，在質疑多邊體制和全球貿易的同時，著眼於美中的強權競爭上。這比他某些口頭陳述的更為溫和。其中一位主要作者告訴我，說他認為川普沒有讀過或理解它。

川普政府在提升美國軟實力方面投入的資金和討論度都比較少。根據民調（以及倫敦發布的年度「軟實力30」（*Soft Power 30*）指數），美國的二〇一七年軟實力大幅下滑。推文可以幫助制訂全球議程，但如果其語氣和內容冒犯外國民眾和領袖，則不會引起關注。川普也較少去關注人權，但人權歷來就是美國的一種軟實力。儘管川普曾利用空軍去懲罰使用化學武器攻擊平民的敘利亞，也試圖說服沙烏地阿拉伯在葉門戰爭中減少轟炸平民，但他演講時始終不提從卡特和雷根以來歷屆總統擁護的民主和人權。就連讚揚川普對中國採取更強硬立場的評論家，也指責他沒有與盟友合作來因應中國的行為。此外，儘管全球規則和機構有時會對國家形成約束，美國在它們的制定中占有主導地位，並且是全球聯盟的主要受益者。美國的軟實力也比中國更強，但川普的風格削弱了這些優勢。

五十名共和黨前國家安全官員於二〇一六年八月簽署的聲明指出：「總統必須嚴守紀律，控制情緒，深思熟慮後再行動……川普欠缺這些關鍵特質。他不鼓勵各方提出對立觀點，缺乏自制力且行事魯莽，也不能容忍對他個人的批評。川普行為古怪，讓我們最親密的盟友都感到震驚。」[2]這些官員和其他人都認為，川普礙於個人特質，不適合擔任總統。

川普顯然非常聰明，擔任政治領袖時善於集權，但他執政時的性情使他在情緒和情境智力方面排名較低，而小羅斯福或老布希正是仰賴這兩種智力，方能成為如此成功的總統。某位川普的捉刀人說過：「我老早就發現川普的自我價值感一直偏低。他受委屈時，會有衝動和防禦性的反應，虛構一套故事來自圓其說……川普根本缺乏情感，也對別人不感興趣……最關鍵的是，只要川普隨便在某一天認定某些東西，甭管是什麼，它們就是事實。」[3]川普經常礙於個人的需求而扭曲自己的動機，並干擾他的政策目標。二〇一九年，艾利森、桑格和我帶某家高科技公司的執行長去釣魚。這位執行長向我們講述了他在橢圓形辦公室與川普會面的情況。那次會議的目的是討論新通訊技術的重要國際安全問題，但川普卻會離題，不但批評拜登化妝，還說某位批評過他的女性長著一張「馬臉」。

川普的性格也限制了他的情境智力。他與多數前任總統相比，缺乏管理政府和處理國際事務的經驗。然而，同樣讓人吃驚的是，他知識不足卻懶得學習。他對個人認可的持續需求導致了有缺陷的政策，削弱了美國的盟友關係——例如，這種情況發生在二〇一八年川普與普丁和金正恩舉行高峰會之後。他不願意面對自己不喜歡的證據，就是一種過失，難辭其咎。

此外，川普根本不在乎會不會傷害別人。無論在國外或國內，他越來越少（而非越來越多）談論道德。他不尊重制度和真理，讓美國喪失了軟實力。他不是傳統的孤立主義者，但他主政時期的緊縮（retrenchment）政策，迎合了多數百姓的心態。川普拒絕自由的國際秩序，從而改變了美國世紀。他號稱要透過狹隘的交易方法和顛覆性外交「讓美國再次偉大」（Make America Great Again），但此舉卻挑戰傳統觀念，也和我一生所做的諸多工作背道而馳。

二〇一七年年初，三邊委員會在華盛頓舉行會議。財政部長梅努欽（Steven Mnuchin）僅對貿易做了些許保證，但前聯準會主席柏南奇（Ben Bernanke）和國際貨幣基金組織總裁拉加德（Christine Lagarde）對國際經濟抱持樂觀的態度。所有外國人當然都想了解川普。我與記者米契爾（Andrea Mitchell）、外交官多布里安斯基（Paula Dobriansky）和凱雷投資集團（Carlyle Group）聯合主席魯賓斯坦（David Rubinstein）共同主持了一場關於「川普的美國」的會議。我們提醒外賓不要期待正常的政治，但也不要高估民粹主義浪潮，或者低估美國體制的制衡機制。潘基文在五月時來我的哈佛辦公室見我，徵求我的意見，接著才返回韓國與文在寅總統會面。我當時建議他要有耐心，說我們日後回顧川普執政時，會將其視為一場嚴重的交通事故，而非致命的車禍。當我參加由王緝思教授主持的北京大學一年一度的「北閣對話」時，戴秉國邀請前中央情報局局長尼格羅龐提（John Negroponte）和我共進午餐來談談川普。我們告訴戴，川普是個新人，我們所能建議的就是保持耐心。

退休

二〇一七年我慶祝了八十歲生日，同時辭去固定教職，正式退休。當新政府將我從五角大廈和國務院顧問委員會名單除名時，我就不再參與政府施政了（改朝換代後，這種情況屢見不鮮）。我繼續寫作和演講，還擔任一些董事，但我現在主要是擔任觀察家。我試圖理解川普翻天覆地的改變以及這樣會如何影響美國世紀。我一如既往，對於世界局勢和美國所處的地位仍然非常好奇。

從那年開始，我在蘇世民書院（Schwarzman College）擔任客座教授，這所學院是蘇世民（Steve Schwarzman）在北京清華大學資助成立的寄宿制學院，在這個圈子裡可以體驗美國生活。蘇世民的想法是效仿羅德經驗，挑選來自世界各地的人和中國的學生一起生活和學習。我曾與他一起在紐約參加過選拔委員會，所以我很高興看到書院能夠順利運作。書院的討論非常開放，我們可以自由使用網路。另一方面，朋友們告訴我，說習近平正在全面加強黨的控制。此外，大家都對川普非常好奇，這點自然不在話下。

我在二月參加了慕尼黑安全會議，並且在吃早餐時坐在凱利將軍旁邊。我聽到他說會採取平衡的做法，也聽到副總統彭斯（Pence）在演講時重申美國對北約的承諾，因此感到放心。同樣地，俄亥俄州共和黨州長凱西克（John Kasich）也再次向我們的盟友重申美國的承諾。當我聽說川普用麥馬斯特將軍取代了性格古怪的弗林將軍（General Steve Flynn）擔任國家安全顧問時，我很高興。荷蘭外交部長科恩德斯（Koenders）也在慕尼黑介紹了新成立的全球網路空間穩定委員會（GCSC），我受邀在該委員會任職。

亞洲的勢力平衡

我對亞洲仍然很有興趣。我在三月時前往檀香山（Honolulu）出席太平洋論壇（Pacific Forum）[4]理事會並談論亞洲安全。海軍上將哈里斯（Harry Harris）曾是我教過的學生。他邀請我在他巨大的辦公室吃午餐，室內裡掛滿了旗幟，可以俯瞰海灣和珍珠港。我們說日本正在緩慢加強其防禦態勢，也討論了北韓，這個長期讓人頭痛的國家不斷出言挑釁，姿態越來越強硬。在稍後舉行的三邊委員會會議上，對於我們與北韓發生戰爭的估計高得讓人震驚，某些觀察家認為可能性介於百分之二十五到百分之五十之間。我說一旦爆發戰爭，北韓人民要付出的代價太高，我們必須學會與北韓和平相處，同時遏制它發展核武。

到了秋天，亞斯本策略小組與印度的對口單位舉行了第二十二次的會議。印度人比過去更公開反華，但許多人支持川普，因為他對巴基斯坦採取更強硬的態度，並在阿富汗駐軍。然而，也有人指出，許多德里精英認為美國正在衰退。到了十月底，我飛往東京，發現日本人大多對川普感到困惑，但安倍晉三再次當選，有人說這表示他預先制止了日本的民粹主義。安倍很會滿足川普的虛榮心，表示他八面玲瓏，善於處理自己和這位美國總統的關係。整體而言，參與富士山對話的人士認為，與歐洲相比，美日同盟狀況良好。

我在二〇一八年飛往新加坡參加三邊委員會會議。當地官員告訴我，新加坡已經按照我十年前參與的某個委員會的報告，調整了高等教育策略。在慶祝我擔任主席十年後卸任的晚宴上，與會者向我舉杯，說我拯救了委員會，並且使其恢復活力和多元化。我很高興看到自己付出心血後能得到別人的認可。

有一位美國人問新加坡外長維文（Balakrishnan），說川普下台之後美國能否恢復在亞洲的地位。維文回答，美國難以挽回受損的信譽，但最終取決於美日同盟的這根支柱是否穩定。幸運的是，我們的日本成員表示，日本人大都支持美日同盟，因為別無選擇。我回到美國後和阿米塔吉準備另一份討論美日同盟的兩黨報告，藉此在國會選舉年保護這個聯盟。

同年的亞斯本策略小組開會時，大家著眼於中國。外交政策戰略家白邦瑞（Michael Pillsbury）提出的觀點有些危言聳聽，艾利森則引述了美國無法保衛台灣的兵棋推演。另一方面，政治學家克里斯滕森（Tom Christenson）認為，中國並未像冷戰時期的蘇聯那樣構成意識形態的威脅，經濟學家桑默斯和庫珀則警告我們不要高估中國的經濟。

二〇一九年年底，我又前往東京發表演講，接著出席三菱顧問委員會，並在晚宴和富士山對話中與日本政界人士會面。我必須在一個討論美國政治的小組上表達觀點。我當時表示我估計川普有百分之四十五的連任機會，但又提醒他們，這項預測可能不準，因為牌堆裡有太多的變牌（wild card）[5]，變數太多，結果如何，尚在未定之天。當我前往北京參加「北閣對話」時，中國東道主仍然感到困惑，但其中一位俄羅斯與會者科爾圖諾夫（Andrei Kortunov）表示，俄羅斯人對川普沒有矛盾心態。他們不喜歡川普，不應該認為俄羅斯干預二〇一六年大選是為了幫助川普，而是俄羅斯出於報復心態製造混亂，因為美國曾介入烏克蘭獨立廣場的示威活動，而這項起義最終推翻了親俄的烏克蘭總統。

有人稱讚川普採取強硬的政策對付中國，但他從來沒有明確的亞洲戰略。一名國務院官員表示，川普在河內會見金正恩時出現了嚴重的誤判。在國務院負責規劃政策的人士告訴我，說川普讓中國關注貿易問題，但他缺乏整體的對華戰略。所幸美國的亞洲盟友韌性十足，川普根本無法摧毀。

歐洲的焦慮

歐洲人比亞洲人更擔心川普。許多歐洲人二十年前的傲氣已經消失，不少人對未來感到焦慮。我在二〇一九年五月飛往布拉提斯拉瓦，參加了一場重點討論美歐關係的全球安全會議。幾位共和黨與會者提醒眾人，說川普不喜歡歐洲並將其視為美國的對手，但政府中的某些重要人物卻不這麼認為。我先前曾和歐盟前外交事務高級代表艾希頓（Catherine Ashton）共進晚餐，發現她相當悲觀。歐洲人對川普退出伊朗核協議以及以安全為由對盟友徵收關稅感到震驚。此外，英國脫歐後對歐洲的態度也讓她沮喪。

一個月後我回到歐洲，和瓦爾登（George Walden）在牛津劍橋俱樂部（Oxford and Cambridge Club）的大餐廳吃早餐，餐廳裡掛著十六英尺高的古代政要肖像。瓦爾登是前托利黨（Tory，保守黨）議員，對英國政治和他所謂的二流領導人感到悲觀。我與《經濟學人》的眾編輯共進午餐時，發現英國不大可能針對脫歐舉行第二次公投，而且英國也沒有任何策略。牛津的氛圍好不到哪裡去，我再次在納菲爾德學院（Nuffield College）停留，參加了布拉瓦特尼克國際諮詢委員會（Blavatnik International Advisory Committee）。迪奇利會議的重點是探討網路問題，特別是討論用於政治干擾和假新聞的人工智慧。我還短暫訪問了雅典，為甘迺迪政府學院科卡利斯計畫的校友發表演講，其中包括幾位來自土耳其的校友。土耳其仍然是一個問題。當薩班奇基金會（Sabanci Foundation）在伊斯坦堡向我頒發大獎以表彰我在國際關係方面的成就時，我感到非常高興，但我對艾爾段打著民粹旗幟實施威權主義而沮喪。

在哈佛大學畢業典禮與德國總理梅克爾合照，二〇一九年

在成立北約的《華盛頓條約》（Treaty of Washington）簽訂七十週年之際，民調顯示國會和民眾強烈支持這項體制，但川普對北約和歐盟都嗤之以鼻。二〇一九年八月，亞斯本策略小組成立了一個由四名前國家安全顧問組成的小組，這些人包括康朵麗莎·萊斯、哈德利、唐尼隆和蘇珊·萊斯。我向他們提出了一個假設。如果川普讓所有北約國家將GDP的百分之二投入國防，如果伊朗發生政權更迭，如果中國透過談判獲得有利的貿易協議，結果將會如何？歷史學家會認為川普做得很成功嗎？他們的回答是：如果這是以破壞聯盟、體制和信任為代價，答案就是「不會」。川普不信任我們的盟友，並未因此讓美國再次偉大。

我在二〇一九年榮獲藝術與科學研究院百年紀念獎章（Centennial Medal of the Graduate School of Arts and Sciences），表示我十年來頭一次參加哈佛的畢業典禮。當年的講者是梅克爾這位傑出的歐洲領袖。當我們從講台上望向滿場的橫幅、禮服和人海時，我對她的幽默感表示讚賞。她回答說：「如果沒有幽默感，我不知道誰能完成這份工作！」

人工智慧和網路

我們的亞斯本會議在那年重點關注人工智慧對國際事務的影響。施密特（Eric Schmidt）表示，到了二〇三〇年，中國將在人工智慧領域追平或超過美國（這是習近平的既定目標）。軍事專家告訴我們，由人工智慧控制的武器將是未來的潮流，任何可見的平台都可能被成群的無人機摧毀。民主專家擔心社群媒體的操縱和秘密資訊戰會破壞信任。人類能否基於自身利益制訂新技術的發展規則？我曾在史丹佛大學參加了前國務卿舒茲（George Schultz）關於治理和安全的會議，那時也有人提出上述的問題。討論內容包括歐洲憂心的事情，譬如他們的人口下降、百姓以民粹心態對待移民，以及歐洲沒有一家科技公司排在前十五名之內。

二〇一九年五月，我前往華盛頓參加由美國國家科學院（NAS）和英國皇家學會（Royal Society）主辦的人工智慧與國際關係會議。柏克萊電腦科學教授羅素（Stuart Russell）估計，真正的量子計算還需要十年到二十年才能成熟，但中美競爭已經阻礙人工智慧方面的合作，例如醫學和老化等可以造福全人類的領域。一位年輕學者問我，說我對於知識不斷增長有何看法。我回答他，說我年紀越大，就認為自

在史丹佛大學與舒茲合影，二〇一九年

己知道越少。分子增加了，但分母也增加了。儘管如此，追求綜合理解（integrative understanding）是永無止境的。

我在六月時去了海牙，全球網路空間穩定委員會正在當地開會。成員們擔心，由於中俄兩國強硬要求控制網路主權，二〇一五年聯合國網路會議的合作程度正在逐漸降低。來自這兩個國家的委員會成員沒什麼話好說。全球網路空間穩定委員會在阿迪斯阿貝巴（Addis Ababa）結束了二〇一九年的工作，而我們在非洲統一組織大樓舉行的非洲國家會議上提出了八項基本準則。會後，謝爾托夫和我步行前往「紅色恐怖博物館」（Red Terror Museum），裡面陳列著紀念衣索比亞那段歷史時期被殺害的五十萬人的展覽品。我從阿迪斯阿貝巴飛往坎帕拉去看看五十年前我的住所。我的朋友奧通努（Olara Otunnu）是前駐聯合國大使，他開車帶我遊覽馬凱雷雷和卡蘇比王陵（Kasubi Tombs），讓我有賓至如歸的感覺。然而，他告訴我，說腐敗正在侵蝕當地的教育和體制。我發現烏干達當時有四千萬人口，而我當年住在那裡時，人口還不到一千萬。人口結構的變化速度超過了科技發展的速度。

新冠肺炎

新冠疫情在二〇二〇年席捲全球。這個年初在武漢出現的病毒打亂了每個人的計畫，更奪走了數百萬人的生命。牛津出版了我的新書《強權者的道德：從小羅斯福到川普，十四位美國總統如何影響世界》（*Do Morals Matter? Presidents and Foreign Policy from FDR to Trump*），我在前兩個月接連於波士頓、芝加哥、華盛頓和紐約進行圖書講座和接受媒體採訪。然而，到了三月，疫情開始升溫，一切就被迫停止。

這次行程中斷，我個人是付出了代價，但川普的計畫受阻，卻是國家之福。我最初認為，川普是現任總統，有執政優勢，而且美國經濟強勁，所以他可能會再度勝選。我擔心這將會破壞國內的民主，同時損害美國的國際地位。當時尚不清楚哪位民主黨人能夠擊敗他。我認為，拜登／賀錦麗組合是「最棒的選擇，但民眾熱情不高」。川普笨手笨腳，處理疫情不當，這是他在十一月敗選的主因。然而，該稱讚的還是要稱讚，川普做出了明智的決定，利用政府資金加速mRNA疫苗的開發，使得疫苗能在二〇二一年年初開始分發出去。然而，他也在檢測病毒方面誤導民眾，更宣揚錯誤的療法。他這樣無疑是在損害自己的信譽。

莫莉和我在那年稍早去了史丹佛大學，而我在那裡參加了討論人工智慧和網路安全的研討會，並和舒茲聊了很多。舒茲和季辛吉一樣，活到這麼大的歲數還十分健朗風趣。但新冠疫情的陰霾逐漸籠罩在我們的頭上。公共廣播電視公司《新聞時刻》（*Newshour*）在二月二十八日估計，新冠病毒可能將感染三分之一的人口，專欄作家盧南（Peggy Noonan）投書《華爾街日報》，指出新冠疫情將顛覆世界。她說得沒錯，但川普卻召開新聞發布會，聲稱這是民主黨的騙局。

我仍然按照計畫前往洛杉磯宣傳書籍，但很快就得知哈佛大學和史丹佛大學都限制了會議規模，所以即使我原定在夏威夷的國際研究協會上展示這本書，也只能忍痛取消行程。縮短行程返家讓我難過，但我們的決定是對的。五天後，舊金山灣區命令所有人就地避難。我們那時人已經在新罕布夏州，於冰冷的農場裡進行隔離。三月二十五日，川普宣布希望所有人在復活節時能夠重新上教堂和返回工作崗位。他的新冠病毒顧問佛奇（Anthony Fauci）醫生表示這不太可能，後來卻遭到總統批評。儘管拜登在早期民調中領先兩個百分點，三月的民調顯示多數人仍然信任川普。

在很短的時間內，我的世界發生了天翻地覆的變化。我原本經常出差，後來卻得關在家裡一年半，哪兒都去不了。人們起初不知新冠疫情會持續多久，也不知道該採取哪些預防措施。我記得要給車子加油時，必須戴上橡膠手套，擦拭噴嘴。我心想原本春季的歐洲旅行計畫可能會被取消。股市暴跌，某些分析師認為經濟衰退可能持續兩到三年。然而，我當時沒想到網路竟然會發揮至關重要的作用。有了Zoom和其他系統，我發現自己可以不斷與人接觸，發表的演講比往常更多，因為個人的旅行支出減少了。我可以在幾週內去到巴西、歐洲和亞洲，但無須踏入機場或花費一滴飛機燃料。我在與北京人士召開的一次Zoom會議上，認為中美兩國對新冠疫情的反應代表了雙方高層領導無方。我還在《辛迪加計畫》發表了一篇探討合作失敗的專欄文章，但即便我這樣做了，依舊毫無效果。

現在聊聊我的私人生活。莫莉和我買了幾隻剛出生一天的小雞，我們把牠們養在家裡的一個箱子裡，並用加熱燈照著。牠們快樂的啁啾聲，以及在陽光明媚的窗台上發芽的幼苗，都讓我們重拾希望。我帶著幾個孫女去釣魚，最小的一個問我是否害怕死亡。我說道：「我不怕死，死亡就像一次長眠。最可怕的是長期疼痛難耐或者失去理智。」然而，由於百分之七十五的新冠死亡病例是六十五歲以上的長者，因此在疫苗上市之前，我戴上了口罩，也儘量不去商店買東西。就在封城前，我記得曾與基歐漢推測未來的發展。我們的孫輩能像我們一樣，在他們的一生中看到同樣的進步嗎？

基歐漢說不會。我說在健康、財富和社會道德方面將有所進步，但我擔心科技、戰爭和氣候變遷。在過去的七十年裡，我們生活在歷史的「輝格」（Whig）時期[6]，內心自然期望世界會持續進步。然而，這只是一種世俗信仰，就像宗教一樣，旨在照亮生命。此外，美國世紀正在接近尾聲嗎？

民粹主義和政治

我仍然擔心川普會繼續鼓吹民粹主義，也害怕他會侵蝕讓民主得以運作的自我克制規範。川普並非第一個發現民粹主義力量的人。霍夫施塔特（Richard Hofstadter）在一九六五年時寫道，美國政治中一直有一股偏執傾向。華萊士和金瑞契等人以前也利用過一九六〇年代和一九七〇年代社會深切改變後出現的白人民族主義，而川普如今高舉這面大纛，但沒人知道他要往何處去。

我參加了為期一天紀念普特南在社會科學領域傑出貢獻的慶祝活動。普特南指出，基於世代變化，是有可能出現另一個進步時代。英格爾哈特（Ronald Inglehart）認為代際變革很重要，加爾斯頓（William Galston）則指出，今日不同於一九六〇年代，抗議者會轉向政治而不是去搞破壞。儘管移民在許多國家都助長了民粹主義，但它並未擾亂澳洲或加拿大。打著民族主義口號去鼓吹民粹主義，未來將如何影響政治，這點很難預測。

到了二〇一九年四月，拜登已成為爭取民主黨提名的第二十位候選人。我認為他太老了（像我一樣），但只要誰能擊敗川普，我都會支持他。二〇二〇年是政治年，選情在勞動節後升溫，民調顯示拜登領先。布魯克斯（David Brooks）撰寫了一篇有先見之明的專欄，指出他懷疑川普不會接受這樣的結果。「然後呢？」我在十一月大選的前夕寫道：「為何我們的文化能夠產生《獨立宣言》，但又將奴隸制寫入憲法？誕生了林肯和《蓋茲堡演說》（Gettysburg Address），卻又在重建時允許動用私刑處死他人？造就了金恩和歐巴馬，也誕生了川普這個吹噓自己猥褻婦女的虛偽惡霸？現在的考驗是我們的文化是否會以和平手段除掉他。」

川普在前一年干預烏克蘭政治以提升自己在國內的政治地位而遭到彈劾。我前往華盛頓參加戰略與國際研究中心董事會會議，並向兩位受人尊敬的共和黨溫和派成員布洛克（Bill Brock）和科恩詢問，是否有共和黨官員會和參議員羅姆尼（Romney）一起支持罷免川普。這兩人表示應該沒有人敢這樣做。川普把共和黨控制得太緊了。

他們說得沒錯。

選舉結果在十一月七日出爐，但川普不願認輸。十七名共和黨總檢察長向最高法院提起訴訟，要求推翻選舉結果，但他們的要求在十二月十一日被法院駁回。此前的十二月一日，選舉人團（Electoral College）開會，確認拜登當選總統。然而，川普仍然拒絕接受結果，並於二〇二一年一月六日煽動追隨者攻擊國會大廈，同時恐嚇即將離任的副總統彭斯不要認證結果。這是美國總統第一次拒絕接受合法民主選舉的結果。一月二十日，拜登如期宣誓就職。體制總算佔了上風，可不是嗎？

拜登總統還在執政，現在評估他的成就為時過早。他在施政的頭兩年有一挫敗，例如他從阿富汗撤軍時搞得灰頭土臉，但他整合兩黨，通過有關基礎設施、支持技術投資和應對氣候變遷措施的立法，這些成果足以掩蓋他撤軍失敗一事。在二〇二二年的期中選舉，拜登出人意料地保住了參議院的控制權，僅以些微差距丟掉了眾議院。許多人看到這種結果，認為選民拒絕接受支持川普的候選人。拜登在國際上維持了美國的聯盟，並且在俄羅斯入侵烏克蘭後協助組織因應計畫，但最終的結果仍有待觀察。

臨別贈言

我要給我的孫子和他們的「Z世代」留下一個怎樣的世界？我曾在二〇一五年出版的《美國世紀的終結？》中稍微討論過這點，並下了結論，認為「美國世紀是否會終結」這個問題的答案是「不會」。然而，美國在本世紀的主導地位將與二十世紀不同。我認為，美國面臨的最大危險不是中國會超越我們，而是權力的擴散會產生熵（entropy）（即混亂失序），或者說無法完成任何事。

中國是非常強大的競爭對手，雖有很強的優點，但也有缺點。在評估整體力量平衡時，美國至少有五個長期優勢。一是地理。美國被兩片大洋和兩個友好鄰國包圍，但中國與十四個國家接壤，並和多個國家有領土爭端。此外，美國還具有能源優勢，中國則依賴能源進口。第三，美國的力量來自於其大型跨國金融機構和美元的國際地位。準備貨幣可不可靠，取決於能否自由兌換，並仰賴深厚的資本市場和法治，而中國缺乏這些。根據目前的預計，美國將會在全球人口排名中保持第三位，而且它是唯一的主要已開發國家，所以還具有相對的人口優勢。在未來十年，在全球十五個最大經濟體中，有七個經濟體的勞動力將會減少，但美國勞動力預計將會增加，而中國的勞動力早在二〇一四年便已達到高峰。最後，美國在關鍵技術（生物、奈米和資訊）方面一直處於領先地位。中國當然在大力投資研發，專利數量方面也頗有斬獲，但按照其衡量標準，中國的研究型大學仍落後於美國這方面的大學。

總而言之，美國在大國競爭中握有強有力的籌碼，但如果我們因中國崛起而陷入歇斯底里的恐慌，或對其「巔峰」感到自滿，我們可能會打出一手爛牌。丟棄高價值的籌碼——包括強大的盟友和在國際機構中的影響力——將是一個嚴重的錯誤。中國並非對美國的生存構成威脅，除非我們自己犯下重大錯誤，陷入一場大規模戰爭。我擔心的是歷史重蹈一九一四年，而非一九四一年。

然而，我更關心的是國內變化及其如何影響我們的軟實力和美國世紀的未來。一個國家即使外部力量強大無比，也可能失去內在美德以及喪失對其他國家的吸引力。羅馬帝國失去共和政體後，國祚仍延續甚久。班傑明·富蘭克林（Benjamin Franklin）談到美國開國元勛創建的美國政府形式時說道：「如果能保留它，這就是共和國。」政治兩極化是一個問題，而公民生活變得更為複雜。科技會創造大量的機會，也可能帶來諸多的風險。我的孫子在應對物聯網（Internet of Things）、人工智慧、大數據（big data）、機器學習（machine learning）、深度造假（深偽技術）和生成機器人（generative bot）等科技時將掌握機會和面臨風險。生物技術領域將會為人類帶來更大的挑戰，遑論應對氣候變遷這個難題了。

某些歷史學家將當今思想和聯繫的流動比喻為五個世紀前文藝復興和宗教改革造成的動盪，但前者的規模要大得多。那些時代之後發生了三十年戰爭（Thirty Years' War），殺死了日耳曼地區[7]三分之一的人口。事到如今，世界比以往任何時期都更加富裕，但面臨的風險也更大。有人偶爾會問我對美國的未來是樂觀還是悲觀。對此，我總是回答：「樂觀但謹慎。」

美國有許多問題，在此僅舉幾個成為頭條新聞的案例：兩極化、不平等、失去信任、大規模槍擊事件、吸毒絕望而死和自殺。因此，悲觀是有道理的。但我們熬過了一八九〇年代、一九三〇年代和一九六〇年代最糟糕的時期（第二章講述過）。美國有種種缺陷，卻仍是創新的社會，昔日我們能夠自我重建和重塑，也許Z世代可以再次做到這一點。希望真是如此。我們應該警惕，萬不可過度相信美國例外論。本書講述我在美國世紀前八十年的故事，我在書中逐一提到自己之所以樂觀的理由。然而，說句實話，我不能完全確定自己抱持樂觀，有多少取決於我的分析或源自我的基因。

身為政府官員，我很榮幸能夠協助擬訂美國世紀的主要外交決策，以此處理兩項政策議題，分別是核子擴散和美國對亞洲的政策。我認為這些讓世界變得更美好；我擔任公共知識分子時，協助推廣思想並創建和維持非政府網絡以加強我們的民主聯盟；我當教師和導師時，很幸運能夠與許多優秀的人士一起學習；我身為分析師和作家時，試圖提出並分享複雜的相互依賴和軟實力等新思想，從而讓我們更加了解這個世界。我還試圖闡明美國的領導理論，讓人理解核子革命，也在說明網路革命方面稍有貢獻。

然而，正如前面所言，我學得越多，知道的就越少。分子增加了，但分母增加得更快。我生活在宇宙的一處小角落，而智人（*Homo sapiens*）是一個令人困惑的物種。我一生都在跟隨自己的好奇心，試圖去了解人類，但我並未給孫子們留下太多的答案。我能留給他們的，只有我的愛和一絲樂觀但謹慎的想法。

我和家人在駝鹿草地農場（**Moose Meadow Farm**）歡度聖誕節，二○○四年

1 譯註：簡稱NSS。

2 原註："Statement by Former National Security Officials." Letter in *Washington Post*, August 8, 2016。

3 原註：Tony Schwartz, "I Wrote the Art of the Deal with Trump." *Washington Post*, May 16, 2017。

4 譯註：太平洋島國論壇（Pacific Islands Forum）。

5 譯註：wild card可用來代表任何一張撲克牌。

6 譯註：輝格史（Whig history）是一支歷史學派，認為人類文明必定會從落後邁向先進，從愚昧轉向開蒙。這個學派得名源自輝格黨（Whig），輝格黨是目前英國自由黨的前身。

7 譯註：這場戰爭原本是德意志民族神聖羅馬帝國的內戰，最後演變成歐洲的大規模戰事。

人名索引

Aaron, David 大衛・亞倫/99
Abe, Shinzo 安倍晉三/395-400, 426
Acosta, Barbara 芭芭拉・阿科斯塔/184, 209
Acton, Lord 阿克頓勳爵/337
Adelman, Ken 肯・阿德爾曼/318
Agnew, Harold 哈羅德・阿格紐/114-115
Ahluwalia, Montek Singh 蒙泰克・辛格・阿魯瓦利亞/388
Aho, Esko 埃斯科・阿霍/212, 381
Akihito, Emperor 明仁天皇/398
Akiyama, Masahiro 秋山昌廣/233
Al-Maliki, Nour I 努里・馬里奇/365
Albert, Carl 卡爾・阿爾伯特/074
Albright, Madeleine 馬德琳・歐布萊特/153, 164, 290-291, 297, 378, 400
Albritton, Rogers 羅傑斯・奧伯頓/074
Aldwell, Tony 東尼・奧德威爾/254-255
Alexander, Keith 基思・亞歷山大/401
Allen, Charles 查爾斯・艾倫/186
Allen, Woody 伍迪・艾倫/392
Allison, Graham 葛拉漢・艾利森/076, 124-125, 130, 142, 148, 263, 273, 276, 324, 354, 373, 422, 427
Allyn, Bruce 布魯斯・艾林/151, 356
Alm, Alvin 阿爾文・阿爾姆/134
Andropov, Yuri 尤里・安德洛波夫/145
Annan, Kofi 科菲・安南/328, 334, 342, 385
Anwar, Ibrahim 安華・依布拉欣/195
Apple, Johnny 強尼・阿普爾/362
rafat, Yasser 亞瑟・阿拉法特/207, 313
Arbatov, Alexei 阿列克謝・阿爾巴托夫/147-148
Arbatov, Georgi 格奧爾基・阿爾巴托夫/144
Arias, Oscar 奧斯卡・阿里亞斯/301
Aristide, Jean-Bertrand 讓-貝特朗・阿里斯蒂德/200-201, 220
Armitage, Richard 理查・阿米塔吉/216, 230, 280, 309, 338, 358-359, 391-392, 396, 427
Armstrong, Neil 尼爾・阿姆斯壯/079
Arsenis, Gerasimos 格拉西莫斯・阿爾塞尼斯/217, 244
Ashton, Catherine 凱瑟琳・艾希頓/429
Asō, Tarō 麻生太郎/373
Aspin, Les 萊斯・阿斯平/158, 172, 182, 200
Assad, Bashir 巴沙爾・阿薩德/384-385, 413
Ataturk, Kemal 凱末爾・阿塔圖克/240, 380
Attali, Jacques 賈克・阿達利/165
Ayalon, Ami 阿米・阿亞隆/305
Bacevich, Andrew 安德魯・巴塞維奇/333
Baer, Don 唐・貝爾/286
Baker, James 詹姆斯・貝克/331, 351
Balakrishnan, Vivian 維文/427

Balls, Ed 埃德．鮑斯／286
Ban Ki-moon 潘基文／224, 423
Banfield, Ed 愛德華．班菲爾德／050
Barak, Ehud 埃胡德．巴瑞克／313, 386
Barbour, Ben 本．巴伯／357
Barre, Raymond 雷蒙．巴爾／156
Bator, Frances 弗朗西斯．巴托／134
Bayh, Evan 艾文．貝依／351
Beattie, Mollie 莫莉．貝蒂／283
Beers, Rand 蘭德．貝爾斯／342
Bennis, Warren 沃倫．本尼斯／036
Benson, Lucy 露西．本森／098
Bentsen, Lloyd 勞合．班森／146, 184, 191, 203, 205
Berger, Sandy 山迪．柏格／201
Bergsten, Fred 弗萊德．伯格斯滕／085
Berisha, Sali 薩利．貝里沙／242
Bernanke, Ben 班．柏南奇／423
Betts, Richard 理查．貝茲／153-154
Bhutto, Benazir 班娜姬．布托／250
Bhutto, Zulfikar Ali 佐勒菲卡爾．阿里．布托／095, 117
Biddle, Stephen 史蒂芬．比德爾／376
Biden, Joe 喬．拜登／334, 348, 389, 400, 417, 422, 435-436, 440,
Bildt, Carl 卡爾．畢爾德／191, 301, 364, 381, 402, 403
Bin Laden, Osama 奧薩瑪．賓．拉登／324, 328, 332
Bingham, Jonathan 喬納森．賓厄姆／112
Blackwill, Robert 羅伯特．布萊克威爾／281, 329-330, 351, 365, 376
Blair, Cherie 雪麗．布萊爾／286
Blair, Tony 東尼．布萊爾／284, 286, 289, 336, 348, 368, 402
Blankfein, Lloyd 勞埃德．貝蘭克梵／397
Blight, James 詹姆斯．布萊特／149, 151
Blinken, Antony 安東尼．布林肯／322, 382
Blix, Hans 漢斯．布利克斯／334
Blum, Jerome 傑羅姆．布魯姆／037
Blumenthal, Mike 麥可．布盧門撒爾／110
Bo Xilai 薄熙來／390
Bodine, Barbara 芭芭拉．波迪尼／365
Bok, Derek 德里克．巴克／141-142
Bolsonaro, Jair 雅伊爾．波索納洛／410
Bowie, Robert R. 羅伯．鮑伊／053-054, 074, 081, 135
Bradley, Bill 比爾．布拉德利／164, 303
Braithwaite, Rodric 羅德里克．布萊斯維特／197-198
Bremer, Paul 保羅．布雷默／377
rezhnev, Leonid 列昂尼德．布里茲涅夫／094, 135
Brittan, Leon 列昂．布列坦／361
Brock, Bill 比爾．布洛克／439
Brooks, David 大衛．布魯克斯／439
Brown, Gordon 戈登．布朗／286
Brown, Harold 哈羅德．布朗／095, 104-105
Broyard, Anatole 阿納托爾．布羅亞德／177
Brzezinski, Zbigniew 茲比格涅夫．布里辛斯基／099, 105, 114, 120, 136
Budson, Victoria 維多利亞．巴德森／275
Buffett, Warren 華倫．巴菲特／411
Bundy, McGeorge 麥喬治．邦迪／066, 068, 149, 151

Burke, Sheila 希拉・伯克／275, 283
Burlatsky, Fyodor 費奥多爾・布爾拉茨基／149, 151, 288
Burns, James MacGregor 詹姆斯・麥格雷戈・伯恩斯／346
Burns, Nick 尼克・伯恩斯／190, 241
Burns, William 威廉・伯恩斯／355, 389
Burt, Richard 里克・伯特／113
Bush, Barbara 芭芭拉・布希／367
Bush, George H.W. 老布希／140, 165, 166, 171-172, 174, 179, 191, 192, 200, 311-312, 337, 344, 415, 422
Bush, George W. 小布希／309-311, 314, 318-320, 324-325, 327-328, 331, 332, 335, 337, 340-344, 346-353, 358-359, 367-368, 415
Bush, Jeb 傑布・布希／410
Butz, Otto 奧托・布茲／033
Buxton, Richard 理查・巴克斯頓／040
Campbell, Kim 金・坎貝爾／324
Campbell, Kurt 庫爾特・坎貝爾／143, 216, 229, 232, 343
Cardoso, Fernando Henrique 費南多・恩里克・卡多索／085, 410
Carnesale, Albert 阿爾・卡內塞爾／124, 134, 141-142, 148, 263-264, 273
Carrington, Lord 卡林頓勳爵／212
Carter, Ash 阿什・卡特／202, 297, 324, 342, 349
Carter, Barry 巴里・卡特／153
Carter, Jimmy 吉米・卡特／007, 087, 094-097, 100-101, 104-107, 110, 113-114, 118-119, 122-123, 125, 127-128, 133, 135-136, 158, 174, 182, 191, 212, 220, 251, 267, 301, 340, 393-394, 421
Carter, Rosalynn 羅莎琳・卡特／393
Castro, Fidel 菲德爾・卡斯楚／048
Ceausescu, Nicolae 尼古拉・希奧塞斯古／243
Cedras, Raoul 拉烏爾・塞德拉斯／200
Chalabi, Ahmed 艾哈邁德・沙拉比／348
Chen Gang 陳剛／395
Cheney, Dick 迪克・錢尼／158, 161, 341, 349
Chernomyrdin, Viktor 維克多・切諾梅爾金／207, 212, 298
Chertoff, Michael 麥可・謝爾托夫／364, 410, 434
Chi Haotian 遲浩田／007, 222, 236-237, 295
Chipman, John 約翰・奇普曼／241
Chirac, Jacques 賈克・席哈克／335
Christenson, Tom 湯姆・克里斯滕森／427
Christopher, Warren 華倫・克里斯多福／102-103, 111, 124, 126, 297, 240-241
Chuan Leekpai 乃川（呂基文） 204
Chubais, Anatoly 阿納托利・丘拜斯／203, 366
Church, Frank 弗蘭克・丘奇／112
Ciller, Tansu 坦蘇・奇萊爾／244
Cilliers, Jakkie 傑基・西里爾斯／258
Claes, Willy 威利・克拉斯／242, 244
Clark, Ian 伊恩・克拉克／283
Clark, Katherine 凱瑟琳・克拉克／407
Clark, Wesley 韋斯利・克拉克／239, 297, 349
Clegg, Nick 尼克・克萊格／397
Cleveland, Harlan 哈倫・克里夫蘭／321

Clinton, Bill 比爾．柯林頓／007, 160, 163, 177, 179, 181-269, 271-315, 318-319, 336, 340, 353, 368,
Clinton, Hillary 希拉蕊．柯林頓／203, 282, 284-285, 289, 352-353, 373, 376, 391-392, 410-412
Cochran, Thomas 湯馬斯．科克倫／127
Cohen, William 威廉．科恩／184, 195, 297, 439
Cook, Charlie 查理．庫克／343
Coons, Chris 克里斯．昆斯／138
Cooper, Richard 理查．庫柏／085, 307
Cossa, Ralph 柯羅夫／280
Crook, Clive 克萊夫．克魯克／322
Crumpton, Hank 漢克．克倫普頓／350
Cruz, Ted 泰德．克魯茲／410
Cuomo, Andrew 安德魯．古莫／286
ahrendorf, Ralf 拉爾夫．達倫多夫／167
Dai Bingguo 戴秉國／391, 395, 424
Darman, Richard 理查．達曼／265, 337
Das, Tarun 塔倫．達斯／329
Davutoglu, Ahmet 艾哈邁德．達夫托葛魯／380
Dawkins, Pete 皮特．道金斯／075
Dayton Accords 岱頓協定／245
de Mello, Sergio 塞爾吉奧．德梅洛／338
Deagle, Edwin 艾德溫．迪格爾／157-158
Deese, David 大衛．迪斯／134
Deming, Rust 羅斯特．戴明／229
Deng Xiaoping 鄧小平／287, 374, 397
Derian, Patricia 帕特里夏〔帕特〕．德里安／121
Des Forges, Alison 艾莉森．迪斯．福格斯／260
Desai, Morarji 莫拉爾吉．德賽／118, 128
Descartes, Rene 笛卡兒／037
Deutch, John 約翰．多伊奇／108, 112, 128, 209, 219, 230, 239, 324, 348, 350, 366
Dewey, Thomas 湯瑪斯．杜威／028
Dillon, Douglas 道格拉斯．狄龍／151
Dlouhy, Vladimir 弗拉基米爾．德盧希／242
Dobbins, James 詹姆斯．多賓斯／323, 377
Dobriansky, Paula 寶拉．多布里安斯基／423
Dobrynin, Anatoly 阿納托利．多勃雷寧／151
Dobyns, Stephen 史蒂芬．多賓斯／177
Dole, Robert 勞勃．杜爾／262, 275
Donahue, John 傑克．多納休／299
Donilon, Tom 湯姆．唐尼隆／241, 431
Doty, Paul 保羅．多蒂／141, 157
Drudge, Matt 馬特．德拉吉／293
Dukakis, Michael 麥可．杜卡基斯／164-166, 310, 318
Dunlop, John 約翰．鄧洛普／274
Edley, Christopher 克里斯多福．埃德利／164
Edwards, John 約翰．愛德華茲／353
Eikenberry, Karl 艾江山／232, 377
Einhorn, Robert 羅伯特．艾因霍恩／236
Eisenhower, Dwight 德懷特．艾森豪／031-032, 049, 053, 135,
Eisenhower, Milton 米爾頓．艾森豪／039
Ekeus, Rolf 羅爾夫．埃克烏斯／294

Eklund, Sigvard 西格瓦爾德・埃克隆德/109
Elliott, William Yandell 威廉・揚德爾・埃利奧特/050
Ellison, Larry 賴瑞・埃利森/293
Ellwood, David 大衛・埃爾伍德/265, 273, 276
Emerson, Rupert 魯伯特・愛默生/050
Emmott, Bill 比爾・艾默特/168
Erdogan, Recep 雷傑普・艾爾段/336-337, 380, 429
Fabius, Laurent 洛朗・法比尤斯/382
Fahd, King 法赫德國王/221
Faisal bin Salman, Prince 費薩爾・本・薩勒曼王子/350
Falkenrath, Richard 理查・法爾肯拉斯/326
Fauci, Dr. Anthony 安東尼・佛奇/436
Feaver, Peter 彼得・菲耶/349
Feinstein, Dianne 黛安・范士丹/158, 297, 386
Feldstein, Martin 馬丁・費爾德斯坦/365, 374
Ferguson, Niall 尼爾・弗格森/343, 381
Fischer, Joschka 約序卡・費雪/358
Flynn, Steve 史蒂夫・弗林/425
Foley, Tom 湯姆・福利/352, 362
Ford, Gerald 傑拉德・漢斯利/239
Forsberg, Randall 藍道爾・福斯伯格/142
Frankel, Jeffrey 傑佛瑞・法蘭科/374
Franklin, Benjamin 班傑明・富蘭克林/442
Freedman, Lawrence 勞倫斯・佛里德曼/241
Freeman, Chas 查斯・弗里曼/267
Freymond, Jacques 雅克・弗雷蒙/083
Fri, Robert (Bob) 鮑勃・弗里/102
Friedman, Thomas 湯姆・佛里曼/206
Friedrich, Carl 卡爾・弗雷德里希/050
Frist, William 比爾・弗利斯特/358-359
From, Al 艾爾・佛洛姆/286
Froman, Michael 邁可・弗曼/231
Frost, Rober t 羅伯・佛洛斯特/052
Fu Ying 傅瑩/387
Fuerth, Leon 利昂・弗斯/201
Fujimori, Alberto 藤森謙也/255
Gaddis, John 約翰・蓋迪斯/
Gaidar, Yegor 葉戈爾・蓋達爾/349
Galbraith, John Kenneth 約翰・肯尼思・加爾布雷斯/051
Gallucci, Robert 羅伯特・賈魯奇/202
Galston, William 威廉・加爾斯頓/438
Galtung, Johan 約翰・加爾通/085
Galvin, John 約翰・高爾文/199
Gandhi, Mahatma 甘地/347
Gates, Robert 羅伯特・蓋茲/158, 163, 359, 401
Gauguin, Paul 高更/340, 367
Gaulle, Charles de 戴高樂/066
Gebhardt, Richard 理查・格布哈特/174
Gelb, Leslie 萊斯利・吉爾伯/099-100
Gell-Mann, Murray 默里・蓋爾曼/302
Gergen, David 大衛・格根/263, 265, 304, 314, 324
Gergorin, Jean-Louis 讓-路易・格戈林/335
Gerson, Michael 邁可・格森/349

Giddens, Anthony 安東尼・傑登斯／286
Gilinsky, Victor 維克多・吉林斯基／127
Gingrich, Newt 紐特・金瑞契／158, 237, 337, 438
Giraud, Andre 安德烈・吉羅／109
Glenn, John 約翰・葛倫／106, 110, 112
Goheen, Robert 羅伯特・戈欣／118
Goldenberg, Efrain 埃弗拉因・戈登伯格／255
Goldman, Marshall 馬歇爾・高德曼／144
Goldschmidt, Bertrand 貝特朗・戈爾德施密特／106
Goldwater, Barry 貝利・高華德／067
Gorbachev, Mikhail 米哈伊爾・戈巴契夫／094, 135, 140, 147, 148, 149, 170, 191, 353-356
Gordon, Lincoln 林肯・戈登／078
Gore, Al 艾爾・高爾／237, 284, 289, 290, 302-303, 309, 310-311, 405
Graham, Andrew 安德魯・格雷厄姆／345
Graham, Kay 凱瑟琳・葛蘭姆／230
Graham, Lindsey 林賽・葛拉漢／365
Greenfield, Meg 梅格・格林菲爾德／107
Griffith, William 威廉・格里菲斯／170
Gromyko, Andrei 安德烈・格羅米科／149
Guberman, Sidney 西德尼・古貝爾曼／344
Guehenno, Jean-Marie 讓-馬里・蓋埃諾／198
Haas, Ernst 恩斯特・哈斯／060
Haass, Richard 理查・哈斯／334-335, 386, 405
Habermas, Jurgen 尤爾根・哈伯瑪斯／405
Hadley, Stephen 史蒂芬・哈德利／391, 431
Hagel, Chuck 查克・海格／359
Hamburg, David 大衛・漢伯格／142-143
Hamre, John 約翰・哈姆雷／358, 396
Hariri, Rafiq 拉菲克・哈里里／305
Harman, Jane 珍・哈曼／158
Harris, Admiral Harry 哈利・哈里斯上將／425
Hart, Gary 蓋瑞・哈特／164
Hartman, Arthur 阿瑟・哈特曼／147
Hartz, Louis 路易斯・哈茲／050
Hashimoto, Ryutaro 橋本龍太郎／235, 237
Hassan, Maggie 瑪姬・哈桑／407
Havel, Vaclav 瓦茨拉夫・哈維爾／246
Hayden, Mike 麥克・海登／402
He Yafei 何亞非／395
Healey, Denis 丹尼士・希利／156
Hehir, Brian 布萊恩・赫希爾／333
Heifetz, Ronald 隆納・海菲茲／304
Heisbourg, Francois 弗朗索瓦・海斯柏格／198, 308
Hensley, Gerald 傑拉德・漢斯利／239
Hermes, Peter 彼得・赫耳墨斯／100
Hicks, Edward 愛德華・希克斯／029
Hirschman, Albert 阿爾伯特・赫緒曼／060, 082
Hitchens, Christopher 克里斯多福・希鈞斯／333
Ho Chi Minh 胡志明／375
Hoagland, Jim 吉姆・霍格蘭／331
Hoffmann, Stanley 史丹利・霍夫曼

／051, 141
Hofheinz, Roy 羅伊・霍夫海因茲／050, 130
Hofstadter, Richard 理查・霍夫施塔特／438
Hogan, William 威廉・霍根／134
Hokosawa, Morihiro 細川護熙／206
Holbrooke, Richard 理查・郝爾布魯克／098, 105, 219, 239, 245, 297
Hollings, Fritz 弗里茨・霍林斯／113
Holt, Sam 薩姆・霍爾特／045
Hood, John 約翰・胡德／345
Horn, Gyula 久洛・霍恩／246
Hoskinson, Sam 山姆・霍斯金森／184
Howard, Sir Michael 邁可・霍華德爵士／358
Hoxha, Enver 恩維爾・霍查／242
Hu Jintao 胡錦濤／359, 388, 395, 414
Hummel, Arthur 阿瑟・胡梅爾／117
Humphrey, Hubert 休伯特・韓福瑞／070, 078
Hunt, Al 阿爾・杭特／326
Hunt, Norman 諾曼・亨特／044
Hunt, Swanee 斯瓦尼・杭特／275, 283
Hunter, Robert 羅伯特・亨特／199, 212
Huntington, Samuel 沙姆・亨廷頓／074, 141, 308
Hurd, Douglas 道格拉斯・赫德／379
Hussein, Saddam 薩達姆・海珊／171-172, 221, 249, 294, 326, 328, 333, 335, 338, 341, 348
Hyland, William 威廉・海蘭／193
Ignatieff, Michael 邁克・伊格納蒂夫／346-347
Ignatius, David 大衛・伊格納茲／385
Iliescu, Ion 揚・伊列斯古／243
Inglehart, Ronald 隆納・英格爾哈特／438
Inkeles, Alex 亞歷克斯・英克爾斯／086
Isaacson, Walter 華特・艾薩克森／290, 309
Ischinger, Wolfgang 沃爾夫岡・伊辛格／366
Jacob, Jo Dee 喬・迪・雅各布／232
Jaishankar, S. 蘇傑生／330
Jay, Margaret 瑪格麗特・傑伊／286
Jay, Peter 彼得・傑伊／322
Jefferson, Thomas 湯瑪斯・傑佛遜／038
Jiang Zemin 江澤民／007, 294, 223, 234, 287, 306
Johnson, Boris 鮑里斯・強森／396-397
Johnson, Chalmers 詹鶴／231
Johnson, E.D.H. E・D・H・強森／039
Johnson, Lyndon 林登・詹森／032, 049, 067-068, 070, 074, 341
Johnson, Stanley 史丹利・強森／396
Johnston, Philip 菲利普・約翰斯頓／118
Jones, General James L. 詹姆斯・瓊斯將軍／376
Jones, James R. 詹姆斯・瓊斯／356-357
Joy, Bill 比爾・喬伊／302
Kagame, Paul 保羅・卡加米／239
Kahn, Herman 赫爾曼・卡恩／102
Kaiser, Karl 卡爾・凱澤／308
Kalb, Martin 馬文・凱爾布／110
Kamarck, Elaine 伊萊恩・卡馬克／284
Kant, Immanuel 伊曼努爾・康德／

030, 333
Karaganov, Sergei 賽格・卡拉加諾夫／148, 366, 382
Karzai, Hamid 哈米德・卡爾扎伊／376
Kasich, John 約翰・凱西克／425
Kato, Koichi 加藤紘一／235
Katzenstein, Peter 彼得・卡贊斯坦／406
Kay, David 大衛・凱伊／341
Kayyem, Juliette 茱麗葉・凱伊姆／325, 351
Keane, General Jack 傑克・基恩將軍／365
Kearns, Doris 桃莉絲・基恩斯／074
Keeney, Spurgeon 斯布金・基尼／095
Kelly, James 詹姆斯・凱利／280
Kelly, John 約翰・凱利將軍／419
Kempe, Fred 弗雷德・肯普／382
Kempthorne, Dirk 德克・肯普索恩／216-217
Kennedy, Joe 喬・甘迺迪／407
Kennedy, John F. 約翰・甘迺迪／011, 048-052, 059, 067-068, 071, 076, 079, 095, 149, 341, 366
Kennedy, John F., Jr. 小約翰甘迺迪／303
Kennedy, Paul 保羅・甘迺迪／167, 170
Kennedy, Robert 博比・甘迺迪／070, 076, 353
Kenyatta, Jomo 喬莫・甘耶達／038
Keohane, Robert 羅伯・基歐漢／083-085, 107, 147, 299, 394, 406, 437-438
Kerry, John 約翰・凱瑞／088, 324, 342-343, 382, 400
Khan, A.Q. 阿卜杜勒・卡迪爾・汗／117
Khan, Munir 穆尼爾・汗／117
Khrushchev, Nikita 謝爾蓋・赫魯雪夫／046-047, 049, 054,
Khrushchev, Sergei 謝爾蓋・赫魯雪夫／149
Kim Il Sung 金日成／212
Kim Jung Il 金正日／212
Kim Jung Un 金正恩／212, 422, 428
Kim Young-sam 金泳三／224, 235, 280
King, David 大衛・金恩／276
King, Martin Luther 馬丁・路德・金恩／070-071, 439
Kissinger, Henry 亨利・季辛吉／050-051, 076, 081, 088, 098, 099, 212, 287, 290, 297, 329-330, 332, 342, 400, 436
Klaus, Vaclav 瓦茨拉夫・克勞斯／242
Klimberg, Alexander 亞歷山大・克林伯格／402
Knapp, Wilfred 威爾弗雷德・納普／044
Kneale, William 威廉・尼爾／044
Koenders, Albert 貝爾特・科恩德斯／425
Kokoshin, Andrei 安德烈・科科申／146
Kolt, George 喬治・科爾特／190
Kortunov, Andrei 安德烈・科爾圖諾夫／428
Kouchner, Bernard 貝爾納・庫希內／361
Kozyrev, Andrei 安德烈・科濟列夫／240-241, 288, 385
Kraft, Joseph 約瑟夫・克拉夫特／107
Kramer, Frank 佛蘭克・克萊默／265
Krause, Lawrence 勞倫斯・克勞斯／085
Krauthammer, Charles 查爾斯・克

勞薩默／358
Kristol, Bill 比爾・克里斯托／365
Kruzel, Joseph 約瑟夫・克魯澤爾／219
Kupchan, Charles 查爾斯・庫克昌／333
Kuriyama, Takakazu 栗山尚一／230
Kwa⊠niewski, Aleksander 亞歷山大・克瓦斯涅夫斯基／207
Lader, Philip and Linda 菲利普和琳達・拉德爾／203
Lagarde, Christine 克莉絲蒂娜・拉加德／423
Lahoud, Emile Jamil 埃米爾・拉胡德／304
Lake, Anthony 安東尼・雷克／097, 182, 186, 189, 207, 311
Lamy, Pascal 帕斯卡爾・拉米／300
Lavrov, Sergei 謝爾蓋・拉夫羅夫／382
Lee, Henry 亨利・李／134
Lee Kuan Yew 李光耀／196-197, 239, 283, 295-296, 389
Lee, Martin 李柱銘／197
Lee Teng-hui 李登輝／231, 280
Legvold, Robert 羅伯特・萊格沃爾德／144, 147
Leonard, Mark 馬克・倫納德／379
Levitte, Jean-David 讓-大衛・萊維特／340
Lewinsky, Monica 莫妮卡・陸文斯基／289
Lewis, Samuel 塞繆爾・劉易士／186
Li Keqiang 李克強／391
Li Lanqing 李嵐清／295, 306
Li Peng 李鵬／223
Li Xilin 李希林／232
Lipset, Martin 馬丁・利普塞特／086
Lipton, David 大衛・利普頓／298
Liswood, Laura 勞拉・里斯伍德／283
Littauer, Lucius 盧修斯・利陶爾／272
Liu He 劉鶴／388
Lodge, George 喬治・洛奇／076
Lord, Winston 溫斯頓・羅德／188, 222, 230-231
Lu Mei 盧邁／388
Luce, Edward 愛德華・盧斯／392
Luce, Henry 亨利・魯斯／012, 027
Luers, William 威廉・魯爾斯／386
Lugar, Richard 理查・盧加爾／359
Lukin, Vladimir 弗拉基米爾・盧金／149
Lute, Douglas 道格拉斯・盧特／378
Ma Ying-jeou 馬英九／172, 387
McAleese, Mary 瑪麗・麥卡利斯／379
MacArthur, Douglas 道格拉斯・麥克阿瑟／223
McCaffry, Barry 巴利・麥卡夫瑞／326
McCain, John 約翰・馬侃／216, 366,
McCarthy, Joseph 約翰・麥卡錫／278
McChrystal, Stanley 史丹利・麥克里斯特爾／376
McCloskey, Bob 鮑勃・麥克洛斯基／053
McCloy, John 約翰・麥克洛伊／081
McCormack, Mike 麥克柯馬克／102, 112-113
MacEwan, Arthur 阿特・麥克尤恩／082
McGaffigan, Edward 愛德華・麥克加菲根／100
McGiffert, David 大衛・麥克吉弗特／129
McGovern, George 喬治・麥高文／088

McHenry, Donald 唐・麥克亨利／098
Mack, John 約翰・麥克／142
McLarty, Mack 梅克・麥克拉提／257
McMaster, H.R. 雷蒙德・麥馬斯特／419
McNamara, Robert 羅伯・麥納馬拉／066, 068, 149, 151, 210, 341
McNamara, Ted 泰德・麥納馬拉／218
McVeigh, Timothy 蒂莫西・麥克維／263
Madero, Castro 卡斯楚・馬德羅／121
Mahathir, Mohamed 馬哈地·穆罕默德／196
Mahbubani, Kishore 馬凱碩／196
Major, John 梅傑首相／342
Malaysia 馬來西亞／195
Mallery, John , 約翰・馬勒里／363
Malloch-Brown, Mark 馬克・馬洛赫－布朗／300
Mandela, Nelson 納爾遜・曼德拉／258, 336
Mandelson, Peter 彼得・曼德森／366
Marasca, Jeanne 珍妮・馬拉斯卡／323
Marglin, Steve 史帝夫・馬格林／082
Marius, Richard 李察・馬呂斯／177
Markey, Edward 愛德華・馬基／407
Marmor, Ted 泰德・馬默／073-074
Masako, Empress 雅子皇后／280
Mason, Edward S. 愛德華・薩根多夫・梅森／051
Mattis, James 詹姆斯・馬提斯／419
May, Ernest 厄內斯特・梅伊／051, 326
Mboya, Tom 湯・姆博亞／058
Me⊠iar, Vladimir 弗拉迪米爾・梅恰爾／248
Medvedev, Dmitri 德米特里・梅德維傑夫／158, 414
Mehta, Jagat 賈加特・梅塔／118
Meiring, Georg 格奧爾格・梅林／258
Menendez, Bob 鮑勃・梅南德茲／359
Menon, Shankar 尚卡爾・梅農／388
Merkel, Angela 安格拉・梅克爾／380, 382, 402, 430-431
Mikoyan, Sergo 謝爾戈・米高揚／149-150
Miliband, David 大衛・米勒班／286
Miloševi⊠, Slobodan 斯洛波丹・米洛塞維奇／297
Mink, Patsy 帕齊・明克／097, 124
Mitchell, Andrea 安德烈亞・米契爾／423
Mitterrand, Francois 法蘭索瓦・密特朗／170
Mladi⊠, Ratko 拉特科・穆拉迪奇／241
Mnuchin, Steven 史蒂芬・梅努欽／423
Moberly, Patrick 派屈克・莫伯利／108
Modise, Joe 喬・莫迪塞／258
Mogadishu 摩加迪休／199-200
Mohammed bin Zayed, Sheikh 穆罕默德・本・扎耶德・阿勒納哈揚／254
Mondale, Fritz 弗里茲・孟岱爾／100
Mondale, Walter 華特・孟岱爾／153-154
Monrovia 蒙羅維亞／239
Montbrial, Thierry de 蒂埃里・德・蒙布里亞爾／210, 380
Monti, Mario 馬力歐・蒙蒂／378,

381
Moon Jae In 文在寅／423
Morgenthau, Hans 漢斯・摩根索／052
Morrell, Michael 邁可・莫雷爾／189
Morsi, Mohamed 穆罕默德・莫雷爾／189
Moulton, Seth 塞思・莫爾頓／407
Mubarak, Hosni 胡斯尼・穆巴拉克／249, 383
Muravchik, Joshua 約書亞・穆拉夫奇克／349
Murayama, Tomiichi 村山富市／228
Murphy, Mike 麥克・墨菲／410
Museveni, Yoweri 約韋里・穆塞維尼／259
Musharraf, Pervez 佩爾韋茲・穆沙拉夫／332
egroponte, John 約翰・尼格羅龐提／424
Nemtsov, Boris 鮑里斯・涅姆佐夫／288
Nerlich, Uwe 烏韋・內利希／210
Neustadt, Richard 理查・諾伊斯塔特／072
Newman, Bonnie 邦妮・紐曼／331
Nguyen Ahn Tuan 阮英俊／375
Nguyen Tan Dung 阮晉勇／375
Ni Xi Xiong 倪世雄／152
Nimetz, Matthew 馬修・尼米茲／193
Nitze, Paul 保羅・尼采／102, 209
Nixon, Richard 理查・尼克森／014, 046, 070, 078, 082, 085, 088, 346
Nkrumah, Kwame 克瓦米・恩克魯瑪／047
Noda, Yoshihiko 野田佳彥／391
Noonan, Peggy 佩姬・盧南／436
Noor, Queen 努爾王后／301
osenzo, Lou 盧・諾森佐／099-100
Nuland, Toria 托里亞・紐蘭／366
Nunn, Michelle 蜜雪兒・納恩／407
Nunn, Sam 山姆・納恩／216, 220, 223, 303
Nye, Ben 班・奈伊／77, 176, 178, 267
Nye, Da n 丹・奈伊／176, 178
Nye, John 約翰・奈伊／176, 178
Nye, Molly (nee Harding) 莫莉・奈伊（娘家姓氏哈丁） 6, 17, 18, 19, 20, 28, 30, 31, 36, 56, 57, 69, 74, 78, 85, 90, 100, 114, 126, 137, 177, 191, 194, 215–16, 232
Nyerere, Julius 朱利葉斯・尼雷爾／057-058
Obama, Barack 巴拉克・歐巴馬／352-353, 364, 366, 372, 376-378, 382, 384-387, 394, 400, 404, 408-409, 412-415, 420, 439
Obama, Michelle 蜜雪兒・歐巴馬／039
Oberdorfer, Don 唐・奧伯道夫／113
Obote, Milton 米爾頓・奧博特／057-059
Ogata, Sadako 緒方貞子／297
Okamoto, Yukio 岡本行夫／396
Omand, David 大衛・奧曼／240-241
O'Neill, Jim 吉姆・奧尼爾／379
Oranje, Mabel van 瑪貝爾王妃／379
Ornstein, Norman 諾曼・歐恩斯坦／166
Orwell, George 喬治・歐威爾／146
O'Sullivan, Meghan 梅根・奧沙利文／362
Otunnu, Olara 奧拉拉・奧通努／434
Owada, Hisashi 小和田恆／280
Owen, Henry 亨利・歐文／104
Pace, Peter 彼得・佩斯／229
Painter, Chris 克里斯・佩因特／401
Palacios, Ana 安娜・帕拉西奧斯／358

Palliser, Sir Michael 邁可．帕利瑟爵士／308
Panetta, Leon 里昂．潘內達／389, 401
Pastor, Robert 羅伯特．帕斯特／393-394
Patrick, Deval 德瓦爾．派屈克／407
Paxman, Jeremy 傑瑞米．派克斯曼／341
p'Bitek, Okot 歐科特．比泰克／056
Pearson, Clara 克拉拉．皮爾森／038
Pelosi, Nancy 南西．裴洛西／174
Pence, Mike 麥可．史彭斯／175
Percy, Charles 查爾斯．珀西／110
Peres, Shimon 希蒙．裴瑞斯／301
Perle, Richard 理查．珀爾／325, 328
Perry, Lee 李．培里／249
Perry, William 威廉．培里／158, 209, 217, 218, 220-222, 224, 230, 232, 234-235, 239-240, 244-247, 249-252, 254, 257, 261, 263, 265, 281
Perthes, Volker 沃爾克．珀斯／383
Peterson, Peter 彼得．彼得森／175
Petraeus, David 大衛．裴卓斯／377
Phillips, Kwamena 夸梅納．菲利普斯／047
Pickering, Tom 湯姆．皮克林／125, 129, 191
Pillsbury, Michael 白邦瑞／427
Popkin, Sam 沙姆．波普金／411
Porter, Michael 麥可．波特／356
Powell, Colin 柯林．鮑威爾／220, 334, 337-338
Powell, Jonathan 喬納森．鮑威爾／368
Pressler, Larry 拉里．普雷斯勒／250
Priebus, Reince 萊恩斯．蒲博思／419
Primakov, Yevgeny 葉夫根尼．普里馬科夫／149
Pritzker, Tom 湯姆．普立茲克／411
Pryor, David 大衛．普萊爾／324
Putin, Vladimir 弗拉迪米爾．普丁／146, 288, 298, 313, 355, 381-382, 385, 414, 422
Putnam, Robert 羅伯．普特南／048, 438
Qaddafi, Muammar 穆安瑪爾．格達費／356-357, 384
Qian Qichen 錢其琛／222
Quinlan, Sir Michael 麥可．昆蘭／348
Rabin, Yitzhak 伊扎克．拉賓／230, 249-250, 312
Rabinovich, Itamar 伊塔馬爾．拉賓諾維奇／305
Rachman, Gideon 吉迪恩．拉赫曼／405
Raines, Frank 佛蘭克．雷恩斯佛蘭克．雷恩斯／286
Ramesh, Jairam 傑倫．蘭密施／329, 388
Rao, P.V. Narasimha 納拉辛哈．拉奧／251
Rasmussen, Anders Fogh 安諾斯．福格．拉斯穆森／301
Reagan, Ronald 隆納．雷根／007, 014, 094, 140, 146, 153-154, 160, 170, 192, 421
Reddy, Latha 拉莎．雷迪／364
Reed, Jack 傑克．里德／158
Rhodes, Cecil 塞西爾．羅德／336
Rice, Condoleezza 康朵麗莎．萊斯／011, 158, 349, 352, 412, 431
Rice, Susan 蘇珊．萊斯／261, 342, 431
Richards, Ann 安．理查茲／165
Ridge, Tom 湯姆．里奇／326
Rieff, David 大衛．里夫／333

Riesman, David 大衛・理斯曼／032
Rifkind, Malcolm 馬爾康・芮夫金／240
Risquet, Jorge 豪爾赫・里斯克特／149
Roberts, Adam 亞當・羅伯茲／345
Robinson, Stuart 斯圖爾特・羅賓森／083
Rockefeller, David 大衛・洛克菲勒／175, 362
Rockefeller, Nelson 納爾遜・洛克斐勒／075-076, 353
Rogov, Sergei , 謝爾蓋・羅戈夫／288, 356
Rohatyn, Felix 菲利克斯・羅哈廷／322
Romney, Mitt 米特・羅姆尼／353, 439
Roos, John 約翰・魯斯／373, 390
Roosevelt, Franklin 富蘭克林・羅斯福／006, 008, 012, 026-028
Roosevelt, Theodore 狄奧多・羅斯福／346
Rose, Daniel 丹尼爾・羅斯／275
Rose, Gideon 吉迪恩・羅斯／386
Rosenthal, Abe 亞伯・羅森塔爾／287
Ross, Dennis 丹尼斯・羅斯／384
Rotberg, Robert 羅伯特・羅特伯格／336
Roth, Kenneth 肯尼斯・羅斯／334
Roth, Stanley 陸士達／222, 230
Rousseff, Dilma 迪爾瑪・羅賽芙／410
Rowen, Harry 哈里・羅文／103, 192
Roy, Stapleton 芮效儉／204
Rubinstein, David 大衛・魯賓斯坦／423
Rudd, Kevin 陸克文／398
Rudenstine, Neil 尼爾・魯登斯坦／209, 264-265, 279, 287, 293, 303
Rudolph, Suzanne 蘇珊・魯道夫／050
Ruggie, John 約翰・羅傑／335
Rumsfeld, Donald 唐納德・倫斯斐／318
Russell, Stuart 斯圖爾特・羅素／432
adat, Anwar 艾爾・沙達特／249
Safadi, Mohammed 穆罕默德・薩法迪／304
Safire, William 威廉・薩菲爾／165
Sagan, Scott 斯科特・薩根／141
Sagdeev, Roald 羅奧特・薩格捷耶夫／148
Saich, Tony 東尼・塞克／287
Sanger, David and Sherill 大衛和謝麗爾・桑格／206, 422
Sargent, Holly 霍莉・薩金特／274, 406
Sarotte, Mary 瑪麗・ 薩羅特／171
Sawers, John 約翰・索爾斯／382
Sawhill, John 約翰・索希爾／130, 134
Schauer, Frederick 弗里德里克・肖爾／331
Schell, Jonathan 喬納森・謝爾／141
Schelling, Thomas 湯姆・謝林／134
Schlapp, Matthew 馬修・施拉普／411
Schlesinger, James 詹姆斯・施萊辛格／104, 128, 350
Schmidt, Eric Schmidt 艾瑞克・施密特／
Schmidt, Helmut 赫爾穆特・施密特／
Schneider, William 威廉・施奈德／
Schoettle, Enid 伊妮德・肖特爾／
Schorr, Daniel 丹尼爾・肖爾／193
Schultz, George 喬治・舒茲／432-433, 436
Schumer, Chuck 查克・舒默／386

Schumpeter, Joseph 約 瑟夫・熊彼得／037
Schwab, Klaus 克勞斯・施瓦布／281
Schwarzman, Steve 蘇世民／424
Scowcroft, Brent 布倫特・斯考克羅夫特／158, 160, 172, 200, 298, 331, 337, 381, 412
Sebastian, Tim 蒂姆・塞巴斯蒂安／322
Sen, Amartya 阿馬蒂亞・沈恩／327
Servan-Schreiber, Jean-Jacques 讓-雅克・塞爾旺-施賴貝爾／078
Sethna, Homi 霍米・塞斯納／119
Sewall, John 約翰・休厄爾／045-046, 073, 265,
Shaheen, Jeanne 珍妮・沙欣／407
Shahi, Agha 阿迦・夏希／117
Shakhnazarov, Georgy 格奧爾基・沙赫納扎羅夫／146, 149, 151
Shalikashvili, John 約翰・沙利卡什維利／199
Shapiro, Harold 哈羅德・夏皮羅／340
Shattuck, John 約翰・沙特克／257
Sherwood, Liz 莉茲・舍伍德／352
Shineski, Eric 艾力・新關／341
Simes, Dimitri 迪米特里・西梅斯／144
Singer, Peter 彼得・辛格／405
Singh, Manmohan 曼莫漢・辛格／388
Siotis, Jean 讓・西歐提斯／083
Slater, Joseph 約瑟夫・斯萊特／157
Slaughter, Anne-Marie 安妮-瑪麗・斯勞特／342, 406
Slocomb, Walt 沃爾特・斯科比／230
Smith, Fred 弗雷德・史密斯／216, 264
Smith, Gerard 傑拉德・史密斯／130
Snowden, Edward 愛德華・史諾登／402
Solana, Javier 哈維爾・索拉納／297, 379
Solow, Robert 羅伯特・索洛／293
Sorensen, Ted 泰德・索倫森／151
Spence, Mike 麥可・史彭斯／175
Sputnik 史普尼克／045, 049, 079
Srebrenica 斯雷布雷尼察／244-245
Stahl, Leslie 萊思莉・斯塔爾／165
Starr, Kenneth 肯尼斯・斯塔爾／290
Stavridis, Admiral James 詹姆斯・史塔伏瑞迪斯海軍上將／359
Steinberg, James 詹姆斯・斯坦伯格／186, 241, 367, 372-373, 391, 396,
Stella, Frank 佛蘭克・史帖拉／344
Stern, Jessica 傑西卡・史特恩／324
Stern, Sir Nicholas 尼古拉斯・斯特恩爵士／363
Stewart, Rory 羅利・斯圖爾特／364, 376-377
Stiglitz, Joseph 約瑟夫・史迪格里茲／307
Stobaugh, Robert 羅伯特・斯托博／086
Studeman, Admiral William 威廉・斯圖德曼／363
Subramanian, K. 克里希納穆蒂・蘇布拉馬尼安／330
Suga, Yoshihide 菅義偉／398
Sullivan, Dan 丹・蘇利文／158
Sumitro, General 蘇米特羅將軍／204
Summers, Larry 勞倫斯・桑默斯／189, 191, 284, 365, 427
Sutherland, Peter 彼得・薩瑟蘭／362, 378
Talbott, Strobe 斯特普・塔爾博特／144, 190, 193, 239, 244,
Tanaka, Hitoshi 田中均／233

Tantawi, Mohamed Hussein 穆罕默德・海珊・坦塔維／249
Tata, Ratan 拉坦・塔塔／329
Tenet, George 喬治・泰內特／279
Tharoor, Shashi 夏希・塔魯爾／302
Thatcher, Margaret 瑪格麗特・柴契爾／170
Third Way politics 第三條路／284, 289
Thompson, Dennis 丹尼斯・湯普森／294
Thurmond, Strom 史壯・瑟蒙／216
Thurow, Lester 萊斯特・蘇羅／301
Tillerson, Rex 雷克斯・提勒森／419
Timerbaev, Roland 羅蘭・蒂梅爾巴耶夫／108
Traub, James 詹姆斯・特勞布／352
Treaty of Tlatelolco 特拉特洛爾科條約／121
Treverton, Gregory 格雷戈里・特雷弗頓／184
Trofimenko, Henry 亨利・特羅菲門科／145
Truman, Harry 哈瑞・杜魯門／026, 028, 032, 218
Trump, Donald 唐納・川普／386, 404, 409-412, 418-431, 435-436, 438-440
Tuchman, Jessica 傑西卡・塔奇曼／099
Tudjman, Miroslav 米羅斯拉夫・圖德曼／193
Tutu, Bishop Desmond 戴斯蒙・屠圖主教／328
Tyson, Laura 蘿拉・泰森／231
Ullman, Richard 理查・烏爾曼／147
Vance, Cyrus 賽勒斯・范錫／096-098, 100-101, 109, 111, 114, 121, 123-124, 126, 128, 130-132, 135-136, 175
Vargas Lhosa, Mario 馬里奧・巴爾加斯・尤薩／306
Vedrine, Hubert 于貝爾・凡德林／320
Vernon, Ray 雷・弗農／086
Vershbow, Sandy 桑迪・佛希保／382
Verveer, Melanne 梅蘭・傅意爾／286
Vest, George 喬治・韋斯特／131
Vigdis Finnbogadottir 維格迪絲・芬博阿多蒂爾／283
Vogel, Ezra 傅高義／188, 229
Voight, Karsten 卡斯坦・福格特／322
Voinovich, George 喬治・沃伊諾維奇／359
Volcker, Paul 保羅・沃克／283, 362, 366
von Eckartsberg, Gayle 馮・艾卡茨伯格／185
Wade-Gery, Robert 羅伯特・韋德-傑里／198
Walden, George 喬治・瓦爾登／429
Wałęsa, Lech 萊赫・華勒沙／336
Wallace, George 喬治・華萊士／070, 438
Wang Dalian 王健林／397
Wang Huning 王滬寧／360
Wang Jisi 王緝思／423
Wang Yi 王毅／396-397
Warner, John 約翰・華納／158, 161, 223, 309
Warner, Mark 馬克・華納／351
Waterbury, John 約翰・瓦特伯利／350
Watergate 水門事件／066, 088-089
Weber, Max 馬克斯・韋伯／060, 122
Wehner, Peter 彼得・韋納／349
Weizman, Ezer 埃澤爾・魏茨曼／249

Welch, David 大衛・韋爾奇／151, 406
Wells, Lou 路・威爾斯／086
Wexner, Les and Abigail 萊斯和艾碧該・韋克斯納／304
Wheare, Kenneth 肯尼斯・韋爾／040
White, Hugh 休・懷特／398
Whyte, William 威廉・懷特／032
Wiesel, Elie 艾利・魏瑟爾／327-328
Williams, Christine 克莉絲汀・威廉斯／216
Williams, Jody 喬迪・威廉斯／328
Williams, Shirley 雪莉・威廉斯／170, 275, 283
Wilson, Woodrow 伍德羅・威爾遜／012, 038, 077, 179, 273, 340, 346, 368,
Wisner, Frank 佛蘭克・威斯納／383
Wohlstetter, Albert 阿爾伯特・沃爾斯泰特／103
Wolfensohn, Jim 吉恩・伍芬桑／301
Wolfowitz, Paul 保羅・伍夫維茲／280, 318, 341
Wong, Pindar 黃品達／403
Woods, Ngaire 蓋爾・伍茲／345
Woodward, Bob 鮑勃・伍德華／346
Woolsey, James 詹姆斯・伍爾西／182, 190, 201, 209, 211, 279-280, 319
Worner, Manfred 弗雷德・沃納／199
Wu, Gordon 胡應湘／280
Xi Jinping 習近平／306, 360, 388-389, 395, 397-398, 404, 414, 425, 432
Xiong Guangkai 熊光楷／236, 287
Yang Jiechi 楊潔篪／236, 295
Yang Xiyu 楊希雨／307
Yavlinsky, Grigory 格里戈里・亞夫林斯基／288
Yeltsin, Boris 鮑利斯・葉爾欽／146, 184-185, 190-192, 203, 288, 313
eo, George 楊榮文／196
Yuan Ming 袁明／397
Yuen Foong Khong 鄺雲峰／295
Yurgens, Igor 伊戈爾・尤爾根斯／381
Zablocki, Clement 克萊門特・扎布洛奇／112
Zakaria, Fareed 法里德・札卡瑞亞／231
Zakheim, Dov 多夫・扎克海姆／350
Zarif, Mohammad Javad 穆罕默德・賈瓦德・扎里夫／386
Zelikow, Philip 菲利普・澤利科／276, 406
Zhang Yunlin 張運林（音譯）306
Zhurkin, Vitaly 維塔利・茹爾金／146
Zogby, John 約翰・佐格比／343

國家圖書館出版品預行編目（CIP）資料

活在美國世紀 : 國際關係大師奈伊回憶錄 / 約瑟夫 . 奈伊 (Joseph S. Nye, Jr.) 著 ; 吳煒聲譯 . -- 第一版 . -- 臺北市 : 遠見天下文化出版股份有限公司 , 2024.10 --
464 面；14.8×21 公分 .-- (社會人文 ; 587)
譯自 : A life in the American century.
ISBN 978-626-355-976-9(平裝)

1.CST: 奈伊 (Nye, Joseph S.)　2.CST: 回憶錄
3.CST: 美國

785.28　　113014985

社會人文 587

活在美國世紀：國際關係大師奈伊回憶錄

A Life in the American Century

約瑟夫・奈伊（Joseph S. Nye, Jr.）── 著
吳煒聲 ── 譯

副社長兼總編輯 ── 吳佩穎
社文線副總編輯 ── 郭昕詠
責任編輯 ── 郭昕詠
校對 ── 陳佩伶
封面及內頁設計 ── 張議文
排版 ── 簡單瑛設

封面照片 ── Martha Stewart

出版者 ── 遠見天下文化出版股份有限公司
創辦人 ── 高希均、王力行
遠見・天下文化・事業群榮譽董事長 ── 高希均
遠見・天下文化・事業群董事長 ── 王力行
天下文化社長 ── 王力行
天下文化總經理 ── 鄧瑋羚
國際事務開發部兼版權中心總監 ── 潘欣
法律顧問 ── 理律法律事務所陳長文律師
著作權顧問 ── 魏啟翔律師
地址 ── 台北市 104 松江路 93 巷 1 號 2 樓

讀者服務專線 ── (02) 2662-0012 ｜傳真 ── (02) 2662-0007；(02) 2662-0009
電子郵件信箱 ── cwpc@cwgv.com.tw
直接郵撥帳號 ── 1326703-6 號 遠見天下文化出版股份有限公司

製版廠 ── 中原造像股份有限公司
印刷廠 ── 中原造像股份有限公司
裝訂廠 ── 中原造像股份有限公司
登記證 ── 局版台業字第 2517 號
總經銷 ── 大和書報圖書股份有限公司｜電話／(02) 8990-2588
出版日期 ── 2024 年 10 月 31 日第一版第 1 次印行

定價 ── NT 600 元
ISBN ── 9786263559769
電子書 ISBN ── 9786263559738（PDF）; 9786263559745（EPUB）
書號 ── BGB587
天下文化官網 ── bookzone.cwgv.com.tw